Cuaderno de ejercicios escritos /
Manual de laboratorio

Al corriente
Curso intermedio de español

Cuaderno de ejercicios escritos / Manual de laboratorio

Al corriente
Curso intermedio de español

Cuarta edición

Robert J. Blake
University of California, Davis

Alicia Ramos
Hunter College

Martha A. Marks

Boston   Burr Ridge, IL   Dubuque, IA   Madison, WI   New York   San Francisco   St. Louis
Bangkok   Bogotá   Caracas   Kuala Lumpur   Lisbon   London   Madrid   Mexico City
Milan   Montreal   New Delhi   Santiago   Seoul   Singapore   Sydney   Taipei   Toronto

McGraw-Hill Higher Education 🖉

A Division of The **McGraw-Hill** *Companies*

This is an ⊏⊐⊐ book

Cuaderno de ejercicios escritos/Manual de laboratorio to accompany
Al corriente: Curso intermedio de español

Published by McGraw-Hill, an imprint of The McGraw-Hill Companies, Inc.,
1221 Avenue of the Americas, New York, NY 10020. Copyright © 2003, 1998, 1993, 1989 The McGraw-Hill
Companies, Inc. All rights reserved. No part of this publication may be reproduced or distributed in any form or
by any means, or stored in a data base or retrieval system, without the prior written permission of The McGraw-
Hill Companies, Inc., including, but not limited to, in any network or other electronic storage or transmission, or
broadcast for distance learning.

3 4 5 6 7 8 9 0 CUS / CUS 0 9

ISBN   978-0-07-252828-2

MHID 0-07-252828-1

Publisher: *William R. Glass*
Development editor: *Pennie Nichols-Alem*
Senior marketing manager: *Nick Agnew*
Project Manager: *David Sutton*
Senior production supervisor: *Richard DeVitto*
Compositor: *Techbooks*
Typeface: *10/12 Palatino*
Printer: *Von Hoffman Graphics*

Grateful acknowledgment is made for use of the following:

Page 5 HOVIV; *9* © Cartoonists and Writers Syndicate; *11* Reprinted with permission of *Revista Cromos,* Colombia;
16 HOVIV; *35* KIRAZ; *53* Reprinted with permission of *El Espectador*; *55 Semana; 79* © Quino/Quipos; *84 Semana;*
98 © ALI Agency Press; *101* Reprinted with permission of Pizza Hut, Inc.; *114* Reprinted by permission of IBM
Corporation.; *115* © Jeremy Banx; *131* © ALI Agency Press; *139* © ALI Agency Press; *146* Reprinted with permission
of The Humane Society of the United States.; *147*© Quino/Quipos; *164* Courtesy of *Muy Interesante; 176 Semana;*
189 Semana; 191 Used by permission of Spy Shops International.; *205* © ALI Agency Press; *215* Reprinted with
permission of *La Raza* newspaper, Chicago.; *218* Reprinted with permission of *EL PAIS* Diario de Colombia.; *230*
TRI-STAR Pictures, Inc. Reprinted by permission.; *231* Reprinted with permission of *El Espectador.*

http://www.mhhe.com

Contents

To the Student

In *Al corriente,* Fourth Edition, we have set out to provide you with even more opportunities for stimulating and creative in-class oral practice in Spanish. The activities include pair and group work, as well as the traditional instructor/class interaction. Most of the activities in the main text are open-ended, including many of those in the **Gramática en contexto** sections, and we urge you to be as creative as possible as you do them. This *Cuaderno de ejercicios escritos / Manual de laboratorio* has been designed to provide you with additional guided practice to master the vocabulary and grammar structures.

We suggest you begin with the **Repaso diagnóstico,** a self-test that will give you an idea of how thoroughly you need to study the preliminary chapter of the text. Then, as you study each chapter of the main text, work through the corresponding exercises in this manual. Answers are provided at the back so that you can check your work as you go along. In this way, your time in class can be dedicated to speaking Spanish with your classmates and your instructor.

Each chapter in this manual is divided into two parts. The first is for written practice. It contains four sections that correspond to sections of the main text.

- **¡Hablemos un poco!** provides contextualized activities based on the vocabulary presented in **Vocabulario del tema.** Some of these activities are based on authentic materials from the Spanish-speaking world ("realia").
- **Lectura: Reflexiones sobre la lectura** provides you with an in-depth exploration of the readings from the text and an opportunity to personalize your understanding of each reading.
- **Gramática en contexto** offers intensive practice with the chapter's grammatical structures. Some of these exercises are based on realia.
- **Español en acción** ties together the chapter by presenting **Preguntas personales,** as well as a variety of activities based on realia or drawings.
- **Composición** is a guided composition section, closely linked to the **Al corriente** section of the main text. In this brief writing task, you will have an opportunity to develop and expand on your work in that section.

The second part of each chapter is designed for listening comprehension and speaking practice. It also contains four sections that correspond to those in the main text.

- **¡Escuchemos un poco!** consists of listening passages based on the vocabulary in **Vocabulario del tema** and is accompanied by comprehension activities.
- **Pronunciación** (in **Capítulo preliminar** and **Capítulos 1–9** only) reviews Spanish pronunciation, with special focus on the vocabulary presented in **Vocabulario del tema** and **Vocabulario para leer.**
- **Gramática en contexto** provides intensive practice with the chapter's grammatical structures in real-life contexts.
- **Español en acción** concludes each chapter with a longer listening passage, accompanied by a comprehension activity. This section ties together the vocabulary, grammar, and themes from the entire chapter.

As authors of this workbook and laboratory manual, we hope that it will help you gain greater understanding and appreciation of the Spanish language within a framework of enjoyable activities.

The authors wish to acknowledge the invaluable contribution of Eduardo Cabrera, who wrote the listening comprehension conversations that end each laboratory segment and whose careful reading of the entire manuscript, along with that of Laura Chastain, assured its accuracy and authenticity. They are also grateful for the careful editorial work of Christa Harris and Pennie Nichols-Alem and for the fine artwork of David Bohn, Katherine Tillotson, and Wendy Wheeler. Many thanks to you all!

CUADERNO DE EJERCICIOS ESCRITOS

Repaso diagnóstico

Before studying the **Gramática en contexto** section in the **Capítulo preliminar** of the textbook, do the following diagnostic self-test to see how much basic Spanish grammar you remember. Check your answers in the key in the back of the *Cuaderno* and give yourself one point for each item that you answer correctly. The test has 100 points in all.

SUBJECT PRONOUNS AND REGULAR VERBS

A. Circle all the verb forms that agree with the pronoun(s). (1–14)

> *yo:* caminamos, pasas, olvido, aprende, vendo, describimos
>
> *tú:* charlas, saludo, beben, vendes, abrís, escribes
>
> *él/ella/Ud.:* gana, indican, comemos, lee, divide, aplaudes
>
> *nosotros/nosotras:* aman, guardamos, corremos, aprendo, vivís, suben
>
> *vosotros/vosotras:* preparáis, estudiamos, abro, practican, leéis
>
> *ellos/ellas/Uds.:* anda, miramos, comprendes, corréis, responden, reciben

B. Identify the verb whose meaning is unrelated to the others in the sequence.

15. compras, pagas, llegas, vendes

16. bebemos, besamos, comemos, desayunamos

17. charlo, converso, escucho, interrumpo, respondo, vivo

18. andan, caminan, corren, escriben, nadan, pescan

C. Identify the two verbs in each set that are opposites.

19. gana, paga, saluda

20. bajamos, dividimos, subimos

21. amar, aprender, enseñar

22. trabajar, señalar, descansar

STEM-CHANGING VERBS

Complete the conjugation of each verb.

> pienso, piensas, _____ (23), _____ (24), pensáis, piensan
>
> _____ (25), empiezas, empieza, empezamos, _____ (26),
>
> empiezan

puedo, _____ (27), puede, _____ (28), podéis, pueden

_____ (29), almuerzas, almuerza, almorzamos, _____ (30),

almuerzan

repito, _____ (31), repite, repetimos, _____ (32), repiten

sigo, sigues, _____ (33), _____ (34), seguís, siguen

construyo, _____ (35), construye, _____ (36), construís,

construyen

IRREGULAR VERBS

Write the Spanish infinitive that corresponds to these conjugated forms. Then write the English meaning of each infinitive.

	SPANISH INFINITIVE	ENGLISH INFINITIVE
digo, dicen	_____ (37)	_____ (38)
oigo, oyen	_____ (39)	_____ (40)
pongo, pones	_____ (41)	_____ (42)
vengo, vienen	_____ (43)	_____ (44)
doy, damos	_____ (45)	_____ (46)
escojo, escogen	_____ (47)	_____ (48)
traduzco, traduce	_____ (49)	_____ (50)
sé, sabemos	_____ (51)	_____ (52)
voy, van	_____ (53)	_____ (54)
he, ha	_____ (55)	_____ (56)
caigo, caéis	_____ (57)	_____ (58)

IDIOMS WITH **tener**

Which sentence best describes each drawing?

59. a. Ramón tiene sed.

    b. Ramón tiene sueño.

    c. Ramón tiene suerte.

60. a. Inés tiene razón.

    b. Inés tiene miedo.

    c. Inés tiene calor.

61. a. Los niños no tienen que estudiar.

    b. Los niños no tienen cuidado.

    c. Los niños tienen dos años.

ARTICLES AND GENDER; PLURALS OF NOUNS

A. Write the correct definite article (**el, la, los, las**).

62. _____ propiedad

63. _____ días

64. _____ satisfacción

65. _____ muchedumbre

66. _____ señores

67. _____ puertorriqueña

68. _____ mapa

69. _____ mano

B. Write the plural.

70. hombre _____

71. papel _____

72. ciudad _____

73. filosofía _____

74. lápiz _____

75. crisis _____

76. miércoles _____

DEMONSTRATIVE AND POSSESSIVE ADJECTIVES

Select the correct form.

77. No me interesa (esta / esa / ese) periódico que compras.

78. (Esos / Esta / Aquellas / Ese) chicos son mis amigos.

79. ¿Saben Uds. quién es (su / sus / tu / tus) profesor de sicología?

80. Tenemos que llamar a (mi / nuestras / mis / su) padres ahora mismo.

81. (Nos / Nosotras / Nuestros / Nuestras) hermanas viven cerca.

PERSONAL **a**; CONTRACTIONS **al** AND **del**

Which choice is appropriate?

82. No vemos (— / a / al) Timoteo.

83, 84. ¿Conoces (— / a / al) la capital (de él / del / de la) país?

85. ¿Sabes dónde vive (— / a / al) Anabel?

86, 87. ¿(— / A / Al) cuál (— / del / de los) chicos conoces?

88. Ricardo llama (— / el / al) profesor por teléfono.

Saber VERSUS conocer; pedir VERSUS preguntar

Select the correct verb from each pair.

89. Yo no (sé / conozco) cómo se llama esa señora.

90. ¿(Saben / Conocen) Uds. cuándo empieza la función?

91. (Sabemos / Conocemos) varias ciudades latinoamericanas.

92. Ellas nos (piden / preguntan) qué día es hoy.

93. Tú no debes (pedir / preguntar) más dinero.

94. Jaime me (pide / pregunta) si quiero ir al cine con él.

TIME EXPRESSIONS WITH **hacer**

Which choice is appropriate?

95. ¿Cuánto tiempo (hace / haces) que estudias español?

96. Hace diez años que (vivo / he vivido) en esta ciudad.

97. Juego al tenis (hace / desde hace) un año.

ADDITIONAL IDIOMS

Select the most logical answer.

98. —¿Has visto a Carla hoy?

   a. Sí, acabo de cenar con ella.

   b. Sí, pienso cenar con ella.

99. —¿Vas a la biblioteca otra vez?

   a. Sí, voy a preparar la cena.

   b. Sí, vuelvo a estudiar un poco más.

100. —¿Qué piensan hacer Uds. esta tarde?

   a. Vamos a ver esa película nueva.

   b. Acabamos de llegar en coche.

How well did you do? After finishing the diagnostic self-test, check your answers against those given in the back of the *Cuaderno*. Each correct response is worth 1 point, as indicated in the numbering of the items, for a total of 100 points.

If you scored more than 90 points, congratulations! You remember a great deal from your previous study of Spanish, and you should be ready to begin **Capítulo 1** in the textbook.

If you scored between 80 and 90 points, go back and review the **Gramática en contexto** section in the **Capítulo preliminar** of the textbook. You may want to work through some of the exercises that follow in the **Capítulo preliminar** of this *Cuaderno* before beginning **Capítulo 1** of the textbook.

If your score was less than 80 points, study the **Gramática en contexto** section in the **Capítulo preliminar** of the textbook. Then do the exercises that follow in this section and check your answers. It is essential that you master this basic material before beginning **Capítulo 1** of the textbook.

Gramática en contexto

PRESENT INDICATIVE TENSE

Ud. le cuenta a un amigo (una amiga) una experiencia chistosa. Complete los siguientes párrafos, escribiendo el tiempo presente del verbo que falta.

_____ (Ser; 1) casi las doce y

yo _____ (estar; 2) en la oficina

con mis colegas. Como el jefe me

_____ (traer; 3) mucho

trabajo para hacer esta tarde, yo

_____ (almorzar; 4)

mientras _____ (trabajar; 5).

De repente alguien _____

(escuchar; 6) un sonido extraordinario que

_____ (venir; 7) de afuera.

Uno de mis colegas _____

(ir; 8) a la ventana, _____

(mirar; 9) por los cristales y nos

_____ (decir; 10) en voz alta: —¡Miren! ¡Por ahí

_____ (venir; 11) alguien importante!

Todos _____ (correr; 12) a la ventana menos yo. Siempre

_____ (saber [yo]; 13) lo que _____ (ocurrir; 14)

en la calle porque desde mi escritorio _____ (poder; 15) ver todo

fácilmente. Pero esta mañana sólo _____ (tener [yo]; 16) interés en mi

trabajo y _____ (preferir; 17) no levantarme.

Así _____ (seguir [yo]; 18) con mi trabajo cuando

_____ (oír; 19) la risa de Adela, quien se _____

(encontrar; 20) cerca de la ventana. Ella _____ (empezar; 21) a reír, pero

los otros no _____ (comprender; 22) por qué. Adela no

_____ (dejar; 23) de reír, así que yo _____

(hacer; 24) lo normal: _____ (dejar; 25) mi escritorio y le

_____ (preguntar; 26) qué pasa. Ella _____

(señalar; 27) con la cabeza y yo _____ (seguir; 28) la dirección de su mirada.

Allá abajo, al otro lado de la calle, al borde del parque _____ (haber; 29) docenas de hombres, mujeres y niños que _____ (esperar; 30) para

saludar a algunos oficiales que _____ (ir; 31) a pasar por allí. Todos

_____ (estar; 32) muy entusiasmados; _____

(tener; 33) los brazos levantados, _____ (charlar; 34) animadamente,

_____ (aplaudir; 35) y _____ (reír, 36) de alegría.

    Nosotros _____ (abrir; 37) la ventana y

_____ (escuchar; 38), pero sus voces _____

(parecer; 39) entrañas, como si fueran artificiales. Luego, al acercarse las motocicletas de los policías

y el coche de los tres oficiales, _____ (descubrir [nosotros]; 40) la razón

de la risa tan inesperada de Adela. De repente un hombre que _____

(esperar; 41) al otro lado _____ (caer; 42) boca abajo en la calle. ¡En

realidad, todas las personas _____ (ser; 43) figuras de cartón! ¿Qué

manifestación más espontánea!

ARTICLES AND GENDER; PLURALS OF NOUNS

A. ¿Masculina o femenina?   Indique si las siguientes palabras son masculinas (m) o femeninas (f).

1. posibilidad ____
2. poeta ____
3. legumbre ____
4. universidad ____
5. programa ____
6. identificación ____
7. certidumbre ____
8. lección ____
9. planeta ____
10. unidad ____
11. comunicación ____
12. día ____
13. mano ____
14. sofá ____

B. El artículo definido.   Escriba el artículo definido (**el, la**) que corresponde a cada sustantivo (*noun*).
Luego escribe la forma plural de las palabras.

    MODELO: la división → las divisiones

1. _____ estilo   _____
2. _____ ceremonia   _____
3. _____ caballo   _____
4. _____ radio   _____
5. _____ ciudad   _____
6. _____ mapa   _____
7. _____ drama   _____
8. _____ preparación   _____
9. _____ papel   _____
10. _____ costumbre   _____
11. _____ hombre   _____

12. _____ lunes _____

13. _____ sábado _____

14. _____ lápiz _____

DEMONSTRATIVE ADJECTIVES AND PRONOUNS; EXPRESSING OWNERSHIP

Anuncios. Ud. es agente de publicidad para varias empresas (*businesses*) y tiene que escribir algunos anuncios como el de «San José El Placer»:

1. «¿Buscan Uds. piso para

   _____ (*your*; 1) familia?

   Tenemos _____ (*this*; 2)

   casa exclusiva en _____

   (*our*; 3) conjunto residencial Los

   Pinos. Y _____ (*this*; 4)

   apartamento en la Torre Sulimán es

   bastante exclusivo. ¿Por qué no

   vienen a verlos _____

   (*this*; 5) fin de semana? Llamen al

   teléfono 878-84-45. _____

   (*Our*; 6) operadoras esperan

   _____ (*your*; 7) llamadas.»

2. «¿Estás harta (*sick and tired*) de

   _____ (*that*; 1) ropa que

   llevas? ¡No busques más! Ven

   (*Come*) a _____ (*our*; 2)

   gran barata (*sale*) de ropa, sólo por

   tres días, aquí en Galería Francesa.

   ¡_____ (*These*; 3) precios

   son irresistibles!»

3. «Carlos Alemán y Ramón

   Estebáñez les invitan a visitar

   _____ (*their*; 1) nuevo

   edificio. Aunque sólo quedan tres

   oficinas, vengan a ver los planos de las que pronto estarán listas en _____ (*their*; 2)

   otros edificios que ya se construyen en el centro.»

YA NO HAY CASAS COMO ESTAS A ESTE PRECIO Y CON ESTAS FACILIDADES

Sólo en

San José El Placer

Construye:

ROSALES CASTRO
9a. Avenida, 3-40, Zona 4
Teléfonos: 325195 – 325743

Ventas DECAL
2a. Calle, 30-55, Zona 7,
Teléfonos: 930019 – 922347
– 933302

CIVICA

Sólidamente construidas
y diseñadas para satisfacer
sus necesidades de vivienda.
* 3 Dormitorios
* Techo de concreto fundido.
* Urbanización completa con
  calles pavimentadas.
* 1/2 Paja de agua propia
  del proyecto.
* Financiamiento hasta por
  20 años.
* Transporte constante.
* Km. 15 Autopista a
  Villa Nueva
  pegadito a Lomas del Sur,
  a sólo 10 minutos del Trébol.

POR SOLO
Q.250⁰⁰ AL MES

ENGANCHE FRACCIONADO

VISITE LA CASA MODELO, DE LUNES A DOMINGO

4. «¡No piense en la distancia de la capital! Piense en _____ (*those*; 1) hermosos campos del norte del país; no se encuentran tierras tan fértiles como _____ (*these*; 2) en ninguna parte del mundo. José Garza ya se mudó (*moved*) con _____ (*his*; 3) mujer y _____ (*their*; 4) hijos, y ahora lo pasan muy bien. Múdese a _____ (*that*; 5) tierra lejana y hermosa para vivir la buena vida.»

5. «¡_____ (*These*; 1) casas son las preferidas de los que saben comprar lo mejor! Por ejemplo, consideren _____ (*this one*; 2) en la que nos encontramos ahora. ¡En toda _____ (*our*; 3) ciudad, no hay otros domicilios como _____ (*these*; 4).»

PERSONAL a; CONTRACTIONS; saber VERSUS conocer; pedir VERSUS preguntar

La familia Obregón. Escriba las palabras que faltan en cada oración. A veces tiene que seleccionar el verbo apropiado y también escribir su forma correcta. ¡ojo! A veces faltan dos palabras en un espacio.

Yo no _____ (saber / conocer; 1) _____ (2) los hijos

_____ (3) Sres. Obregón aunque _____ (saber / conocer [yo]; 4)

quiénes son. A veces veo _____ (5) Sra. Obregón en el supermercado donde

trabajo. Yo _____ (saber / conocer; 6) que tiene varios hijos porque ella siempre

me _____ (pedir / preguntar; 7) ayuda con el montón de cosas que compra.

Ahora tengo un problema. Unos jóvenes _____ (8) barrio donde vivimos me

_____ (pedir / preguntar; 9) cuál es la casa _____ (10) la familia

Obregón. No comprendo por qué me _____ (pedir / preguntar; 11) esa

información, y no _____ (saber / conocer [yo]; 12) si debo dársela o no. La

próxima vez que vea _____ (13) uno de los Sres. Obregón, le voy a

_____ (preguntar / pedir; 14) si debo darles esa información

_____ (15) otros jóvenes del barrio.

IDIOMS WITH tener

La familia Archuleta. Es un sábado por la mañana y los miembros de la familia Archuleta están en la cocina de su casa. Usando los modismos con **tener**, diga si en este momento tienen razón, sueño, etcétera.

tener años	tener frío	tener hambre	tener que	tener sed
tener calor	tener ganas	tener miedo	tener razón	tener sueño

Los Archuleta acaban de desayunar. Por eso ya no tienen _____ (1). Pero parece

que todos tienen _____ (2) de hacer algo diferente. El Sr. Archuleta quiere ir con

su familia a la playa y piensa que eso es lo que todos van a hacer, pero parece que el pobre papá no

tiene _____ (3). Probablemente Concha y Simón van a pasar el día en el centro

comercial con sus amigos. La Sra. Archuleta tampoco va a la playa. Ella tiene

_____ (4) trabajar en el jardín hoy y esta idea no le gusta nada. Sabe que va a

tener mucho _____ (5) porque hace sol hoy. Y después de unas horas sin tomar

agua también va a tener _____ (6). El abuelito ya no trabaja en el jardín. Como

tiene ochenta _____ (7), no le importa el tiempo que hace. Aunque lleva un

suéter, siempre tiene _____ (8). Y es posible que vuelva a dormir esta mañana

porque todavía tiene _____ (9). Los otros dos miembros de la familia no se

preocupan por dormir. El perro Vivo tiene tanta _____ (10) que no puede pensar

en otra cosa, y el caso del pobre Juanito es peor. Le tiene tanto _____ (11) a la

araña (*spider*) que en dos segundos empieza a llorar.

TIME EXPRESSIONS WITH **hacer;** ADDITIONAL IDIOMS

Ricardo y Estela.   Mire el dibujo del uruguayo Francisco Graells («Pancho»). Luego complete el
párrafo usando las siguientes construcciones. A veces hay varias posibilidades.

hace (*tiempo*) que (*verbo*) (*verbo*)
desde hace ⎫
acabar de ⎪
ir a   ⎬ + *infinitivo*
volver a   ⎪
pensar   ⎭

_____ (1) más de veinte años _____ (2) Ricardo y Estela

se conocen. Los dos _____ (3) reunirse en un café, y lo hacen

_____ (4) quince años. Se aman locamente, y mucha gente cree que ellos

_____ (5) casarse algún día. Estela está segura de que Ricardo

_____ (6) pedirle la mano, pero sabe que él es tímido. Si él no lo hace dentro

de poco, ella misma _____ (7) tomar la iniciativa. A pesar de su amor, tienen

tantos problemas como los demás novios y riñen (*quarrel*) con frecuencia. En este momento Estela

_____ (8) decirle «inmaduro» a Ricardo y él _____ (9)

enojarse con ella como de costumbre. Le ha dicho que si ella _____ (10)

decirle eso, él no _____ (11) invitarla a su fiesta de cumpleaños. ¡Qué

inmaduro!, ¿no? Pues, es obvio que una relación de novios que ha durado veinte años no

_____ (12) cambiar mucho.

Español en acción

A. Preguntas personales. Conteste las siguientes preguntas con oraciones completas.

1. ¿Asiste Ud. a esta universidad desde hace tres años? Si no, ¿cuánto tiempo hace? _____

   _____

   _____

2. ¿Cuántos días/meses/años hace que Ud. conoce a su profesor(a) de español? _____

   _____

   _____

3. ¿A quién(es) acaba de ver esta mañana (tarde/noche)? ¿Piensa volver a ver hoy a esa(s)

   persona(s)? _____

   _____

   _____

4. ¿Tiene que estudiar mucho esta semana? _____

   _____

   _____

   _____

5. ¿Qué planes tienen Ud. y sus amigos para este fin de semana? ¿Qué no van a hacer? _____

   _____

   _____

   _____

6. ¿Vuelve Ud. a estudiar la lección de español después de clase? ¿Por qué sí o por qué no? _____

_____

_____

_____

7. ¿Con quién(es) va a estar mañana por la noche? ¿Qué planes tienen Uds.? _____

_____

_____

_____

8. ¿De qué tiene miedo? ¿Cuánto tiempo hace que tiene miedo de esto? _____

_____

_____

_____

9. ¿Tiene Ud. que trabajar para poder asistir a la universidad? ¿Qué clase de trabajo hace? _____

_____

_____

_____

10. ¿Qué suele tomar cuando tiene mucha sed? ¿Toma algo diferente durante el invierno? _____

_____

_____

_____

B. Superlibro. Lea este artículo corto, busque quince cognados en él y escríbalos aquí. **¡ojo!** El nombre de una persona también puede ser un cognado.

1. _____   9. _____

2. _____   10. _____

3. _____   11. _____

4. _____   12. _____

5. _____   13. _____

6. _____   14. _____

7. _____   15. _____

8. _____

SUPERBOOK = SUPERLIBRO

Jorge Barón Televisión está presentando desde hace dos semanas, en el espacio Especiales Infantiles, *Superlibro*, los jueves, a las 4:30 p.m., por la cadena dos. Es una serie de dibujos animados creada para la instrucción y educación de los niños, sobre los hechos más importantes de la historia de la humanidad.

¡Escuchemos un poco!: Vocabulario del tema

The first section of each laboratory lesson in *Al corriente* consists of a pair of listening-comprehension exercises. These passages may take the form of a conversation, a monologue, or a simulated radio broadcast. They are designed to present the **Vocabulario del tema** in natural contexts.

This section is intended to build your listening skills and reinforce your knowledge of vocabulary and structures. Concentrate on trying to understand the general meaning of the passage rather than trying to understand every word you hear.

A. You are about to hear a conversation between two friends, Alberto and Inés. You will hear the conversation twice. Then, listen to the multiple-choice questions that follow and circle the correct answer.

1. a   b   c   4. a   b   c
2. a   b   c   5. a   b   c
3. a   b   c   6. a   b   c

B. Now listen to another conversation between Alberto and Inés. You will hear the conversation twice. Listen once without writing anything. Then listen again and fill in the blanks with the verb forms you hear.

INES: Alberto, estoy tan cansada de _____ (1)... Este fin de semana tengo

que _____ (2). No voy a _____ (3) nada.

¡Nada!

ALBERTO: ¡Es un buen plan!

INES: Sí, _____ (4) a dormir hasta tarde y _____ (5)

en la cama. Después voy a _____ (6) por teléfono a varias amigas.

También me gustaría (*I would like*) escuchar música y _____ (7) en

la cama.

ALBERTO: Oye, y el domingo por la tarde, ¿qué vas a _____ (8)?

INES: Todavía no _____ (9)...

ALBERTO: ¿Por qué no _____ (10) al Café Pitágoras a eso de las cinco de la

tarde? Yo voy a _____ (11) la guitarra allí y me gustaría verte.

Siempre es bueno _____ (12) una amiga entre el público.

INES: Sí, _____ (13). _____ (14) escucharte tocar la

guitarra y ¡descansar un poco más!

ALBERTO: Sí, chica. Ahora tu plan para el fin de semana me _____

(15)... ¡excelente!

PRONUNCIACION

El alfabeto

Escuche la pronunciación de cada letra en español y repítala. Luego repita los tres nombres que siguen.

a	a / Ana María, Alonso, Argentina
b	be / Berta, Benjamín, Bolivia
c	ce / Carlota, Cristóbal, Costa Rica
ch*	che / Lencha, Pancho, Chile
d	de / Diana, David, Dinamarca
e	e / Eloísa, Esteban, el Perú
f	efe / Flora, Federico, Fuenteovejuna
g	ge / Gloria, Gregorio, Guantánamo
h	hache / Alhambra, Hilario, Honduras
i	i / Isabel, Ignacio, Chichén Itzá
j	jota / Julia, José, Juárez
k†	ka / (Alaska), (Kati), (Kansas)
l	ele / Lupe, Leonardo, Los Angeles
ll*	elle / Guillermina, Guillermo, Sevilla
m	eme / Marta, Martín, México
n	ene / Noemí, Nicolás, Nuevo León
ñ	eñe / Begoña, Iñigo, España
o	o / Olivia, Oscar, Olmedo
p	pe / Paloma, Pepe, Puerto Rico
q	cu / Raquel, Enrique, Querétaro
r	ere / Margarita, Armando, Puerto Vallarta
rr	erre / Rosa, Ricardo, Monterrey
s	ese / Elisa, Simón, San Sebastián
t	te / Tina, Timoteo, Tonalá
u	u / Ursula, Agustín, Uruapan
v	ve / Victoria, Valentín, Alvarado
w†	doble ve / (Wanda), Oswaldo, (Washington)
x	equis / Ximena, Xavier, Extremadura
y	i griega / Yolanda, Pelayo, Yucatán
z	zeta / Esperanza, Lázaro, Zacatecas

Gramática en contexto

SUBJECT PRONOUNS AND REGULAR VERBS

Lo que ocurre en nuestra clase.   Escuche la frase con un infinitivo. Luego haga una oración completa usando el sujeto indicado. No repita el sujeto. Repita la oración correcta.

MODELO: (prestar atención) tú → Prestas atención.

1. yo	5. tú	9. ella
2. ellos	6. Uds.	10. tú y yo
3. nosotros	7. nosotras	11. ellos
4. Ud.	8. yo	12. tú

---

*Until 1994, **ch** and **ll** had separate listings in Spanish dictionaries.
†The letters **k** and **w** appear in Spanish only in words borrowed from other languages.

STEM-CHANGING VERBS

Más sobre lo que ocurre en nuestra clase. Escuche la frase con un infinitivo. Luego haga una oración completa usando el sujeto indicado. Repita la respuesta correcta.

> MODELO: (repetir la oración) él → Repite la oración.

1. ellas	5. nosotros	9. tú
2. yo	6. yo	10. yo
3. tú y yo	7. Uds.	11. ellos
4. Ud.	8. él	12. nosotros

IRREGULAR VERBS

A. Lo que hago yo. Diga la primera persona singular (**yo**) de cada verbo. Repita la respuesta correcta.

> MODELO: (tener sueño) → Tengo sueño.

1. ... 2. ... 3. ... 4. ... 5. ... 6. ... 7. ... 8. ... 9. ... 10. ...

B. Lo que hacen todos. Cambie la oración de singular a plural. No repita el sujeto. Repita la nueva oración.

> MODELO: (Produzco algo bueno.) nosotros → Producimos algo bueno.

1. nosotros	4. Uds.	7. ellos
2. nosotras	5. vosotros	8. ellas
3. Uds.	6. vosotras	

ARTICLES; GENDER; EXPRESSING OWNERSHIP; CONTRACTIONS

A. ¿De quién es? Las siguientes personas son los dueños (*owners*) de las cosas indicadas. Primero indique la posesión usando **de** y luego usando **su** o **sus,** según el modelo. Repita las respuestas correctas.

> MODELOS: la tienda, el Sr. Ruiz → Es la tienda del Sr. Ruiz.
> Es su tienda.
>
> los coches, Román → Son los coches de Román.
> Son sus coches.

1. la cama, Roberto	3. las habitaciones, Carlos	5. los papeles, el Sr. Sánchez
2. el perro, Lupe	4. los lápices, las niñas	6. la carta, la Sra. González

B. ¿De quién es? ¡Es mío! Repita la oración, cambiando el artículo por **mi** o **mis.** Luego repita la oración usando la forma apropiada de **nuestro.** Repita las respuestas correctas.

> MODELO: (Es una computadora.) → Es mi computadora.
> Es nuestra computadora.

1. ... 2. ... 3. ... 4. ... 5. ... 6. ...

PLURALS OF NOUNS; DEMONSTRATIVE ADJECTIVES

Hablando de las cosas. Repita cada palabra, cambiando el artículo definido por la forma apropiada del adjetivo demostrativo **este.** Luego dé la forma plural. Repita las respuestas correctas.

> MODELO: (el periódico) → este periódico, estos periódicos

1. ... 2. ... 3. ... 4. ... 5. ... 6. ...

PERSONAL **a**; CONTRACTION **al**

¿Ves a Carlota?   Haga oraciones completas usando la primera persona del singular (**yo**) del verbo indicado añadiendo la **a** personal si es necesario. Repita la oración correcta.

> MODELO: no ver, Carlota → No veo a Carlota.
>
> no buscar, el libro → No busco el libro.

1. no conocer, tu mamá
2. no comprender, el profesor
3. no ver, mi coche
4. no llevar, Susana a la fiesta
5. no encontrar, la sala de clase
6. no saber, la fecha

IDIOMS WITH **tener**

Ud. va a oír tres diálogos cortos, cada uno seguido de tres oraciones. Escoja la oración que mejor explica el diálogo.

> MODELO: CARMEN: ¡Uf! ¡Qué cansada estoy!
> ROBERTO: ¿Qué te pasa?
> CARMEN: Sólo duermo cuatro o cinco horas cada noche. Siempre pienso en mi trabajo en vez de dormir.
>
> a.   Carmen tiene frío ahora.
> b.   Carmen tiene sueño ahora.
> c.   Carmen tiene miedo ahora.
>
> La respuesta correcta es b: Carmen tiene sueño ahora.

1. Hablan los Sres. González: a   b   c

2. Hablan Pepe y Estela: a   b   c

3. Hablan Ricardo y Pancho: a   b   c

Saber VERSUS **conocer**; **pedir** VERSUS **preguntar**

Hablando de Miguel.   Ud. va a oír una serie de preguntas. Después de cada pregunta va a oír dos respuestas posibles. Indique la respuesta lógica en cada caso.

> MODELO: Mañana vamos a la fiesta con Miguel, ¿verdad?
> a.   No, ya no puedo. Tengo que estudiar mañana.
> b.   No me gustan las películas de Almodóvar.
>
> La respuesta correcta es a.

1. a   b
2. a   b
3. a   b
4. a   b
5. a   b
6. a   b

TIME EXPRESSIONS WITH **hacer**

Preguntas personales.   Ud. va a oír unas preguntas. Contéstelas de una manera personal usando una expresión con **hace**.

> MODELO: ¿Cuántas horas hace que habla con sus amigos? → Hace tres horas que hablo con ellos.

1. ...   2. ...   3. ...   4. ...   5. ...

ADDITIONAL IDIOMS

La matrícula. Es el primer día del nuevo semestre y Ud. tiene que matricularse (*enroll in classes*). Escuche cada oración. Luego va a oír **acabar de, ir a, pensar** o **volver a.** Cambie las oraciones, usando la nueva construcción y la misma persona. Repita las respuestas correctas.

> MODELO: Llego muy temprano. (ir a) → Voy a llegar muy temprano.

1. Recibimos un paquete (*package*) con la información necesaria.
2. Subo al gimnasio para matricularme.
3. Algunos estudiantes comprenden el procedimiento (*procedure*).
4. Hablamos de nuestros problemas.
5. Mi compañero de cuarto está distraído (*absent minded*).
6. Espero un rato (*a while*) en una cola (*line*).
7. Nadie me ayuda a decidir.
8. Sólo quedan clases a las ocho.

Español en acción

The **Español en acción** section of each laboratory lesson in *Al corriente* consists of a single listening passage that combines the chapter's **Vocabulario del tema, Vocabulario para leer,** and grammar. You are not expected to understand every word you hear; instead, concentrate on trying to understand the general meaning of the passage.

You are about to hear a conversation between Mario and Sandra, who have just met at a party given by Felipe. After listening to the conversation, complete the following statements by selecting the correct option. Feel free to listen to the conversation as many times as you like, checking your answers as you go.

1. Mario es ____.
   a. el amigo de Felipe
   b. el hermano de Felipe
   c. el padre de Felipe

2. Mario tiene ____.
   a. mucha hambre
   b. mucho sueño
   c. mucha sed

3. Sandra estudia ____.
   a. filosofía
   b. ingeniería
   c. medicina

4. Mario dice que los dos son casi colegas porque ____.
   a. él también estudia filosofía
   b. él estudia veterinaria
   c. él estudia arquitectura

5. Sandra conoce a Felipe ____.
   a. desde hace una hora
   b. desde hace dos semanas
   c. desde hace muchos años

6. Mario piensa que Felipe es un chico muy ____.
   a. divertido
   b. curioso
   c. alto

7. A Felipe le gusta mucho ____.
   a. comer
   b. pescar
   c. bailar

8. Mario dice que está un poco ____ ahora.
   a. triste
   b. cansado
   c. preocupado

9. Mario no quiere bailar porque ____.
   a. no tiene tiempo
   b. no sabe hacerlo
   c. tiene miedo

10. Al final de la conversación, Sandra y Mario ____ bailar.
    a. van a
    b. acaban de
    c. vuelven a

CAPITULO 1

CUADERNO DE EJERCICIOS ESCRITOS

¡Hablemos un poco!: Vocabulario del tema

A. Sinónimos y antónimos. Estudie las palabras del **Vocabulario del tema** en el **Capítulo 1** del libro de texto. Luego dé un sinónimo y un antónimo de cada un de las siguientes palabras.

		SINONIMO	ANTONIMO
1.	desagradable	_____	_____
2.	inteligente	_____	_____
3.	testarudo (*stubborn*)	_____	_____
4.	liberal	_____	_____
5.	educado (*well-mannered*)	_____	_____
6.	negativo	_____	_____
7.	alegre	_____	_____
8.	flojo (*lazy*)	_____	_____
9.	extrovertido	_____	_____
10.	sadista	_____	_____
11.	miedoso (*fearful*)	_____	_____
12.	grosero (*rude*)	_____	_____

B. Hombres conocidos. Escoja tres adjetivos del **Vocabulario del tema** en el **Capítulo 1** del libro de texto para describir la personalidad de cada uno de los siguientes personajes de la cultura popular.

1. Batman es _____, _____ y _____.

   El «Joker» es _____, _____ y _____.

2. Dilbert es _____, _____ y _____.

   El jefe de Dilbert es _____, _____ y _____.

3. Robin Hood es _____, _____ y _____.

4. Charlie Brown es _____, _____ y _____.

   Snoopy es _____, _____ y _____.

5. Calvin es _____, _____ y _____.

   Hobbes es _____, _____ y _____.

6. Bart Simpson es _____, _____ y _____.

Lectura: Reflexiones sobre la lectura

A. Opiniones. Complete las siguientes frases para expresar sus opiniones sobre el poema «En un barrio de Los Angeles» de Francisco Alarcón.

> MODELO: A la abuela le gusta bailar en la cocina porque →
> cocinar es aburrido.

1. La abuela le habla al niño en español porque

   _____

2. El niño llora cuando sus padres se van a trabajar porque

   _____

3. La abuela habla con las sillas porque

   _____

4. A la abuela le gusta cantar y bailar porque

   _____

5. Cuando la abuela dice «niño barrigón», quiere expresar

   _____

6. La abuela le enseña al niño a observar el cielo y reconocer las plantas; yo creo que eso demuestra que ella

   _____

7. Al niño le dicen que su abuela está lejos, pero en realidad

   _____

B. Preguntas. Conteste brevemente las siguientes preguntas.

1. ¿Piensa Ud. que la abuela se ha adaptado a la vida en Los Angeles? ¿Por qué?

   _____

   _____

2. ¿Es mejor decirles a los niños la verdad cuando se muere un ser querido (*loved one*), o es

   preferible ocultarles (*to hide from them*) esa verdad? ¿Por qué? _____

   _____

   _____

3. Piense en alguien que fue parte de su niñez pero que ahora ya no es parte de su vida. ¿Qué recuerdos tiene de esa persona? ¿Cómo se siente cuando la recuerda?

_____

_____

Gramática en contexto

1. DEFINING, DESCRIBING, AND LOCATING: **ser** VERSUS **estar**

A. La familia Obregón.   Complete los siguientes párrafos con la forma correcta de **ser** o de **estar**.

Me llamo Ana Luisa Obregón. _____ (1) la esposa de Alberto Obregón, quien _____ (2)

un ingeniero civil. Alberto _____ (3) más alto que yo y un poco mayor. Nosotros _____ (4)

argentinos, pero _____ (5) en Barranquilla, Colombia, desde hace tres años. Tenemos dos

hijos, Juanita y Ricardo. Los dos _____ (6) unos niños preciosos y se portan muy bien.

Alberto y yo _____ (7) muy contentos con nuestra familia y con nuestra vida.

Sin embargo, todo va a _____ (8) diferente dentro de algunos meses. Acabo de descubrir

que yo _____ (9) embarazada otra vez, lo cual nos alegra mucho. Pero el apartamento donde

vivimos ahora _____ (10) muy pequeño, aunque _____ (11) en el edificio Torremolinos.

Los apartamentos de este edificio _____ (12) modernos y cómodos, y las habitaciones

_____ (13) amplias, pero sólo tenemos tres alcobas (*bedrooms*). La nuestra _____ (14)

bastante grande, pero las alcobas de Juanita y Ricardo _____ (15) muy pequeñas. Los niños

_____ (16) acostumbrados a tener su propia alcoba y queremos que el bebé también tenga la

suya. Claro que no tiene que _____ (17) una alcoba muy grande, pero nosotros _____ (18)

dispuestos a que duerma solo y no con uno de los otros niños.

Por eso buscamos otro apartamento. Hemos visto los que _____ (19) en el edificio

Manzanares. Yo _____ (20) muy contenta con esos apartamentos, especialmente los que

_____ (21) en los pisos (*floors*) superiores, ya que (*since*) en los pisos inferiores el ruido (*noise*)

de la calle _____ (22) horrendo. Además, el edificio _____ (23) cerca del centro de

Barranquilla. Eso _____ (24) uno de sus atractivos para mí. Alberto no _____ (25)

convencido todavía. El _____ (26) más cuidadoso que yo, y cree que _____ (27)

necesario que busquemos un poco más. Pero a mí me gusta en especial un apartamento que

_____ (28) en el noveno piso. Creo que ése _____ (29) perfecto para nosotros, y

_____ (30) segura de que Alberto va a pensar lo mismo dentro de unos días.

B. Preguntas acerca de los Obregón. Vuelva a leer los párrafos acerca de la familia Obregón. Luego conteste las siguientes preguntas y diga por qué se usa **ser** o **estar** en cada una.

1. ¿De dónde son Alberto Obregón y Ana Luisa Obregón?

   _____

   razón: _____

2. ¿En qué ciudad están ahora?

   _____

   razón: _____

3. ¿Quién es mayor, Ana Luisa o Alberto?

   _____

   razón: _____

4. ¿Quiénes son Juanita y Ricardo?

   _____

   razón: _____

5. ¿En qué condición está Ana Luisa ahora?

   _____

   razón: _____

6. ¿Cómo es el apartamento que tienen ahora?

   _____

   razón: _____

7. ¿A qué ya están acostumbrados los niños?

   _____

   razón: _____

8. ¿Con qué edificio está contenta Ana Luisa?

   _____

   razón: _____

9. ¿Dónde está ese edificio?

   _____

   razón: _____

10. Según (*According to*) Ana Luisa, ¿qué apartamento es perfecto para ellos?

   _____

   razón: _____

2. ASKING QUESTIONS: INTERROGATIVE FORMS

A. Javier Sánchez Vicario. Lea el siguiente párrafo acerca de Javier Sánchez Vicario. Luego complete las preguntas, escribiendo la palabra interrogativa apropiada: **¿qué? ¿quién(es)? ¿cuándo? ¿dónde? ¿cuánto? ¿cómo? ¿cuál(es)?** A veces hay más de una palabra interrogativa posible.

Javier Sánchez Vicario forma parte de la cuadra° de Pato Alvarez, junto a su hermano Emilio, Sergio Casal y Tomás Carbonell, otro de los mejores júniores° del mundo. Junto a las pistas donde se entrenan° hay un Porsche 944 y otros coches de importación. Javier ya ha empezado a codearse° con los profesionales. Cobra° por todo lo que viste, calza° y maneja. Sabe que, por poco bien que le vayan las cosas,° llegará a ser millonario como sus hermanos, amigos y compañeros.

squad

players between the ages of 17 and 21 / they train rub elbows He collects/wears on his feet por... no matter how poorly things go for him

1. ¿_____ es Pato Alvarez?

2. ¿_____ de los tenistas son los mejores júniores del mundo?

3. ¿_____ hay junto a las pistas?

4. ¿De _____ son los coches de importación?

5. ¿De _____ es el Porsche 944?

6. ¿_____ cuesta un Porsche 944?

7. ¿Con _____ empieza a codearse Javier?

8. ¿_____ se gana la vida Javier?

9. ¿_____ cobra por promocionar estas cosas?

10. ¿_____ sabe Javier?

11. ¿_____ va a ser millonario?

12. ¿_____ otros van a ser millonarios también?

B. Preguntas originales. Escriba seis preguntas que le gustaría (*you would like*) hacerle al decano (a la decana) de su universidad. No use la misma palabra interrogativa dos veces.

1. _____

2. _____

3. _____

4. _____

5. _____

6. _____

3. MORE ABOUT DESCRIPTION: ADJECTIVE AGREEMENT

A. A partir de un año... (*Beginning at age one...*) Escriba la forma correcta de cada adjetivo entre paréntesis.

Los juguetes (*toys*) _____ (infantil; 1) son de

_____ (grande; 2) importancia para el desarrollo (*development*)

_____ (emocional; 3) y _____ (físico; 4) de los

niños más _____ (pequeño; 5). Los

juguetes deben ser _____ (divertido; 6),

_____ (interesante; 7) y de colores

_____ (brillante; 8). Los fabricantes

deben utilizar solamente plásticos

_____ (sólido; 9) y

_____ (flexible; 10), madera

_____ (liso [smooth]; 11) o telas (fabrics)

_____ (suave [soft]; 12). Las madres

que son _____ (cuidadoso; 13) de la

salud de sus hijos _____ (menor; 14)

compran sólo juguetes que no tengan botones (buttons)

_____ (separable; 15) y juguetes

_____ (imposible; 16) de ser

_____ (encendido [burned]; 17). Hay

_____ (mucho; 18) mujeres que afirman

que los _____ (mejor; 19) juguetes son

los _____ (alemán; 20) y los

_____ (francés; 21), aunque a los

fabricantes _____ (norteamericano; 22)

y _____ (japonés; 23) no les gusta oír eso.

B. Hablando en general... Vuelva a mirar el **Vocabulario del tema** en el libro de texto. Luego escoja tres adjetivos para describir a las siguientes personas. Escriba oraciones completas con **ser**.

MODELO: la madre perfecta → La madre perfecta es cariñosa, compasiva y optimista.

1. el padre ideal

_____

2. las hermanas típicas

_____

3. las profesoras universitarias

_____

4. el coco (bogeyman)

_____

5. los jugadores profesionales de fútbol

_____

6. mi mejor amiga

_____

Español en acción

A. Oraciones originales. Escriba oraciones originales usando la forma correcta de uno de los adjetivos indicados. ¡OJO! Tiene que escoger (*choose*) entre **ser** o **estar** en cada caso.

1. generoso/tacaño

   _____

2. cortés/descortés

   _____

3. arrogante/humilde

   _____

4. animado/reservado

   _____

5. hablador/callado

   _____

B. Preguntas personales. Conteste las siguientes preguntas con oraciones completas.

1. ¿Cuál es su apellido? Ese apellido, ¿es inglés, alemán, español o _____?

   _____

   _____

2. ¿Con quién(es) discute Ud. a veces? ¿Por qué?

   _____

   _____

3. ¿En qué actividades tiene Ud. mucho éxito o poco?

   _____

   _____

4. ¿Qué espera Ud. llegar a ser algún día? ¿Qué no piensa ser?

   _____

   _____

5. ¿Tiene Ud. siempre buen genio o es que a veces tiene mal genio? ¿Cuándo?

   _____

   _____

6. ¿Echa Ud. de menos a alguien ahora? ¿A quién?

_____

_____

7. ¿Es grande o pequeña la familia de Ud.? ¿Cuántas personas hay en ella? ¿Quiénes son?

_____

_____

8. ¿Con quién se lleva Ud. muy bien? ¿Con quién se lleva mal?

_____

_____

9. ¿Cómo es su hermano/a (padre/madre)? ¿Cómo está él/ella hoy?

_____

_____

10. Y Ud., ¿es como su hermano/a (padre/madre)? ¿En qué es diferente?

_____

_____

COMPOSICION: UN INFORME

The **Composición** section of each workbook lesson in *Al corriente* expands on the **¡A escribir!** task of the **Al corriente** section of the text. Refer to this section to review the material and/or for on-line support.

Barcelona. En otra hoja de papel, haga un informe (*report*) para sus compañeros de clase sobre la ciudad de Barcelona. Para más información, consulte la sección **Al corriente** del libro de texto donde también puede encontrar instrucciones para buscar direcciones de la red. El proceso de escribir debería tener las tres siguientes etapas (*stages*).

Primera etapa: Organice su párrafo según estas preguntas.

1. ¿Dónde está situada la ciudad de Barcelona? ¿Cómo es el clima? ¿Cuánta gente vive allí? ¿Por qué es importante la ciudad de Barcelona?
2. ¿Cuáles son algunas de las actividades turísticas en Barcelona? ¿Cuáles son algunos de los platos típicos de la cocina catalana?
3. ¿Quién es Gaudí y por qué es importante en la historia de Barcelona?

Segunda etapa: Repase lo que acaba de escribir cinco veces, prestando atención a los siguientes puntos.

1. uso apropiado de **ser** o **estar**
2. concordancia (*agreement*) entre sujetos y verbos
3. género correcto de cada sustantivo
4. concordancia entre sustantivos y adjetivos descriptivos
5. uso correcto de pronombres, **a** personal, adjetivos demostrativos y posesivos

Tercera etapa: Escriba con cuidado la composición entera y entréguesela (*turn it in*) a su profesor(a).

MANUAL DE LABORATORIO

¡Escuchemos un poco!: Vocabulario del tema

A. You are going to hear a conversation between a parent and her child's teacher. You will hear the conversation twice. Then you will hear a series of questions. Answer **sí** or **no.**

1. sí no
2. sí no
3. sí no
4. sí no
5. sí no
6. sí no

B. Now you are going to hear a conversation between sisters, Carla and Maribel, about Pepe. You will hear the conversation twice. Listen once without writing anything. Then, stop the audio program and complete the following statements. Check your answers as you listen a second time.

1. Según Maribel, Pepe es un chico muy _____.

2. Según Carla, Pepe es _____ y _____, pero no es

   _____, como cree mucha gente.

3. También Carla insiste que Pepe es _____, _____,

   _____, _____ y _____.

PRONUNCIACION

Las vocales

It is the pronunciation of vowels (**a, e, i, o, u**) that most distinguishes the accent of a native speaker of Spanish from that of a non-native speaker. Pronounce the following words and sentences after the speaker, being careful not to glide the pure vowel sound into a diphthong.

Escuche las palabras y oraciones y repítalas, prestando atención al sonido de las vocales.

[a]	la pata	Arantxa	alcanzar	Alhambra	Vamos a descansar.	Se llevan mal.
[e]	el evento	Esteban	comprender	vender	Tiene buen genio.	Tenemos éxito.
	Te echo de menos.					
[i]	el individuo	Emilio	discutir	dividir	Vivimos en Virginia.	Mi apellido es
	Vicario.					
[o]	orgulloso	Colorado	conozco	olvido	Todos somos unidos.	Tengo mucho
	éxito.					
[u]	útil	Uruguay	durar	subir	Tú saludas a Hugo.	Es su club.

El enlace (*Elision*)

People accustomed only to the sound of their own language often feel that speakers of another language talk much faster than they themselves talk. Even those who have studied a foreign language are sometimes unable to understand individual words of native speech when spoken in normal conversation. This is because the native speaker runs words together in breath groups without pausing between each word.

This joining together of separate words is called elision (**el enlace**). Elision takes place in two ways.

Identical unstressed vowels are usually pronounced as a single vowel would be, whether they fall within a word (**cooperar**) or at the end and beginning of separate words (**debe escuchar**).

Llegamos a ayudarte.   Necesito tu cooperación.

A consonant within a word or at the end of a word will link with the following vowel.

Tienen otras ilusiones.   Sus apellidos son españoles.

Escuche las siguientes oraciones y repítalas.

1. Nadie está orgulloso de eso. (na-dies-ta-or-gu-llo-so-de-so)
2. Tienen éxito otra vez. (tie-ne-ne-xi-to-tra-vez)
3. Llegamos a descansar un poco. (lle-ga-mo-sa-des-can-sa-run-po-co)

Here and throughout the laboratory program of *Al corriente*, you will have the opportunity to hear native speakers of Spanish. Pay attention to the way they link their words, and try to do the same yourself.

Gramática en contexto

1. DEFINING, DESCRIBING, AND LOCATING: **ser** VERSUS **estar**

Tres parejas distintas. Mire los tres dibujos. Ud. va a oír algunos adjetivos o frases preposicionales que describen a las personas indicadas. Diga la oración entera usando **ser** o **estar.** Luego, repita la respuesta correcta.

MODELOS: Antonio (atlético) → Antonio es atlético.

Amanda (bien con Antonio) → Amanda está bien con Antonio.

1. Antonio	5. Esteban y Elena	9. don Ramiro
2. Antonio	6. Esteban y Elena	10. don Ramiro
3. Amanda	7. Amanda y Elena	11. doña Ramona y don Ramiro
4. Amanda	8. Amanda y Elena	12. doña Ramona y don Ramiro

2, 3. ASKING QUESTIONS: INTERROGATIVE FORMS; MORE ABOUT DESCRIPTION: ADJECTIVE AGREEMENT

A. Tres parejas distintas. Mire los tres dibujos (de esta página) otra vez. Escuche cada pregunta y contéstela. Sus respuestas pueden variar.

MODELO: (¿Cómo es Antonio?) → Antonio es alto (moreno, atlético).

1. ... 2. ... 3. ... 4. ... 5. ... 6. ... 7. ... 8. ... 9. ... 10. ... 11. ... 12. ...

B. Tres parejas distintas. Siga mirando los tres dibujos. Ud. va a oír una declaración. Luego haga la pregunta necesaria para recibir esa respuesta. Después, repita la pregunta correcta.

MODELO: (Está en la cancha con Antonio.) → ¿Dónde está Amanda?

1. ... 2. ... 3. ... 4. ... 5. ... 6. ... 7. ... 8. ... 9. ... 10. ...

C. Conversaciones. Ud. va a oír dos diálogos cortos. Luego va a oír una serie de declaraciones en grupos de tres. Sólo una de las tres declaraciones es correcta según el contexto del diálogo. Seleccione la letra que corresponde a la declaración correcta.

MODELO: Diálogo: Dieguito y su mamá conversan...

MAMA: Hace demasiado frío hoy, Dieguito. Vas a tener frío si sales sin chaqueta.

DIEGUITO: Pero, mamá, esa chaqueta es muy vieja. Es de Timoteo y no me gusta.

MAMA: Pues, Timoteo ya no puede llevarla. Es demasiado pequeña para él. La chaqueta es tuya ahora. Póntela.

DIEGUITO: Ay, mamá...

Primer diálogo: Buscando una raqueta nueva...

Vocabulario útil: grafito (*graphite*)

1. a b c

2. a b c

3. a b c

Segundo diálogo: Mateo y Lucinda se encuentran en la biblioteca...

4. a b c

5. a b c

6. a b c

Español en acción

You are going to hear an elderly woman from California talking about her family. When you finish, choose the option from each pair that best describes the members of Mrs. Rivera's family and how she feels about them. Feel free to listen to the monologue more than once.

1. a b   4. a b   7. a b

2. a b   5. a b   8. a b

3. a b   6. a b

CAPITULO **2**

CUADERNO DE EJERCICIOS ESCRITOS

¡Hablemos un poco!: Vocabulario del tema

A. ¡Qué familia! Mire el árbol genealógico e identifique el parentesco (*relationship*) que hay entre los miembros de esta familia extendida. **¡OJO!** La respuesta correcta puede ser un miembro de la familia, el nombre de una persona o un número. Use palabras del **Vocabulario del tema** en el **Capítulo 2** del libro de texto.

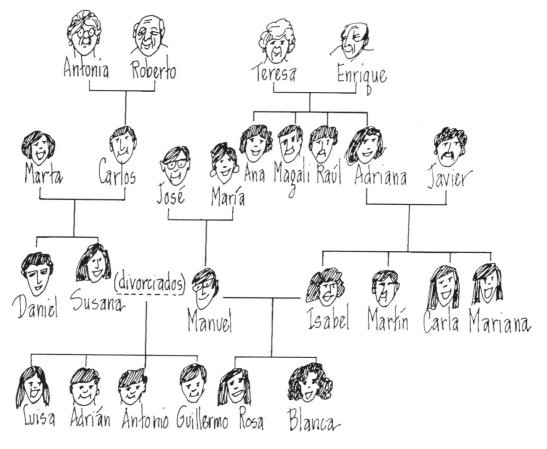

1. Antonia y Roberto son _____. Hay _____

   otros matrimonios en la familia. Desgraciadamente, _____ y

   _____ ya no están casados.

2. Javier y Raúl son _____. La esposa de Javier es la

_____ de Raúl, y los _____ de Adriana y

Javier son los _____ de Raúl. Ana y Magali son otros

_____ de Raúl.

3. Isabel es la segunda _____ de Manuel. Adrián y Antonio, quienes son

_____, son los _____ de Manuel y los

_____ de Isabel. Isabel es también la _____

de Luisa y Guillermo. Rosa y Blanca son sus propias (*own*) _____.

4. Isabel es la _____ preferida de José y María. Tiene suerte porque sus

_____, Adriana y Javier, se llevan muy bien con Manuel, el

_____ de ellos.

5. Carla y Mariana son las _____ de Rosa y Blanca. Isabel está casada

con Manuel, y Carla y Mariana son las _____ de Manuel.

6. Rosa y Blanca son las _____ de Carla y Mariana y las

_____ de Adrián y Antonio. Adriana y Javier son los

_____ de Rosa y Blanca, y sus _____ son

Teresa y Enrique.

7. Adriana y Javier son ahora los _____ de Manuel, y Martín es su

nuevo _____. Hace unos años _____ y

_____ eran sus suegros y _____ era su

cuñado, porque se casó con la _____ de Antonia y Roberto.

B. En mi familia... Ahora escriba los nombres de diez miembros de su propia familia extendida.
Luego diga cuál es el parentesco de cada uno con Ud.

	NOMBRE	ES MI...	YO SOY SU...
1.	_____	_____	_____
2.	_____	_____	_____
3.	_____	_____	_____
4.	_____	_____	_____
5.	_____	_____	_____
6.	_____	_____	_____
7.	_____	_____	_____
8.	_____	_____	_____
9.	_____	_____	_____
10.	_____	_____	_____

Lectura: Reflexiones sobre la lectura

A. Familia y jefatura de hogar. Indique la respuesta correcta.

1. ¿En qué país(es) latinoamericano(s) bajó la tasa de divorcio entre 1980 y 1990?

   a. en ningún país

   b. en Brasil y México

   c. en Venezuela y la República Dominicana

2. ¿En qué país(es) latinoamericano(s) no disminuyó el tamaño medio de los hogares entre 1970 y 1990?

   a. en ningún país

   b. en Bolivia, Guatemala y México

   c. en México, Argentina y Venezuela

3. ¿Qué tipo de hogar es generalmente más común en los países latinoamericanos?

   a. hogares con uno o dos padres e hijos

   b. hogares con el padre o la madre y los hijos

   c. hogares con una pareja sin hijos

4. ¿Qué porcentaje de hogares tiene un solo habitante en Argentina?

   a. el 65 por ciento

   b. el 14 por ciento

   c. el 2 por ciento

5. ¿Cuáles son los tres tipos de hogares más grandes, del más grande al menos grande?

   a. hogares con una persona, hogares con familias nucleares, hogares con familia extendida

   b. hogares con familias nucleares, hogares con familia extendida, hogares con una persona

   c. hogares con familia extendida, hogares con familias nucleares, hogares con parejas sin hijos

6. ¿Por qué hay más y más hogares dirigidos por mujeres?

   a. porque bajó la tasa de divorcios

   b. porque la población en general vive más años, y las mujeres viven más años que los hombres

   c. porque hay más hogares unipersonales

7. ¿Qué país latinoamericano tiene el porcentaje más grande de hogares dirigidos por mujeres?

   a. Perú

   b. Nicaragua

   c. México

8. En general, ¿son casadas o no las mujeres que son jefas del hogar?

   a. son casadas

   b. no, principalmente conviven con su pareja

   c. no, principalmente están divorciadas o son viudas o solteras

B. Preguntas. Conteste las siguientes preguntas sobre la lectura.

1. El artículo explica en bastante detalle la «composición» de los hogares en Latinoamérica. En su opinión, ¿los tres grupos o tipos de hogares que predominan son iguales en este país? ¿Cuál cree Ud. que es el grupo más grande en este país? ¿Por qué opina Ud. así?

_____

_____

_____

2. En el gráfico, se nota una gran diferencia en la tasa de divorcios entre algunos países. ¿Qué países tienen menos divorcios por persona? ¿Cuáles tienen más? En su opinión, ¿qué factores sociales, económicos y políticos pueden contribuir a estas diferencias? Explique.

_____

_____

_____

3. El artículo nota algunas diferencias drásticas entre las jefas mujeres y los jefes hombres. ¿Cuáles son esas diferencias? ¿Cree Ud. que se encuentran las mismas diferencias en este país? En su opinión, ¿qué características de la mujer o del hombre contribuyen a estas diferencias?

_____

_____

_____

Gramática en contexto

4. TALKING ABOUT WHAT YOU HAVE DONE: THE PRESENT PERFECT

A. Lo que ha hecho mi familia. Complete el párrafo con las formas apropiadas del presente perfecto.

Mi familia _____ (vivir; 1) en Santiago toda la vida. Yo nunca

_____ (estar; 2) en otro país, pero _____ (oír; 3)

hablar mucho de Colombia y de la Argentina. Mis hermanas mayores

_____ (viajar; 4) bastante a sitios lejanos. Cada año una de ellas, cuando

_____ (hacer; 5) un viaje a otras partes, me

_____ (traer; 6) algunos recuerdos muy interesantes. Mis padres

_____ (decir; 7) varias veces que van a llevarnos a todos a la América

Central. Tenemos unos parientes allí que nos _____ (escribir; 8) con

frecuencia, y a mí me _____ (invitar; 9) a pasar un rato con ellos. Hace

poco mi prima Luisa me _____ (mandar; 10) un paquete (*package*) con

fotos de Costa Rica. Yo las _____ (mirar; 11) cada dos o tres días, y

siempre _____ (pensar; 12) en el pobre tío Mario. Va a ser triste visitarlos

porque el tío Mario _____ (morir; 13) el mes pasado. Pero dicen que mi tía Luisa _____ (volver; 14) a interesarse en la vida. Quizás mi visita

pueda ayudarla un poco.

B. ¡Sabrina se ha divertido mucho! Mire el dibujo de Kiraz y conteste las preguntas.

Vocabulario útil:

el paraguas (*umbrella*)
el champán (*champagne*)
golpear (*to hit*)

—¡Ya está Sabrina! He encontrado el piso de sus padres.

1. ¿Cómo han pasado la noche los jóvenes? Mencione tres cosas que han hecho.

_____

_____

_____

2. Y ¿cómo han pasado la noche los padres de Sabrina? Mencione tres cosas que ellos han hecho.

_____

_____

_____

3. ¿Dónde ha conseguido Sabrina la trompeta que trae? ¿Qué ha hecho con ella?

_____

_____

4. ¿Cómo sabe el joven que ha encontrado el piso (*apartment*) de los padres de Sabrina?

_____

_____

5. ¿Le ha dicho algo al joven el padre de Sabrina?

_____

_____

5. EXPRESSING -self (-selves) AND each other: REFLEXIVE VERBS

A. ¡Qué rutina más desagradable!   Seleccione la forma correcta en cada caso.

Cada mañana cuando (suena / se suena [*rings*]; 1) el despertador (*alarm clock*) a las cinco, pienso que no puedo (levantar / levantarme; 2) tan temprano. (Quedo / Me quedo; 3) en la cama unos diez minutos después de (despertar / despertarme; 4). Lo primero que (hago / me hago; 5) es pasar al baño. (Miro / Me miro; 6) torpemente en el espejo (*mirror*) por unos minutos, (lavo / me lavo; 7) la cara, (peino / me peino; 8) y (limpio / me limpio; 9) los dientes. Luego (quito / me quito; 10) el pijama y (pongo / me pongo; 11) la ropa que voy a llevar a la oficina. (Despidiendo / Despidiéndome; 12) de los niños, (bajo / me bajo; 13) la escalera y (corro / me corro; 14) a tomar el autobús. Siempre (llego / me llego; 15) con sueño y sin aliento (*breath*) a la oficina. Me pasa igual cada día. Qué rutina más desagradable, ¿no?

B. Mi rutina.   Conteste las siguientes preguntas de una manera personal.

1. ¿Se pone Ud. la ropa antes o después de limpiarse los dientes?

    _____

2. ¿Se baña Ud. por la mañana o por la noche?

    _____

3. ¿Prefiere Ud. vestirse antes o después de desayunar?

    _____

4. ¿Se afeita Ud. la cara o las piernas?

    _____

5. ¿Ud. y su mejor amigo/amiga se ven constantemente o a ratos?

    _____

6. ¿Ud. y los miembros de su familia se llaman por teléfono o se escriben cartas?

6. INDICATING CHANGE: MORE REFLEXIVE VERB FORMS

A. Los parientes de Elena.   Las siguientes oraciones describen lo que pasa hoy en casa de la familia de Elena. Escriba la forma correcta del verbo más apropiado.

alegrarse	divorciarse	irse
casarse	enojarse	preocuparse
divertirse	entristecerse	

1. Su hermana _____ porque acaban de admitirla en la Universidad de las Américas.

2. Su hermano _____ porque tiene tres exámenes mañana.

3. Su madre _____ con su padre porque vuelve a fumar.

4. Sus tíos favoritos _____ de vacaciones a México.

5. Su abuela paterna _____ porque se murió su perro favorito.

6. Su abuelo materno _____ porque los nietos han llegado a visitarlo.

7. Su prima Margarita _____ esta tarde con un viejo amigo de la familia.

8. Por mala coincidencia, Elena y su esposo _____ esta semana.

B. Elena nos habla de su divorcio. Combine los elementos para formar oraciones correctas. ¡OJO! No se olvide de añadir la preposición adecuada al verbo.

MODELO: yo / no / ir / casarse / de / nuevo / porque / yo / sentirse / desilusionado →
No voy a casarme de nuevo porque me siento desilusionada.

1. yo / acordarse / alguno / ratos / feliz / de nuestro / vida _____

_____

2. pero recientemente / mi esposo y yo / llevarse / muy mal _____

_____

3. a él / gustarle / burlarse / mí _____

_____

4. él / jactarse / todo / su / actividades / interesante _____

_____

5. pero cuando él / volver / casa, sólo / querer sentarse / el sofá _____

_____

6. yo no / atreverse / decirle lo que yo / pensar / porque él / enojarse / rápidamente

_____

_____

7. todo / días / él / decir que / yo / quejarse / demasiado _____

_____

8. él / equivocarse / si / pensar que / yo / ir a / quedarse / con él _____

_____

9. él no / darse cuenta / yo / aburrirse / él _____

_____

10. yo / saber que / nosotros / comportarse / mal _____

_____

11. ahora / nuestro / familias / haber / enterarse / nuestro / problemas _____

_____

12. ellos / saber que / nosotros / tener que / divorciarse / si / querer / tranquilizarse / y /

divertirse / otro / vez _____

_____

Español en acción

A. Oraciones originales. Escriba oraciones personales y originales usando los siguientes verbos y las preposiciones que los acompañan.

1. acordarse (de)

   _____

   _____

2. casarse (con)

   _____

   _____

3. darse cuenta (de)

   _____

   _____

4. divertirse (con)

   _____

   _____

5. enterarse (de)

   _____

   _____

6. jactarse (de)

   _____

   _____

B. Preguntas personales. Conteste las siguientes preguntas con oraciones completas.

1. ¿Tiene Ud. una familia muy grande? ¿Cuántas personas hay en ella? ¿Se llevan muy bien todos?

   _____

   _____

2. ¿Hay mellizos / as en su familia? ¿en su universidad? ¿Cómo son? _____

   _____

   _____

3. ¿Cuál es el estereotipo de la suegra? ¿Qué clase de suegra quiere tener Ud. (tiene Ud.)?

   _____

   _____

4. ¿Cuál es el estereotipo de la madrastra? ¿Tiene Ud. (Es Ud.) padrastro/madrastra?

_____

_____

5. ¿Cómo son los yernos (las nueras) ideales? ¿Qué clase de yerno/nuera quiere Ud. ser (es Ud.)?

_____

_____

_____

6. ¿Se ha enojado Ud. alguna vez con uno de sus parientes? ¿Con quién? ¿Por qué? _____

_____

_____

7. ¿Cómo reaccionan los demás miembros de la familia cuando alguien se enoja? _____

_____

_____

8. ¿Se aburre Ud. fácilmente? ¿Qué hace para volver a divertirse? _____

_____

_____

9. ¿Se preocupa Ud. por algo? ¿por sus notas? ¿por su peso (weight)? ¿por el estado del mundo?

_____

_____

10. ¿De qué o de quién(es) se ha quejado Ud. este año? ¿Cree que otras personas se han quejado de Ud.? ¿Por qué sí o por qué no? _____

_____

_____

COMPOSICION: UNA DEFINICION

Evita. *Evita* es la película dirigida por Alan Parker en la que Madonna hizo el papel de Eva Perón y Antonio Banderas hizo el papel de Ché. En otra hoja de papel, escríbale una carta formal a Alan Parker expresándole su opinión sobre la película y la idea de contratar a Madonna para representar a la figura de Eva Perón. Para más información sobre Eva Perón, consulte la sección **Al corriente** del libro de texto donde también puede encontrar instrucciones para buscar direcciones en la red sobre Eva Perón. También debe buscar información sobre la película. El proceso de escribir deberá tener las tres siguientes etapas.

Primera etapa: Organice su composición según estas preguntas.

1. ¿Cómo era Eva Perón? ¿Qué cosas hacía con frecuencia? ¿Por qué la quería el pueblo argentino? ¿Por qué la odiaban algunos?
2. ¿Era Madonna la actriz ideal para hacer el papel de Evita? ¿Existen semejanzas entre la vida de Evita y la de Madonna?
3. ¿Le parece bien a Ud. la idea de darle el papel de Evita a Madonna? ¿Por qué sí o no?

4. ¿Cree Ud. que la película debía representar fielmente la vida de Eva Perón como personaje histórico?

Segunda etapa: Ponga las oraciones que acaba de escribir en un párrafo coherente mediante las siguientes expresiones.

a mi juicio	*in my opinion*	por eso	*that's why*
(no) estoy de acuerdo con	*I (don't) agree with*	a causa de	*because of*
según (él, ella)	*according to (him, her)*	es evidente que	*it's evident/clear that*
sin duda	*no doubt*	creo que	*I believe that*

Su meta (*goal*) debe ser tratar de persuadir al lector (*reader*) de que Ud. tiene razón.

Tercera etapa: Escriba de nuevo con cuidado el párrafo entero y entrégueselo a su profesor(a).

MANUAL DE LABORATORIO

¡Escuchemos un poco!: Vocabulario del tema

A. You are going to hear a conversation between Inés and Beto, high school students in Guadalajara, Mexico. You will hear the conversation twice. Then select the best answers to the questions you will hear.

1. a. Su papá tiene una nueva esposa.

    b. El hermano de su papá acaba de morir.

2. a. Es chistosa.

    b. Es cariñosa.

3. a. Tiene tres hermanastros.

    b. Tiene tres sobrinos.

4. a. Es su madrastra.

    b. Es su hermanastra.

5. a. Es perezosa y arrogante.

    b. Es muy simpática.

6. a. Tiene otro esposo y un nuevo bebé.

    b. Tiene unos cuñados horribles.

7. a. Son mellizos.

    b. Son medio hermanos.

8. a. Porque en su familia no hay mellizos.

    b. Porque es hija única.

B. Now you will hear the same two people, Inés and Beto, talking a few days later. After listening to the conversation twice, select the best answers to the questions you will hear. The actual choices are not printed here, only the letters **a** and **b.**

Vocabulario útil: ¡Qué pesado/a! (*What a pest!*)

1. a b   4. a b   7. a b
2. a b   5. a b   8. a b
3. a b   6. a b

PRONUNCIACION

El silabeo (*Syllabication*)

In your previous study of Spanish, you probably learned the rules that determine how a word is divided into syllables. Knowing these rules helps you decide how to pronounce an unfamiliar word. Use the following review to refresh your memory.

Most Spanish syllables end in vowels.

ca-za   ce-rro   ra-to   ve-ci-no   có-mo-do

Most sequences of two consonants are divided. This includes **sl** and **sr.**

fron-te-ra   fon-do   her-ma-na   jun-to   is-la

Do not divide **ch, rr, ll,** or any consonant (other than **s**) plus **l** or **r.**

ma-cho	a-rro-gan-te	me-lli-zo
som-bra	a-rri-ba	ex-tra-ño

Two vowels are divided unless one of them is an unaccented **i** or **u,** which form diphthongs.

    re-a-lis-ta   cre-ar   cam-pe-ón

Note the diphthongs (combination of **a, o,** or **e** with unaccented **i** and/or **u**) in the following words.

    si-tio   de-ma-sia-do   nue-ra   a-bue-lo   sue-gro

A written accent breaks a diphthong into two vowels.

    tí-o   dis-tra-í-do   dí-a

Escuche la pronunciación de cada palabra y repítala. Luego escriba cada una, dividiéndola en sílabas.

1. cazamos _____
2. matan _____
3. asunto _____
4. lejano _____
5. demasiado _____
6. arriba _____
7. madrastra _____

8. bisabuelo _____
9. chistoso _____
10. altruista _____
11. apellido _____
12. discutieron _____
13. alcanzáis _____
14. orgulloso _____

Gramática en contexto

4. TALKING ABOUT WHAT YOU HAVE DONE: THE PRESENT PERFECT

A. Los niños se han escapado de casa. Ud. va a oír dos veces una oración corta en el tiempo presente. Repita la oración, cambiando el verbo al presente perfecto. Después, repita la oración correcta.

    MODELO: (El niño caza pajarillos.) → El niño ha cazado pajarillos.

    1. ... 2. ... 3. ... 4. ... 5. ... 6. ... 7. ... 8. ...

B. Una tarde en la vida de la familia Salinas. Ud. va a oír unas declaraciones acerca de cada miembro de la familia Salinas. Marque la letra que corresponde a la declaración que tiene más sentido (*makes the most sense*) según el contexto del dibujo.

1. a b c   4. a b c   7. a b c

2. a b c   5. a b c   8. a b c

3. a b c   6. a b c

5. EXPRESSING -self (-selves) AND each other: REFLEXIVE VERBS

A. ¿Qué hacen?   Cada dibujo viene acompañado de dos oraciones que Ud. va a escuchar. Escoja la oración que describe lo que pasa en el dibujo.

1. a b   2. a b   3. a b

4. a b   5. a b   6. a b

B. Lo que hago yo.   Ud. va a oír parte de una oración dos veces. Escriba una terminación lógica, usando uno de los siguientes verbos reflexivos. Va a oír unas respuestas posibles.

despertarse	quitarse el pijama	limpiarse los dientes
ducharse	levantarse	vestirse para el día
lavarse	bañarse	

MODELO: (Cuando suena el despertador (*alarm clock*), yo...) →
Cuando suena el despertador, yo *me despierto*.

1. _____

2. _____

3. _____

4. _____

5. _____

6. _____

6. INDICATING CHANGE: MORE REFLEXIVE VERB FORMS

A. ¿Qué hacen? Cada dibujo viene acompañado de dos oraciones que Ud. va a escuchar. Escoja la oración que describe lo que pasa en el dibujo.

1. a b

2. a b

3. a b

4. a b

5. a b

6. a b

7. a b

8. a b

9. a b   10. a b

B. Lo que hago yo. Ud. va a oír parte de una frase dos veces. Escriba la terminación lógica, usando uno de los siguientes verbos. Luego Ud. va a oír unas respuestas posibles.

aburrirse	comportarse	enojarse
alegrarse	divertirse	preocuparse
casarse	engordarse	

MODELO: (Si como mucho chocolate, yo...) → Si como mucho chocolate, yo *me engordo*.

1. _____   5. _____

2. _____   6. _____

3. _____   7. _____

4. _____   8. _____

Español en acción

Listen to the following portion of Consuelo Conseja, a radio show hosted by a family counselor who takes calls and answers letters and emails during the show. Consuelo is reading and replying to an email that she received. After listening, you will hear eight pairs of statements. From each pair select the most accurate statement. Feel free to listen to the conversation more than once.

1. a b   4. a b   7. a b

2. a b   5. a b   8. a b

3. a b   6. a b

CAPITULO **3**

CUADERNO DE EJERCICIOS ESCRITOS

¡Hablemos un poco!: Vocabulario del tema

A. Las mujeres de la residencia.   Algunas de las mujeres de la residencia universitaria se sienten bien hoy, otras se sienten mal. Con la información que Ud. tiene acerca de ellas, diga cómo está hoy cada una. Use palabras del **Vocabulario del tema** en el **Capítulo 3** del libro de texto. ¡OJO! A veces hay varias posibilidades.

1. Pepita está muy _____ porque Carolina, su mejor amiga, vuelve de vacaciones hoy. Carolina, al contrario, está muy _____ porque mañana tiene que volver a trabajar.

2. Bertha está un poco _____ esta tarde porque no ha tenido éxito en el laboratorio de química. Rosario, su compañera de clase, está _____ porque su experimento salió bien.

3. Tina se siente muy _____ de sí misma (*herself*) porque acaba de enterarse de que sacó una A en el examen de cálculo. Lupe y Magdalena, quienes están en el mismo curso, están _____ porque sus notas fueron D y F.

4. Angelina se siente un poco _____ porque no comprendió la explicación del profesor de literatura. Guadalupe es la mejor estudiante de la clase y siempre se siente muy _____ de sí misma. Angelina va a pedirle un poco de ayuda.

5. A Martina no le gusta que su novio mire a otras chicas y se pone _____ cuando lo hace. Luisa, al contrario, está totalmente _____ de su propio novio. A ella no le importa lo que él hace.

6. Nana ha pasado toda la tarde en la biblioteca. No le gusta estudiar y por eso está muy _____ . No comprende a Plácida, quien siempre está muy _____ con la idea de pasar un día entero estudiando.

7. Flor se olvidó de que hay un exmen importantísimo de física esta mañana; ya está

_____ porque no tiene tiempo para estudiar. Pero Daniela y Angela

están _____ porque hace tres días que estudian juntas para el examen.

B. Otras situaciones problemáticas. Escoja un adjetivo de la lista a continuación (y use la forma apropiada) para describir cómo están las personas ilustradas. Termine la oración de una manera original para explicar por qué están así.

Vocabulario útil: la boda (*wedding*), la galleta (*cookie*), las migas (*crumbs*), el rincón (*inside corner*); atrapado (*trapped*)

aburrido	divorciado	enterado
alegre	enamorado	equivocado
cansado	enojado	preocupado
casado		

1. Rodrigo está muy _____ porque _____.

   Doria, al contrario, está _____ porque _____.

2. La Sra. Vargas está _____ ahora porque _____.

   La verdad es que está _____. No ha mirado debajo de la mesa; por eso no

   está _____ de que Macho _____.

   Juanito está _____ porque quiere salir a jugar con sus amigos y _____.

3. Es un día muy bonito de primavera. Es obvio que Toño y Conchita están muy

_____ porque _____.

Desgraciadamente, la felicidad no dura (*last*). Ocho meses después los dos están

_____ y piensan _____.

El abogado (*lawyer*) está _____ porque _____.

C. **En mi caso...** Termine las siguientes oraciones de una manera personal.

1. Me siento avergonzado/a cuando _____

_____

2. A veces estoy preocupado/a porque _____

_____

3. Siempre estoy deprimido/a cuando _____

_____

4. Me pongo alegre cuando _____

_____

5. Me quedo aburrid o/a si _____

_____

6. Me siento confundido/a cuando _____

_____

Lectura: Reflexiones sobre la lectura

A. Prietita y la Llorona. Complete cada frase con la palabra que corresponda al argumento del cuento «Prietita y la Llorona» de Gloria Anzaldúa. ¡OJO! A veces hay varias posibilidades.

1. Miranda, la hermana de Prietita, llegó _____ porque su madre estaba enferma otra vez.

    a. preocupada   b. asustada   c. avergonzada

2. Como Prietita era _____, se sentía capaz de encontrar una solución.

   a. segura de sí misma   b. egoísta   c. vanguardista

3. Doña Lola dice que puede curar a la madre con una planta _____.

   a. vengativa   b. curativa   c. atrevida

4. Ir al lugar donde se encuentra la planta es una tarea _____.

   a. peligrosa   b. chistosa   c. amistosa

5. Prietita decide salir a buscar la planta porque ella es _____.

   a. optimista   b. altruista   c. realista

6. En el bosque Prietita se acordó de la Llorona, una mujer _____ que había perdido a sus hijos.

   a. terca   b. melancólica   c. frustrada

7. Los animales del bosque llevan a la niña hacia la Llorona de una manera _____.

   a. callada   b. práctica   c. serena

8. La conducta de la Llorona hacia Prietita es _____: la lleva al lugar donde está la ruda y después desaparece.

   a. compasiva   b. cariñosa   c. reservada

9. Prietita les revela a sus amigas y parientes que la Llorona es realmente una mujer _____.

   a. simpática   b. generosa   c. amable

10. Todos están _____ de Prietita por el valor y el coraje que ella ha demostrado.

    a. seguros   b. orgullosos   c. enamorados

B. Preguntas. Conteste brevemente las siguientes preguntas.

1. En este cuento, la protagonista pasa por un proceso de crecimiento interior—se hace más madura. Describa y explique brevemente los incidentes o las experiencias que simbolizan esta transición en el cuento.

   _____

   _____

2. ¿Cree Ud. que Prietita es valiente o que es más bien inocente (*naive*) al exponer (*to risk*) su vida por su madre? Explique su respuesta.

   _____

   _____

3. Todo el mundo acepta que los padres tienen la responsabilidad de cuidar y proteger a sus hijos. ¿Piensa Ud. que los hijos tienen la misma responsabilidad hacia sus padres? Explique su respuesta.

   _____

   _____

4. Después del acto de heroísmo de Prietita, doña Lola le dice a la muchacha: «esta noche has crecido», y le enseña a preparar el remedio para su madre. ¿Qué tipo de reconocimiento (*recognition*) le gustaría a Ud. recibir después de hacer un acto heroico? Explique su respuesta.

_____

_____

Gramática en contexto

7. EXPRESSING RESULTING CONDITIONS: ADJECTIVES RELATED TO REFLEXIVE VERB FORMS

La triste historia de Filomena y Adalberto.   Complete las siguientes oraciones llenando el primer espacio con un verbo en el presente perfecto o el infinitivo y el segundo espacio con el adjetivo derivado.

> MODELO: (preocuparse) → Filomena *se ha preocupado* siempre porque cree que pesa demasiado. Este año ha estado más *preocupada* que nunca.

1. (enflaquecerse) Filomena _____ comiendo sólo toronjas (*grapefruit*).

   ¡Mírenla ahí! ¡Qué _____ está!

2. (engordarse) Desgraciadamente, su esposo Adalberto _____ porque

   insiste en comer las carnes y los quesos que Filomena ya no come. Ahora Adalberto está más

   _____ que nadie.

3. (convertirse) Los hijos de Filomena y Adalberto _____ en monstruos

   ahora. La hija menor está _____ en un monstruo especialmente

   diabólico. Se divierte comiendo tortas y helado delante de su mamá.

4. (cansarse) Todos piensan que Filomena va a _____ pronto de su dieta.

   Por lo menos eso es lo que esperan. ¡Sus hijos ya están bien _____ de

   oír hablar de dietas!

5. (enojarse) Una de las vecinas de Filomena y Adalberto les ha sugerido varias veces que visiten

   una clínica de nutrición, y Filomena _____ con ella cada vez que lo

   menciona. Sigue tan _____ que ahora casi no le habla.

8. MORE ABOUT INDICATING CHANGE: REFLEXIVE VERB FORMS WITH ADJECTIVES

A. ¡Cómo han cambiado!   Mire los dibujos que preceden cada grupo de oraciones. Complete cada oración con los verbos (en tiempo presente o presente perfecto) y los adjetivos que se encuentran en **Gramática 7** del libro de texto. ¡OJO! Sus respuestas pueden variar.

1.

Horacio nació pobre y hace más de veinte años que vive empobrecido. Pero un día ha tenido

suerte. Se ha ganado «el gordo» en la lotería y se _____ (a) uno de los

hombres más ricos del país. Al oír las buenas noticias, Horacio _____ (b)

casi loco, gritando y llamando a todos sus amigos. Luego _____ (c)

bastante para planear cómo va a gastar el dinero. Por fin _____ (d)

mucho más serio y callado.

2.

La pobre Cintia _____ (a) nerviosa cuando maneja su coche. Siempre

_____ (b) cuando los demás conductores se acercan demasiado a su

coche. Pero al llegar a casa, Cintia _____ (c). Sentada en su silla

favorita, acompañada de su perro viejo, _____ (d) muy contenta. Y se

queda _____ (e) y _____ (f), leyendo toda

la noche.

3.

A Manolo y a Dora les gusta asistir a los conciertos de su único hijo, Gilberto, quien se

_____ (a) un pianista famoso. Qué contentos

_____ (b) los padres al oírlo tocar porque se acuerdan del día en que

el pequeño Gilberto se sentó al piano por primera vez. Ahora, cuando Gilberto para de (*stops*)

tocar, la gente siempre _____ (c) loca de admiración, y ¡Manolo y

Dora _____ (d) tanto!

B. En mi caso...   Termine de una manera original las siguientes oraciones.

1. Me vuelvo loco/a cuando _____

_____

2. Cuando yo me pongo nervioso/a, _____

_____

3. Mi papá (mamá) siempre se queda callado/a cuando _____

_____

4. Si me hago rico/ay famoso/a algún día, _____

_____

5. Si mi amigo/a no consigue lo que desea, él/ella _____

_____

6. Si tengo demasiado que hacer, siempre _____

_____

9. EXPRESSING *whom* AND *what:* DIRECT AND INDIRECT OBJECT PRONOUNS

Este dibujo viene de la sección de tiras cómicas (*comic strips*) de un periódico colombiano. Las dos niñas (vamos a llamarlas Martita y Estefanía) que están en la playa son niñas típicas, pero a veces parecen un poco precoces. Leamos lo que dicen.

A. Martita y Estefanía. Escriba el complemento directo pronominal apropiado.

1. Martita: Nuestro país tiene árboles altos y viejos. No queremos cortar _____ nunca.

2. Estefanía: Los animalitos que viven por aquí tienen derecho a vivir también. Nadie _____ debe matar.

3. Martita: Esta playa es la más bonita de todas. Me gusta ver _____ desde el camino.

4. Estefanía: Aquel barco (*boat*) es de nuestro tío. A veces él _____ invita a navegar.

5. Martita: Es divertido construir castillos de arena (*sand castles*). Nos gusta construir _____. ¿Quieren Uds. ayudar _____?

6. Estefanía: No sabemos dónde está nuestra hermana Elisa ¿Uds. _____ han visto?

7. Martita: Hemos dejado las otras pelotas (*beach balls*) en el coche. Voy a buscar _____.

8. Estefanía: Si _____ esperas, Martita, yo _____ ayudo.

B. Martita y Estefanía en la playa. Vuelva a escribir cada oración. Elimine las repeticiones innecesarias usando un complemento directo pronominal.

1. Martita se acuesta en la toalla (*towel*) aunque Estefanía necesita la toalla.

   _____

2. Estefanía construye castillos de arena, y Martita quiere ayudar a Estefanía.

   _____

3. Hay animalitos por todas partes, pero Estefanía no ve los animalitos.

   _____

4. Las amigas de Martita y Estefanía buscan a Martita y Estefanía.

   _____

5. Martita toma el refresco, pero Estefanía también ha querido tomar el mismo refresco.

   _____

6. Elisa no busca a sus padres; Martita y Estefanía tienen que buscar a sus padres.

   _____

C. Más acerca de Martita y Estefanía. Ahora escriba el complemento indirecto pronominal.

1. Martita y Estefanía _____ dicen a sus papás que tienen hambre.

2. La madre de las niñas _____ da veinte pesos a Estefanía.

3. Estefanía va a traer _____ un perro caliente a Martita si su madre _____ ha dado suficiente dinero.

4. Después de almorzar Martita vuelve a decir _____ a todos que tiene sed y

   _____ pide a su papá otro refresco.

5. La niña _____ dice con tristeza: «Papá, si no _____ compras algo

   frío, me voy a morir de sed.»

6. Y el pobre padre se ríe un poco de ella, diciendo _____, «Ay, Martita, ¡tú

   _____ vas a matar a nosotros si vuelves a poner esa cara tan triste!»

10. TALKING ABOUT NEEDS, LIKES, AND DISLIKES: VERBS LIKE **gustar**

A. Al niño le gusta. Escriba la forma correcta del verbo indicado y el complemento indirecto pronominal en cada oración.

Al niño del dibujo _____ (encantar; 1) la pistola, pero a su padre y al dependiente de la tienda no _____ (gustar; 2) para nada.

Al dependiente _____ (desagradar; 3) tener el rostro y el traje cubiertos de tinta (*ink*) aunque al niño _____ (parecer; 4) chistoso verlo así. Acaba de decirle al dependiente, «¡A mí _____ (resultar; 5) fascinante su reacción, señor!» Al pobre padre _____ (molestar; 6) lo ocurrido, y _____ (doler;

7) darse cuenta de que su precioso hijo es un mocoso (*brat*). Pero así son casi todos los niños modernos, ¿no _____ (parecer; 8) a ti? A ellos casi siempre _____ (agradar;

9) los juguetes caros pero a sus padres no _____ (gustar; 10) pagar tanto.

—No... Al niño, efectivamente le gusta, ¡pero yo la encuentro demasiado cara!

B. Más preferencias. Conteste las siguientes preguntas acerca de los gustos y preferencias de Ud., sus amigos y sus parientes. Escriba una oración completa, según el modelo. ¡OJO! Ud. puede responder a estas preguntas con sólo dos o tres palabras. Otras palabras (como **mucho, muchísimo** y **para nada** [*not at all*]) son optativas.

MODELO: ¿Le gusta a Ud. la música clásica? → Sí, me gusta (muchísimo).
   O: No, no me gusta (para nada).

1. ¿Le gusta a Ud. pasar los sábados en la biblioteca?

   _____

2. ¿Le interesa a Ud. la política (*politics*)?

   _____

3. ¿Le agrada o le desagrada la comida mexicana?

_____

4. ¿Le interesan los muebles (*pieces of furniture*) muy viejos a su mejor amigo/amiga?

_____

5. ¿Les encanta a sus padres (hermanos/hijos) estar a solas (*alone*) en casa?

_____

6. ¿Les molesta a Ud. y a sus amigos tener que tomar exámenes?

_____

7. ¿Le agrada a su profesor(a) de español hablar español en clase?

_____

8. ¿Le hace falta a Ud. un nuevo par de gafas oscuras?

_____

Español en acción

A. Un sábado en casa de los Suárez Robledo. Termine los siguientes párrafos acerca de las actividades de esta familia. ¡OJO! Las palabras que faltan pueden ser sustantivos (*nouns*), verbos, adverbios, preposiciones, artículos o nombres.

A las ocho y quince de la mañana, Cazador, el gato _____ (1) familia,

despierta a Rubén e Irene. Aunque quiere mucho al gato, Rubén se pone

_____ (2) porque no tiene que _____ (3) hasta

las nueve. Después de _____ (4) de la cama, los dos

_____ (5) al baño, donde Rubén _____ (6)

e Irene _____ (7). Entretanto (*Meanwhile*), en otra habitación, los abuelos

_____ (8) sin la ayuda del gato. La abuelita

_____ (9) las zapatillas, y el abuelito _____ (10)

para el día.

    Al mismo tiempo, en otro baño, Yolanda, la hija de Rubén e Irene,

_____ (11) el pelo mientras _____ (12) una foto

de Ignacio Larreta, su novio. No se da cuenta _____ (13) que Oscar

quiere entrar para _____ (14). El _____ (15) con

ella porque cree que está tardando _____ (16).

    Esa noche, Yolanda e Ignacio _____ (17) a solas (*alone*) por un rato

antes de volver a casa para cenar con la familia. Los dos están muy _____ (18)

y acaban _____ (19) anunciar que piensan

_____ (20) en dos meses. Los otros miembros de la familia

_____ (21) ofrecen un brindis (*toast*).

    Después, como los jóvenes vuelven _____ (22) salir para estar a solas,

Ignacio se despide de la familia. El abuelito _____ (23) en el sofá, Irene

_____ (24) los zapatos y Cazador _____ (25).

B. Preguntas personales. Ahora conteste las siguientes preguntas de una manera personal.

1. ¿Cuándo se pone Ud. más contento/a? ¿más triste? _____

_____

2. ¿Se parece Ud. a alguna persona que conoce? ¿A quién? ¿Por qué? _____

_____

3. ¿Se ha enamorado Ud. de alguien? ¿Piensan Uds. casarse? _____

_____

4. ¿Ha visto Ud. hoy a su mejor amigo/a? ¿Qué le ha dicho a él/ella? _____

_____

5. ¿Algún miembro de su familia ha hecho un viaje a otro país? ¿Qué le ha traído a Ud.?

_____

6. ¿Qué le hace falta hacer todos los días? _____

_____

7.   ¿Qué es lo que más le interesa en sus estudios? _____

_____

8.   ¿Qué le encanta hacer cuando tiene un rato libre? ¿Qué no le gusta hacer? _____

_____

9.   Cuando se resfría, ¿qué parte del cuerpo le duele más? ¿Qué hace para sentirse mejor?

_____

10.   ¿A Ud. le hace falta algo para ser realmente feliz? ¿Qué? _____

_____

COMPOSICION: UNA NARRACION EN EL PRESENTE

Un cuento infantil.   En otra hoja de papel, cuente la historia de un animal real o imaginario que le ayude a un niño (una niña) en alguna dificultad. Piense en un lector muy joven, alguien como sus hijos, sus sobrinos o primos jóvenes. Use verbos en el presente para lograr el efecto de la «cámara directa», hacer más dramática la presentación y mantener el tono infantil. Para más información, consulte la sección **Al corriente** del libro de texto donde también puede encontrar instrucciones para buscar direcciones de la red. El proceso de escribir deberá tener las siguientes etapas.

Primera etapa: Organice su cuento según estas preguntas.

1.   ¿Cómo es el animal? ¿Le espanta al niño (a la niña) ese animal o le inspira confianza? ¿Por qué le interesa ese animal?
2.   ¿Está el niño (la niña) en peligro? ¿Le duele algo o le duele algo al animal? ¿Alguien está herido/a (*injured*) o en peligro?
3.   ¿Cómo le ayuda al niño (a la niña) ese animal o es el niño (la niña) quien le ayuda a él?
4.   ¿Se hacen amigos? ¿Piensan verse de nuevo?

Segunda etapa: Ponga lo que acaba de escribir en oraciones completas, prestando atención a cada uno de los siguientes puntos.

1.   uso apropiado de **ser** o **estar**
2.   concordancia entre sujetos y verbos
3.   género correcto de cada sustantivo
4.   concordanica entre sustantivos y adjetivos
5.   uso correcto de pronombres, **a** personal, adjetivos demostrativos y posesivos
6.   uso de **estar** + adjetivos como **hambriento, sorprendido, dormido, enojado,** etcétera
7.   uso de verbos como **gustar, molestar, parecer, interesar,** etcétera

Tercera etapa: Combine las oraciones usando estos adverbios de tiempo.

al principio	*at first*	en seguida	*at once*
ahora	*now*	apenas	*scarcely, hardly*
a menudo	*often*	cuanto antes	*as soon as possible*
luego	*later, then*	poco a poco	*little by little*
después	*afterward*	por último	*finally*
entonces	*then*	por fin	*finally*

Su meta (*goal*) debe ser escribir un párrafo coherente y con una progresión lógica de una idea a otra.

Cuarta etapa: Escriba de nuevo con cuidado la composición y entréguesela a su profesor(a).

MANUAL DE LABORATORIO

¡Escuchemos un poco!: Vocabulario del tema

A. You are going to hear Carmencita, a little girl, talking about her family. You will hear the monologue twice. Then indicate if the statements that follow are **cierto** (c) or **falso** (f).

1. c f	5. c f	8. c f
2. c f	6. c f	9. c f
3. c f	7. c f	10. c f
4. c f		

B. You will hear a broadcast conversation between a radio announcer and Mr. Martínez, a man she is interviewing. Study the following list of emotions. Then, as you listen, circle all those that apply to Mr. Martínez and/or his wife. You will hear the conversation twice.

aburrido	confundido	enojado
alegre	contento	entusiasmado
asustado	deprimido	preocupado
avergonzado	emocionado	triste
celoso	enamorado	

PRONUNCIACION

La acentuación

In your previous study of Spanish, you learned the rules that govern the stress of words in Spanish. Use the following review to refresh your memory of this important information.

If a word ends in a vowel, **-n,** or **-s,** stress normally falls on the next-to-last syllable. This means that

1. plurals of most of these nouns and adjectives have the same stress as their singular forms

    rostro, rostros   sano, sanos

2. in most conjugated verb forms, stress falls on the next-to-last syllable

    hallo, hallas, halla, hallamos, hallan

Note that the exception, **halláis,** bears a written accent.

A. Escuche las siguientes palabras y repítalas, prestando atención a la acentuación.

1. criada, criadas
2. retrato, retratos
3. soltera, solteras
4. suceso, sucesos
5. calla, callan, callamos, calláis

If a word ends in a consonant other than **-n** or **-s,** stress normally falls on the last syllable. Note that this rule includes all infinitives.

conservador	parecer	papel
castigar	ciudad	feliz

B. Escuche las siguientes palabras y repítalas, prestando atención a la acentuación.

1. hablador	3. suspirar	5. español
2. a pesar de	4. acercar	6. actriz

Any exception to these two rules will have a written accent on the stressed vowel.

además   árbol

In addition, an accent is used to show that two vowels (**ia, io, uo, ua,** etc.) are pronounced as two syllables rather than as a diphthong.

distraído   tía   me resfrío

C. Escuche las siguientes palabras y repítalas, prestando atención a la acentuación.

1. energía   3. éxito   5. Sánchez
2. ilusión   4. periódico   6. castigáis

At times a word whose singular form requires a written accent drops that accent in the plural form because the stress now falls on the standard syllable. This applies to all words ending in **-ión** or **-és.**

nación, naciones   inglés, ingleses

Conversely, a few words whose singular form requires no written accent do require a written accent in the plural to preserve the same stress. These include words ending in **-n.**

joven, jóvenes   examen, exámenes

Most words with written accents, however, maintain that accent in both the singular and plural forms.

periódico, periódicos   lápiz, lápices

D. Escuche los siguientes pares de palabras, prestando atención a la acentuación. Ponga el acento escrito donde sea necesario.

1. volumen   volumenes   4. angel   angeles

2. declaracion   declaraciones   5. cortes   corteses

3. renglon   renglones   6. poesia   poesias

E. Muchas de las siguientes palabras necesitan un acento escrito. Escuche la pronunciación de cada palabra, repítala y ponga el acento escrito si es necesario.

1. telefono   5. increible   9. huespedes

2. marmol   6. articulos   10. piramide

3. relampago   7. suspirais   11. politica

4. prisa   8. rapidamente   12. soltero

Gramática en contexto

7. EXPRESSING RESULTING CONDITIONS: ADJECTIVES RELATED TO REFLEXIVE VERB FORMS

A. Flor está gorda. Ud. va a oír una oración corta. Repítala y luego cámbiela según el modelo. Después, repita la respuesta correcta.

MODELO: (Flor se engorda.) → Flor está gorda.

1. ...   2. ...   3. ...   4. ...   5. ...   6. ...

B. Lupe se entristece.   Ahora escuche las oraciones y haga el cambio al revés (*the opposite way*), según el modelo. Después, repita la respuesta correcta.

> MODELO: (Lupe está triste.) → Lupe se entristece.

1. ...   2. ...   3. ...   4. ...   5. ...   6. ...

8. MORE ABOUT INDICATING CHANGE: REFLEXIVE VERB FORMS WITH ADJECTIVES

A. Felipe se queda confundido.   Ud. va a oír una oración corta. Cámbiela según el modelo. Después, repita la oración correcta.

> MODELO: (Felipa está confundido.) → Felipe se queda confundido.

1. ...   2. ...   3. ...   4. ...   5. ...   6. ...

B. Me vuelvo loco.   Ud. va a oír la declaración de un suceso y una pregunta sobre su reacción a esta declaración. Diga cómo reacciona Ud. Luego va a oír una respuesta posible. Repítala.

> MODELO: Ud. ve un ratón. (¿Se vuelve loco/a o se queda tranquilo/a?) →
> Me vuelvo loco/a.
> O: Me quedo tranquilo/a.

1. Alguien destruye su Porsche nuevo.
2. Alguien mata su carpa dorada (*goldfish*) favorita.
3. Ud. pasa la noche estudiando para un examen.
4. Ud. recibe el Premio Nobel.
5. Ud. trabaja todo el día bajo la lluvia (*rain*).

9. EXPRESSING *whom* AND *what:* DIRECT AND INDIRECT OBJECT PRONOUNS

A. Los complementos directos.   Ud. va a oír un sustantivo, un pronombre o algunos nombres. Diga el complemento directo pronominal apropiado, según el modelo.

> MODELO: (el soltero) → lo

1. ...   2. ...   3. ...   4. ...   5. ...   6. ...   7. ...   8. ...   9. ...   10. ...   11. ...   12. ...

B. Lo veo.   Ud. va a oír una oración corta. Repítala cambiando el objeto directo por un complemento directo pronominal, según el modelo. Después, repita la oración correcta.

> MODELO: (Veo a Juan.) → Lo veo.

1. ...   2. ...   3. ...   4. ...   5. ...   6. ...

C. Lo voy a invitar.   Ahora las oraciones van a incluir un infinitivo. Repita cada oración dos veces, poniendo el complemento directo pronominal en los dos lugares posibles, según el modelo. Luego, repita las respuestas correctas.

> MODELO: (Voy a invitar a Timoteo.) → Voy a invitarlo. Lo voy a invitar.

1. ...   2. ...   3. ...   4. ...   5. ...   6. ...

D. Raúl le escribe. Ud. va a oír algunas preguntas acerca de los dibujos. Contéstelas usando complementos indirectos pronominales, según el modelo. Repita la respuesta correcta.

MODELO: (¿Quién le escribe a Toni?) → Raúl le escribe.

1. ... 2. ... 3. ... 4. ... 5. ... 6. ... 7. ... 8. ...

10. TALKING ABOUT NEEDS, LIKES, AND DISLIKES: VERBS LIKE gustar

A. Preferencias personales. Ud. va a oír una oración con **gustar.** Sustituya el verbo **gustar** por el verbo indicado, según el modelo. Repita la respuesta correcta.

MODELO: (Me gustan las hamburguesas.) agradar → Me agradan las hamburguesas.

1. importar
2. agradar
3. desagradar
4. interesar
5. hacer falta
6. molestar

B. Preguntas personales. Ud. va a oír una serie de preguntas. Escriba su respuesta, según el modelo. Sus respuestas pueden variar.

MODELO: (¿Qué te interesa comer ahora, torta o ensalada?) → Me interesa comer torta.

1. _____

2. _____

el «nerd»

el avaro

3. _____

un Jaguar nuevo

un Studebaker de 1922

4. _____

Español en acción

You are going to hear two friends, Juana and Mercedes, talking about the wedding of Juana's daughter. Listen once without writing anything. Then, stop the audio program and fill in the missing words. Feel free to listen as many times as you need to complete all the sentences.

Mario   David   Alicia   Alejandro

Juana   Mercedes

JUANA: Ay, Mercedes, acabo de ver a mi hija y ¡está tan _____ (1)!

Claro, tú te puedes imaginar; hace sólo una semana que está

_____ (2). Es que Alicia es muy

_____ (3) y le gusta muchísimo su

_____ (4), David. Por suerte, ella tiene

_____ (5) de tener hijos porque yo quiero tener

_____ (6) pronto. Pero... ¿por qué no fuiste al casamiento,

Mercedes?

MERCEDES: Estaba muy _____ (7). Apenas estoy

_____ (8) desde hace dos días. Dime, Juana, ¿y David, cómo

estaba en el casamiento?

JUANA: Ah, el pobre muchacho se puso (_became_) tan _____ (9) que me

dio pena. El que no me da pena es Mario, el novio anterior de Alicia.

¿_____ (10) de aquel arrogante?

MERCEDES: Sí, claro. ¡Cómo me voy a _____ (11) de Mario! Debería (_He_

really should) estar _____ (12); a causa de él sufrió tanto la

pobrecita Alicia...

JUANA: Sí, y ahora el que sufre es Mario. Mira, Mercedes, se le veía (_you could see_) en el

_____ (13) que estaba muy _____ (14)

durante el casamiento. La _____ (15) dice que ahora Mario

_____ (16) muy triste. Y se lo merece. Yo todavía estoy

_____ (17) con Mario. ¡Espero que se quede

_____ (18) para siempre!

MERCEDES: No hablemos más de ese _____ (19). Y tu esposo, ¿cómo

_____ (20)?

JUANA: Pues, Alejandro estaba _____ (21) y muy

_____ (22). Después de la ceremonia, se paseaba muy

_____ (23) y _____ (24) decía chistes

a todos los invitados. Ahora, habla de los futuros _____ (25)

todo el tiempo. ¡Cuánto _____ (26) con eso!

MERCEDES: (SUSPIRA.) Ah, los casamientos...

Ahora va a oír algunas preguntas. Conteste cada una. Luego, escuche una respuesta posible.

1. ...   2. ...   3. ...   4. ...   5. ...   6. ...   7. ...   8. ...

CAPITULO **4**

CUADERNO DE EJERCICIOS ESCRITOS

¡Hablemos un poco!: Vocabulario del tema

A. Mini-biografías. Lea las siguientes mini-biografías y escriba dos o tres carreras u oficios del **Vocabulario del tema** en el **Capítulo 4** del libro de texto que le recomienda a cada persona. También escriba dos o tres que **no** le recomienda.

1. A Enrique le fascinan los sucesos. Cada día lee el periódico para ver qué robos han ocurrido o si alguien ha muerto asesinado. Le gusta estar activo y hablar con la gente. ¿Qué carreras le recomienda Ud. a Enrique?

   _____

   ¿Cuáles no le recomienda?

   _____

2. Margarita es muy lista. Siempre saca las mejores notas de la clase y le agrada ayudar a los estudiantes que no tienen tanto éxito. También se preocupa por los problemas de los pobres y quiere hacer algo para ayudarlos. ¿Qué carreras le recomienda a Margarita?

   _____

   ¿Cuáles no le recomienda?

   _____

3. Felipe quiere hacerse rico. Busca una manera para ganar lo más posible en veinte años para poder jubilarse (*retire*) joven. Le aburre estudiar pero sabe que tiene que hacerlo para conseguir su meta (*goal*) y por eso es un estudiante bastante bueno. ¿Qué carreras le recomienda Ud. a Felipe?

   _____

   ¿Cuáles no le recomienda?

   _____

4. Rafael no estudia casi nunca. Pasa los días reparando un Studebaker 1948 que le compró su padre. Rafael no quiere venderlo nunca aunque sabe que su coche «clásico» ya vale (*is worth*) muchísimo. El placer que le da pasar un día trabajando en su querido Studebaker le importa mucho más que el dinero. ¿Qué carreras le recomienda Ud. a Rafael?

   _____

¿Cuáles no le recomienda?

_____

5. A Lilia no le interesan la ropa, los perfumes o los peinados (*hairdos*). Le importa mucho más la vida espiritual y comunitaria. Los domingos canta con el coro (*choir*) de su iglesia, y con frecuencia canta sola porque tiene una voz excepcional. ¿Qué carreras le recomienda Ud. a Lilia?

_____

¿Cuáles no le recomienda?

_____

6. Ricardo va a graduarse en la escuela secundaria pero no tiene suficiente dinero para ir a la universidad. Le gusta el atletismo y también estar con los demás. No quiere pasar su vida en una oficina. Prefiere estar al aire libre, haciendo algo para servir a la gente de su comunidad. ¿Qué carreras le recomienda Ud. a Ricardo?

_____

¿Cuáles no le recomienda?

_____

B. Características necesarias. Las siguientes características son necesarias para algunos oficios y carreras, e innecesarias para otros. Escriba el nombre de una carrera u oficio que sí la necesita y otra que no la necesita.

	SI	NO
1. suficiente fuerza (*strength*) para cargar (*carry*) a otra persona	_el bombero (la bombera)_	_el economista (la economista)_
2. habilidad matemática	_____	_____
3. fe (*faith*) en un Ser Supremo	_____	_____
4. memoria excelente	_____	_____
5. destreza (*dexterity*) manual	_____	_____
6. sinceridad	_____	_____
7. paciencia para pasar todo el día en una tienda	_____	_____
8. interés en la tecnología más avanzada	_____	_____
9. deseo de aliviar el dolor de los demás	_____	_____
10. imaginación activa	_____	_____
11. habilidad de hablar bien ante el público	_____	_____
12. buen sentido estético	_____	_____
13. experiencia en manejar (*handling*) las armas (*weapons*)	_____	_____
14. habilidad de llevarse bien con los niños	_____	_____

Lectura: Reflexiones sobre la lectura

A. Según Rigoberta Menchú y según don Luis.   Basándose en la lectura, complete las siguientes oraciones según los completaría la persona indicada.

1. Según Rigoberta Menchú, don Luis como persona era

    _____

    _____

2. Según Rigoberta Menchú, las opiniones de don Luis eran

    _____

    _____

3. Según Rigoberta Menchú, sus compatriotas que vinieron a México después de la muerte de don Luis eran cobardes porque

    _____

    _____

4. Según don Luis, los indígenas de Guatemala no tenían

    _____

    _____

5. Según don Luis, algunas cosas especiales de Guatemala incluían

    _____

    _____

6. Según don Luis, no quería volver a Guatemala hasta

    _____

    _____

B. Preguntas.   Conteste las siguientes preguntas.

1. Rigoberta Menchú indica que no siempre estaba de acuerdo con don Luis en cuanto a lo indígena y la política. Pero en este fragmento, no comenta en qué era diferente su opinión. Apunte una de las opiniones de don Luis sobre lo indígena, y luego especule cómo era diferente la opinión de Rigoberta Menchú.

    _____

    _____

    _____

    _____

2. Rigoberta Menchú declara que las opiniones de don Luis eran algo radicales. Dé un ejemplo de esto y explique por qué es radical la opinión.

_____

_____

_____

_____

3. Don Luis nunca volvió a su país, aunque lo quería mucho. Apunte por lo menos dos de las razones por las que no volvió. Luego, imagínese que Ud. sale de su país por problemas políticos y/o militares. ¿Bajo qué circunstancias no volvería (*would you not return*) a su país.

_____

_____

_____

_____

Gramática en contexto

11. TALKING ABOUT THE INDEFINITE PAST: THE IMPERFECT

A. Habla Francisco, un estudiante universitario de primer año. Escriba la forma apropiada del imperfecto de indicativo.

Estudio español ahora, y lo _____

(estudiar; 1) en el colegio también. Pero hago mucho más

ahora de lo que _____ (hacer; 2) antes.

Por ejemplo, el año pasado no _____

(trabajar; 3). En la escuela secundaria, sólo

_____ (querer; 4) divertirme. Cuando

_____ (volver; 5) los estudiantes

universitarios al pueblo, siempre me

_____ (decir; 6) que _____ (tener [ellos]; 7) que estudiar mucho

más que antes, pero yo no les _____ (creer; 8). _____ (Pensar

[yo]; 9) que mis amigos y yo _____ (estudiar; 10) bastante cuando

_____ (estar [nosotros]; 11) en el colegio. La verdad es que nos

_____ (divertir [nosotros]; 12) mucho más en aquella época.

_____ (Ir [nosotros]; 13) cada fin de semana al cine y _____

(pasar; 14) los domingos en la playa. _____ (escribir [nosotros]; 15) cartitas a las

chicas y _____ (hablar; 16) con ellas durante las clases. No nos

_____ (importar; 17) la opinión de los profesores. Cuando _____

(ser [nosotros]; 18) más jóvenes _____ (hacer; 19) novillas (*we played hookey*) con

frecuencia. ¡Ahora no podemos! Nuestros padres _____ (soler; 20) decirnos que la

vida _____ (ir; 21) a ser más difícil en la universidad. Pero nosotros casi nunca les

_____ (prestar; 22) atención.

B. Diferencias entre generaciones.   Escriba oraciones nuevas, reemplazando el tiempo presente con
el imperfecto y añadiendo (*adding*) una de las siguientes expresiones temporales.

a veces	*at times*
de vez en cuando	*from time to time*
frecuentemente	*frequently*
siempre/nunca	*always/never*
cada (día/semana/año)	*each (day/week/year)*
todos los (días/años)	*every (day/year)*
todas las (semanas/horas)	*every (week/hour)*
en aquella época, en aquel entonces	*at that time*

MODELO: Me gusta la música popular. → Siempre me gustaba la música popular.

1. Mis amigos y yo vamos a los conciertos de rock y nos sentamos en la primera fila (*row*).

    _____

2. Queremos ver a las estrellas más famosas y lo hacemos.

    _____

3. En casa tocamos el estéreo a todo volumen y bailamos como locos.

    _____

4. Nuestros padres se quejan de eso.

    _____

5. Ellos prefieren la música de su época.

    _____

6. Oyen las estaciones de radio que ponen música de los años 50.

    _____

7. Elvis y Buddy Holly son los cantantes más populares.

    _____

8. ¡Me vuelvo loco / a escuchando esas canciones antiguas!

    _____

12. TALKING ABOUT THE DEFINITE PAST: THE PRETERITE

A. Habla Lucía, una estudiante universitaria de segundo año. Escriba la forma apropiada del pretérito. (Todas estas formas son regulares en el pretérito.)

Las clases del primer año no me _____

(gustar; 1) en absoluto. Por mala suerte, _____

(escoger; 2) clases realmente aburridas. El día de la matrícula ese

año, _____ (abrir [ellos]; 3) las puertas a las

ocho, pero yo no me _____ (despertar; 4) a

tiempo; así que _____ (esperar; 5) más de dos

horas en la cola (*line*) antes de entrar. No _____

(encontrar [yo]; 6) abierta ni una sola clase interesante. Pero como

no soy tonta, _____ (aprender; 7) muy rápido. El

día que _____ (empezar; 8) la matrícula para el

segundo semestre, yo _____ (escribir; 9) una lista de las clases que más me

interesaban, me _____ (enterar; 10) de los nombres de los profesores y

_____ (hablar; 11) con ellos. _____ (Subir [yo]; 12) a la oficina

de la profesora de historia de cine y le _____ (contar; 13) de mi gran interés por

las películas clásicas. Ella me _____ (contestar; 14) cordialmente y me

_____ (entregar; 15) una lista de lecturas. La primera noche yo

_____ (leer; 16) con interés varios ensayos, y así fue como

_____ (decidir; 17) que iba a tomar esta clase. ¡Y de veras me

_____ (gustar; 18)! Algunas de las películas clásicas que _____

(ver [nosotros]; 19) no me gustaron. Pero un día nosotros _____ (mirar; 20)

«Casablanca» y ésa no me _____ (aburrir; 21) en absoluto. ¡Qué bien

_____ (representar; 22) Bogart y Bergman sus papeles (*roles*)! Toda la clase se

_____ (callar; 23) cuando los dos actores se _____ (besar; 24).

Y cuando ellos se _____ (alejar; 25) al final, todos los estudiantes

_____ (empezar; 26) a llorar. ¡Pero yo _____ (salir; 27)

contentísima!

B. En el centro comercial (*mall*). Escriba oraciones nuevas, cambiando el tiempo presente por el pretérito y añadiendo una de las siguientes expresiones temporales.

una vez	*once*
dos veces	*twice*
ayer	*yesterday*
anoche	*last night*
por la mañana/tarde	*in the morning/afternoon*

MODELO: Jorge pasa ocho horas en el centro comercial. →
Ayer Jorge pasó ocho horas en el centro comercial.

1. Desayuno con Jorge en un café; él come huevos y yo como pan tostado.

_____

2. Compro estos pantalones, pero Jorge no se compra nada.

_____

3. Jorge me ayuda a encontrar un regalo para Tina.

_____

4. Subimos corriendo la escalera mecánica.

_____

5. La gerente nos mira enojada.

_____

6. Me caigo y rompo mis anteojos nuevos.

_____

7. Llamamos por teléfono a mi óptico (*optician*).

_____

8. El óptico me prepara otro par de anteojos.

_____

Español en acción

A. Habla Julio, un policía de Monterrey, México.   Escriba la forma apropiada del pretérito (P) o del imperfecto (I), según las letras indicadas.

1. No me acuerdo exactamente de cuándo _____ (decidir; P) hacerme policía.

2. Cuando _____ (ser; I) joven no me _____ (gustar; I) la

   escuela y por eso no _____ (estudiar; I) mucho.

3. Mis papás _____ (pensar; I) que _____ (deber; [yo], I)

   asistir a la universidad, pero yo _____ (descubrir; P) que me

   _____ (interesar; I) más una vida activa.

4. Como _____ (querer; I) empezar a ganarme la vida, _____

   (tomar; P) la decisión de hacerme policía.

5. Aunque mi decisión _____ (entristecer; P) un poco a mis padres,

   _____ (terminar [ellos]; P) por aceptarla y me _____

   (ayudar; P) a lograr (*achieve*) lo que _____ (esperar [yo]; I).

6. Me acuerdo muy bien del día en que el jefe de policía me _____ (llamar; P) para decirme que _____ (poder; I) asistir a la Academia.

7. ¡_____ (alegrarse [yo]; P) muchísimo! _____ (Gritar [to shout]; P) y _____ (saltar [to jump]; P) por una hora entera.

8. ¿Qué es lo que más me _____ (gustar; P) de la experiencia de aprender a ser policía?

9. Pues, sin duda el momento más emocionante fue (was) cuando _____ (aprender; P) a montar a caballo.

10. El caballo me _____ (mirar; P) sospechosamente. ¡Creo que _____ (saber; I) que le _____ (tener [yo]; I) miedo!

11. Pero luego _____ (montar [yo]; P) en él y _____ (pasar; P) una hora encima de él.

12. Los instructores _____ (pensar; P) que _____ (ir [yo]; I) a caerme, pero afortunadamente eso no _____ (ocurrir; P).

13. Los otros estudiantes y yo _____ (sobrevivir [to survive]; P) nuestro primer encuentro con un animal más grande que nosotros.

14. Después cuando _____ (salir [nosotros]; P) por la tarde, _____ (reunirse; P) en un bar y _____ (tomar; P) cerveza para celebrar.

15. Y al día siguiente, cuando _____ (volver [nosotros]; P) al campo para montar de nuevo, ya no _____ (tener; I) miedo.

16. ¡Y toda esa semana _____ (jactarse [yo]; P) de esa falta de miedo!

B. Preguntas personales. Conteste con oraciones completas, usando el tiempo imperfecto y un pronombre de complemento directo o indirecto cuando sea necesario para evitar la repetición.

MODELO: Cuando Ud. y sus amigos eran más jóvenes, ¿escuchaban a Mick Jagger? →
Sí, lo escuchábamos.
O: No, no lo escuchábamos nunca.

1. ¿Compraban Uds. sus discos?

_____

2. ¿Preferían Uds. tocar la radio o el estéreo?

_____

3. ¿Quiénes eran los cantantes que más les gustaban?

_____

4. ¿Iban a muchos conciertos?

_____

5. ¿Quiénes los acompañaban?

_____

6. ¿Quién solía conducir el coche?

_____

7. ¿Se preocupaban sus padres o tenían confianza en Uds.?

_____

8. ¿Tenían problemas a veces?

_____

C. Más preguntas personales.   Ahora debe contestar con el tiempo pretérito.

MODELO: ¿Cuándo visitó a sus abuelos / tíos / primos por última vez? → Los visité hace un año.

1. ¿Quién lo/la acompañó?

_____

_____

2. ¿Comentaron Uds. los sucesos del día?

_____

_____

3. ¿De qué más hablaron Uds.?

_____

_____

4. ¿Ud. se jactó o se quejó de algo? ¿De qué?

_____

_____

5. ¿Miraron Uds. televisión? ¿Por cuánto tiempo?

_____

_____

6. ¿Cenaron en casa o salieron a cenar?

_____

_____

7. ¿Qué comieron? ¿Comió Ud. todo lo que le ofrecieron?

_____

_____

8. ¿Se alegraron o se entristecieron sus abuelos/tíos/primos cuando Ud. regresó a su propia casa?

_____

_____

COMPOSICION: UNA CARTA

Pinochet. Imagínese que Ud. y su familia fueron víctimas de algunos actos criminales de General Augusto Pinochet. En otra hoja de papel, escríbales una carta formal a los tribunales chilenos, explicándoles por qué deben juzgar a Pinochet. Busque información sobre los crímenes de Pinochet. Puede consultar la sección **Al corriente** del libro de texto donde también puede encontrar instrucciones para buscar direcciones de la red. El proceso de escribir deberá tener las tres siguientes etapas.

Primera etapa: Organice su carta según las siguientes preguntas.

1. ¿Cómo era el General Pinochet? ¿Cómo llegó a ser líder de Chile?
2. ¿Por qué lo quería algunos grupos de Chile? ¿Por qué no lo odiaba otros grupos?
3. Busque información sobre la extradición de Pinochet a España y por qué los tribunales no lo juzgaron.
4. ¿De qué clase de crímenes fue acusado Pinochet?

Segunda etapa: Revise lo que acaba de escribir, prestando atención a cada uno de los siguientes puntos.

1. selección entre el presente y el imperfecto para contrastar el presente y el pasado
2. concordancia entre sujetos y verbos
3. concordancia entre sustantivos y adjetivos

Tercera etapa: Escriba de nuevo la carta, añadiéndole los siguientes elementos formales.

fecha: _____ (día) de _____ (mes) de _____ (año) (4 de junio de 2003)

saludo al destinario: Estimado/a don/doña _____:

Estimado/a D./D.ª _____:

Distinguido(s) señor(es) _____:

Apreciado/a _____:

cuerpo: Acabo de ver...
Tengo el gusto de informarle...
Siento mucho no poder...

despedida: Respetuosamente,...
Atentamente,...
Sinceramente,...

Cuarta etapa: Escriba de nuevo con cuidado la carta entera y entréguesela a su profesor(a).

MANUAL DE LABORATORIO

¡Escuchemos un poco!: Vocabulario del tema

A. You are going to hear a statement by a teenager talking about his career options. As you listen, circle the careers that you hear him mention. Feel free to listen to the conversation more than once.

Vocabulario útil: pesadilla (*nightmare*), sangre (*blood*)

abogado	locutor de televisión
actor	médico
cantante	periodista
científico	policía
contador	rabino
dentista	sacerdote
gerente	vendedor
ingeniero	

B. You will hear a conversation between a college student and her counselor, followed by a series of statements. Select the option that best completes each statement. Listen to the conversation as many times as you like.

1. a b   3. a b   5. a b

2. a b   4. a b

PRONUNCIACION

La *r* y la *rr*

By now you should be aware of the difference between the single **r** (called a *flap*) and the double **r** (called a *trill*).

The flap is made by touching the tongue once to the alveolar ridge (behind the upper teeth), and the sound that results is similar to the *tt* or *dd* when one says *butter* or *ladder*.

logro   duro   premio   bombero   gerente

The trilled **r** is written **rr** when it falls between vowels and **r** at the beginning of a word.

carrera	aburrido	rato	rabino	rostro
cerro	aburrirse	reír	retrato	

Escuche cada oración y repítala, prestando especial atención a la pronunciación de la **r,** la **rr** y el enlace (*elision*).

1. Gerardo se rió de repente.
2. Logré ganar un gran premio.
3. El rabino recogió las rosas.
4. Ramón recordó la carrera del rico.

Gramática en contexto

11. TALKING ABOUT THE INDEFINITE PAST: THE IMPERFECT

A. ¿Qué hacía Ud. mientras los clientes comían?   Ud. va a oír una pregunta en el tiempo imperfecto. Contéstela, cambiando los complementos directos e indirectos por pronombres. Luego repita la respuesta correcta.

MODELO: (¿Buscaba Ud. los platos?) →
No, no los buscaba.

o: Sí, los buscaba.

1. Sí,...   2. No,...   3. Sí,...   4. No,...   5. Sí,...

B. ¿Qué hacían Uds. mientras los clientes comían? Siga el patrón (*pattern*) del ejercicio A, según el modelo. Repita la respuesta correcta.

MODELO: (¿Servían Uds. los postres?) →
Sí, los servíamos.

1. Sí,...   2. Sí,...   3. No,...   4. Sí,...   5. No,...

C. Hablando de la niñez (*childhood*).   Ud. va a oír una oración corta en el tiempo presente. Cambie el tiempo presente al tiempo imperfecto, según el modelo. Luego repita la oración correcta.

MODELO: (Siempre tengo suerte.) → Siempre tenía suerte.

1. ...   2. ...   3. ...   4. ...   5. ...   6. ...   7. ...   8. ...   9. ...

D. Cuando tenía 10 años.   Escriba las respuestas a las preguntas que se hacen. Todas están en el tiempo imperfecto.

MODELO: (¿Dónde vivía Ud. cuando tenía 10 años?) →
Cuando tenía 10 años vivía en (Texas, California, Vermont, etcétera).

1. _____

2. _____

3. _____

4. _____

5. _____

6. _____

12. TALKING ABOUT THE DEFINITE PAST: THE PRETERITE

A. El día que hablé con el presidente. Ud. va a oír una oración corta en el tiempo presente. Repítala, cambiando el verbo o verbos al pretérito. Todas estas formas son regulares. Luego repita la oración correcta.

MODELO: (Saludo al presidente.) → Saludé al presidente.

el presidente

1. ... 2. ... 3. ... 4. ... 5. ... 6. ... 7. ... 8. ... 9. ... 10. ... 11. ... 12. ... 13. ... 14. ...

B. ¡Qué buen viaje! Escriba sus respuestas a las preguntas que se hacen. Todas las preguntas están en el pretérito, y todas estas formas son regulares.

MODELO: (¿Adónde viajaste el verano pasado?) → Viajé a (Hawai, México, Peoria, etcétera).

1. _____
2. _____
3. _____
4. _____
5. _____
6. _____
7. _____
8. _____

C. Una cita con Rodolfo Valentino. Cuando era joven, Perla Velázquez era una actriz muy conocida. Ahora les muestra a sus nietos algunos recuerdos que tiene de aquella época. Escuche Ud. lo que les dice. Luego, oirá algunas declaraciones dos veces. Escriba **sí** si refleja lo que les dice Perla a los niños, o **no** si no lo refleja.

1. _____   6. _____
2. _____   7. _____
3. _____   8. _____
4. _____   9. _____
5. _____   10. _____

Español en acción

Ud. va a oír una conversación entre Juan Carlos, el locutor de un programa muy popular de radio, y Rosario Ortiz, una amiga de él. Luego va a escuchar unos pares de oraciones. Escoja la opción correcta. Puede escuchar la conversación las veces que quiera.

1. a   b   5. a   b   8. a   b
2. a   b   6. a   b   9. a   b
3. a   b   7. a   b   10. a   b
4. a   b

CAPITULO **5**

CUADERNO DE EJERCICIOS ESCRITOS

¡Hablemos un poco!: Vocabulario del tema

A. Los recuerdos del Sr. Rico. Escoja la expresión adverbial de tiempo que tenga más sentido (*makes more sense*) en cada caso.

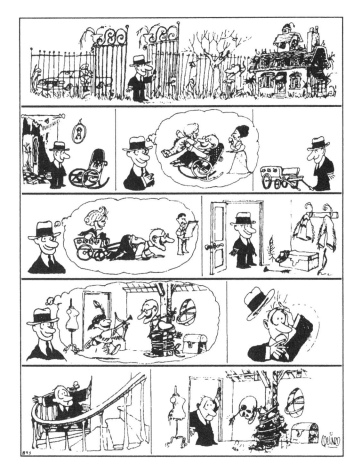

(Al día siguiente / El año que viene / Ayer por la mañana; 1) el Sr. Rico salió de la ciudad para volver al sitio donde había (*he had*) vivido cuando era niño. (Esta noche / Una hora después / Este mes; 2) entró al jardín de la casa y se alegró de verla de nuevo. (Entretanto / Al final / Pasado mañana; 3) su chofer estaba esperándolo afuera.

(Primero / Segundo / Tercero; 4) el Sr. Rico se acercó a la mecedora (*rocking chair*) que había sido de su abuelo y se acordaba de cuánto lo había querido el viejito (en aquel entonces / anteayer / el mes pasado; 5). (Entonces / Al otro día / Por fin; 6) vio la carreta (*wagon*) pequeña en que su abuelo lo había llevado. (Entretanto / Más tarde / La próxima semana; 7) entró a un cuarto donde encontró la ropa que él había usado cuando los dos jugaban a los vaqueros e indios. (Pasado mañana / Ahora / Luego; 8) se acordó de la última vez que habían jugado así y se dio cuenta de algo horroroso. (Por fin / Al otro día / En aquel entonces; 9) subió corriendo la escalera a la torre (*tower*) donde solían jugar, y encontró el esqueleto de su pobre abuelito.

(Anteayer / Mañana / Esta mañana; 10) llegó la policía a la casa del Sr. Rico en busca de él. Parece que (en aquel entonces / anoche / primero; 11) el chofer los llamó para decirles todo lo que había ocurrido en esa casa hacía tantos años. (Esta tarde / Anoche / Mañana por la mañana; 12) su esposa recibió una llamada de él. Parece que (ahora / este mes / el año pasado; 13) está en la cárcel y no puede salir hasta (hoy / el fin de semana pasado / la semana que viene; 14). Qué historia más triste, ¿no?

B. ¿Cuándo? Conteste las siguientes preguntas, usando una de las expresiones adverbiales sugeridas u otra expresión.

1. ¿Cuándo vio Ud. por última vez a su mejor amigo, anteayer, ayer u hoy?

_____

2. ¿Cuándo piensa Ud. volver a verlo (verla), hoy, mañana, pasado mañana o la semana / el mes que viene?

_____

3. ¿Cuándo escribió Ud. su última composición en español, el mes pasado, la semana pasada o hace dos o tres días?

_____

4. ¿Cuándo tiene que escribir otra composición, ahora, más tarde o el fin de semana que viene?

_____

5. ¿Cuándo recibió Ud. su última llamada telefónica, ayer por la tarde, anoche o esta mañana?

_____

6. ¿Cuándo cenó Ud. en un restaurante muy elegante, el año pasado, el mes pasado, la semana pasada o esta semana?

_____

7. ¿Cuándo logró Ud. sacar una A en todas sus clases, este año, el año pasado, hace dos años o nunca?

_____

8. ¿Cuándo decidió Ud. estudiar español, hace muchos años, el año pasado o el mes pasado?

_____

Lectura: Reflexiones sobre la lectura

A. Opiniones. Complete las siguientes frases para expresar sus opiniones sobre el cuento «Espuma y nada más» de Hernando Téllez.

1. Cuando el barbero ve entrar al capitán, se pone nervioso porque

   _____

2. El capitán no se ha afeitado en cuatro días porque

   _____

3. De lo que el capitán Torres está más orgulloso es

   _____

4. El barbero no le declara al capitán cuál es su afiliación política porque

   _____

5. El barbero cree que el capitán Torres es imaginativo porque

   _____

6. El barbero prefiere no tener al capitán como cliente porque

   _____

7. De lo que el barbero está más orgulloso es

   _____

8. El capitán invita al barbero al patio de la Escuela a las seis de la tarde porque

   _____

9. El barbero tiene miedo de decirles a los revolucionarios que

   _____

10. Aunque sería fácil hacerlo, el barbero no mata al capitán porque

    _____

11. Aunque el capitán sabe que el barbero quiere matarlo, no le dice nada hasta el final porque

    _____

B. Preguntas. Conteste brevemente las siguientes preguntas.

1. En su opinión, ¿cuál sería la reacción de los revolucionarios al saber que el barbero no aprovechó (*took advantage of*) la oportunidad de matar al capitán?

   _____

   _____

2. El barbero y el capitán tienen diferentes ideologías políticas. Con respecto a otros aspectos de la vida y la personalidad de los dos, ¿observa Ud. que son más las cosas que tienen en común que las que los hacen diferentes? Explique su respuesta.

   _____

   _____

Gramática en contexto

13. MORE ON TALKING ABOUT THE DEFINITE PAST: IRREGULAR PRETERITE VERB FORMS

A. Lo que pasó anoche en la capital. Escriba la forma apropiada del pretérito.

Anoche el presidente _____

(dar; 1) una fiesta espectacular que

_____ (escandalizar; 2) a

todos los que no _____

(ser; 3) invitados. Dos mil personas

_____ (venir; 4) a la

residencia presidencial, y cada una

_____ (llegar; 5) en una

limosina larguísima. ¡Qué extravagancia!

Claro que los choferes _____ (conducir; 6) las limosinas, pero cuando

_____ (querer; 7) estacionarlas, _____ (saber; 8) que no había

suficiente espacio. El chofer del alcalde (*mayor*) _____ (tener; 9) una idea que le

pareció brillante: _____ (ir; 10) a un restaurante cerca de donde vivo yo y le

_____ (dar; 11) la limosina del alcalde al portero que trabajaba allí. El portero

tampoco _____ (poder; 12) estacionar la limosina porque había tantas otras por

todas partes, así que la _____ (poner; 13) en el camino de entrada de mi casa y

allí la _____ (abandonar; 14).

Pues, anoche a las diez yo _____ (tener; 15) que ir al estadio para recoger a

mis hijos. _____ (Arrancar [*to start up*]; 16) el motor en el garaje y

_____ (querer; 17) salir, pero no _____ (poder; 18) porque esa

limosina estaba allí. ¡_____ (ponerse [yo]; 19) tan furioso! Pero luego, cuando

_____ (tranquilizarse; 20), _____ (llegar; 21) a comprender lo

que había sucedido. _____ (Acercarse; 22) a la limosina y _____

(ver; 23) que las llaves (*keys*) estaban adentro. Así que _____ (hacer [yo]; 24) lo

normal: _____ (ir; 25) al estadio en la limosina del alcalde.

¡Qué alegres _____ (ponerse; 26) mis hijos cuando _____

(llegar [yo]; 27) conduciendo esa limosina! Ellos _____ (pedir; 28) conducirla,

pero yo les _____ (decir; 29) que no. Pero sí _____

(dar [nosotros]; 30) una vuelta (*took a spin*) por la ciudad en una limosina que costaba más que

nuestra casa. Nos divertíamos tanto que no _____ (darse [nosotros]; 31) cuenta

que la fiesta había terminado.

Cuando _____ (llegar [nosotros]; 32) a casa, _____ (ver; 33)

al chofer nervioso, al alcalde furioso y a un montón de policías, periodistas y fotógrafos curiosos.

_____ (Comenzar [yo]; 34) a reír aunque _____ (darse; 35)

cuenta de lo serio que era la situación. Así es cómo la limosina del alcalde _____

(caer; 36) en las manos de un tipo común y corriente (*ordinary guy*) como yo. Y también así es cómo

_____ (llegar [yo]; 37) a ser —¡por un dia!— uno de los hombres más famosos de

la capital.

B. Las preguntas de los periodistas.   Luego de esa experiencia con la limosina del alcalde, los
policías y los periodistas le hicieron muchas preguntas a ese pobre señor. Conteste las siguientes
preguntas como él las contestaría (*would answer*), usando las palabras entre paréntesis. Use el pretérito
en sus respuestas y añada las palabras y los cambios necesarios.

MODELO: ¿Cómo se sentía Ud. al ver la limosina estacionada en la entrada?
          (yo / ponerse / furioso) → Yo me puse furioso.

1.   ¿Cómo pudo Ud. hacer arrancar esa limosina? (el chofer / dejar / llaves / adentro)

_____

2.   ¿Adónde fue Ud. en ella? (ir / estadio / donde / recoger / mi / hijos)

_____

3.   ¿Cómo reaccionaron sus hijos cuando vieron la limosina? (ponerse / alegre / y / empezar /
     gritar)

_____

4.   ¿Por qué no volvió Ud. inmediatamente a casa? (concluir / que / nosotros / deber / divertirse
     un poco)

_____

5.   ¿Cuándo supo Ud. que era la limosina del alcalde? (saberlo / cuando / ver / placa [*license
     plate*])

_____

6.   ¿Qué pensó Ud. cuando regresó y encontró a tantas personas aquí? (darse cuenta / que / yo /
     conducirla / por / último / vez)

_____

14. DESCRIBING THE PAST: PRETERITE VERSUS IMPERFECT

A. ¿Qué hacía el niño cuando el jarrón se fue hacia la pelota?   Las oraciones que siguen contienen más de un infinitivo entre paréntesis. Escriba los verbos en el pretérito o en el imperfecto. A veces los dos tiempos se usan en la misma oración.

1. _____ (ser) las ocho de la

   mañana cuando se _____

   (romper) el jarrón.

2. El niño _____ (estar) en la

   sala mientras _____ (jugar)

   con la pelota.

3. El la _____ (tirar) varias

   veces pero no _____ (mirar)

   adonde _____ (ir).

4. El niño _____ (sentir) el

   —¿Yooo? No; te aseguro que yo estaba quietecito, quietecito. . ., ¡cuando, de pronto, el jarrón se fue hacia la pelota!

   impulso de huir al momento en que el jarrón se _____ (caer).

5. Su mamá _____ (acabar) de vestirse cuando _____ (oír) un

   gran ruido.

6. Al principio _____ (pensar) que una ventana _____ (estar)

   rota, pero luego _____ (saber) la verdad.

7. Ella se _____ (enojar) mucho cuando _____ (entrar) en la

   sala y _____ (ver) su precioso jarrón en el piso.

8. _____ (haber) flores por todas partes, y el piso _____

   (estar) cubierto de agua.

9. El pobre niño _____ (pensar) que su mamá _____ (ir) a

   matarlo, pero ella no lo _____ (hacer), por supuesto.

10. Sólo le _____ (decir) que él no _____ (poder) volver a jugar

    con la pelota dentro de la casa.

B. Hablando de esta situación.   Conteste estas preguntas acerca del niño y su mamá, usando el pretérito o el imperfecto.

1. ¿Dónde estaba el niño un momento antes de esta escena?

   _____

2. ¿Qué hacía allí?

   _____

3. ¿Por qué no estaba afuera (*outside*)?

   _____

4. ¿Cómo supo la señora que su jarrón favorito estaba roto?

   _____

5. ¿Qué mentira (*lie*) le dijo el niño a su mamá?

   _____

6. ¿Se dio cuenta ella de la verdad? ¿Cómo?

   _____

7. ¿Cómo reaccionó la señora? ¿Se alegró? ¿Se puso triste?

   _____

8. ¿Cómo le parecía al niño su mamá en ese momento?

   _____

9. ¿Qué cree Ud. que le hizo ella después?

   _____

10. ¿Cree Ud. que el niño aprendió a no jugar con la pelota en la sala?

   _____

15. TALKING ABOUT EVENTS IN PROGRESS: THE PRESENT PARTICIPLE

¡Lo estamos haciendo!   Lea el anuncio que viene de un periódico de la ciudad de Bogotá, Colombia. Escriba de nuevo las oraciones de un anuncio parecido, poniendo el verbo en la forma progresiva, usando el presente o el imperfecto, según el modelo. Use el verbo **estar** o, si prefiere, puede variar sus oraciones usando **ir, venir, seguir, continuar** o **andar.**

MODELOS: Trabajamos juntos para mejorar nuestra ciudad. →
Estamos (Seguimos) trabajando juntos para mejorar nuestra ciudad.

Antes estudiábamos la situación con cuidado. →
Antes estábamos (íbamos) estudiando la situación con cuidado.

1. Bogotá dormía durante los últimos años.

   _____

2. Los colombianos pensaban modernizar su capital.

   _____

3. El alcalde escogía a los mejores arquitectos.

   _____

4. Los arquitectos servían bien al público.

   _____

5. Varias compañías construyen nuevos edificios.

   _____

6. La gente de Bogotá los admira.

   _____

7. Ahora invitan a todo el mundo a verlos.

   _____

8. Todos celebran sus logros.

   _____

Español en acción

A. Me imagino que...   Escriba tres oraciones originales acerca de cada una de las siguientes personas famosas. Primero indique lo que Ud. se imagina que hacían para divertirse cuando eran niños. Luego indique lo que se imagina que hicieron ayer por la tarde. Por fin indique lo que se imagina que están haciendo ahora mismo.

MODELO: Madonna:
Cuando era niña *cantaba y bailaba*.
Ayer por la tarde *hizo mucho ejercicio*.
Ahora mismo *está escribiendo otro libro*.

1. Carlos Santana:

   Cuando era niño _____

   Ayer por la tarde _____

   Ahora mismo _____

2. David Letterman:

   Cuando era niño _____

Ayer por la tarde _____

Ahora mismo _____

3. Jennifer López:

   Cuando era niña _____

   Ayer por la tarde _____

   Ahora mismo _____

4. Al Gore:

   Cuando era niño _____

   Ayer por la tarde _____

   Ahora mismo _____

5. Brad Pitt:

   Cuando era niño _____

   Ayer por la tarde _____

   Ahora mismo _____

B. Entrevista con Narciso Rabal. Narciso Rabal, el cantante popular, fue entrevistado por un periodista, quien quería saber algo acerca de su niñez. Escriba la forma correcta del pretérito o del imperfecto.

PERIODISTA: ¿Siempre _____ (querer [tú]; 1) ser

un rockero?

NARCISO RABAL: Supongo que sí. Desde que _____

(ser [yo]; 2) muy joven, me _____

(gustar; 3) la música popular. Mi madre me _____ (decir; 4)

una vez que cuando _____ (tener [yo]; 5) sólo 3 años

_____ (soler; 6) bailar al compás (*beat*) de los conjuntos

de aquella época, como los Rolling Stones y los Eagles. Mis hermanas mayores

siempre _____ (preferir; 7) escuchar a Peter, Paul y

Mary, pero yo nunca _____ (tener; 8) interés en esa clase

de música. Recuerdo que una vez cuando ellas _____

(poner; 9) la radio, yo _____ (huir [*to flee*]; 10) de la casa.

Una hora después _____ (volver [yo]; 11) a casa.

_____ (Decidir; 12) escuchar los discos más ruidosos que

_____ (tener [yo]; 13) y _____

(empezar; 14) a tocar un disco de Michael Jackson. Lo

_____ (poner; 15) a todo volumen y

_____ (bailar; 16) como un loco cuando mis hermanas

_____ (entrar; 17) en mi cuarto. Inmediatamente ellas se

_____ (dar; 18) cuenta de que yo

_____ (estar; 19) enojado y se

_____ (reír; 20) de mí. Claro que yo me

_____ (enfadar; 21) aún más con ellas. Les

_____ (gritar; 22) en una voz casi tan alta como el

estéreo.

PERIODISTA: ¿No se _____ (quejar; 23) tus padres de tanto ruido?

NARCISO RABAL: Claro. Mis padres me _____ (reñir [*to scold*]; 24)

constantemente por el ruido que _____ (hacer [yo]; 25) y

me _____ (decir [ellos]; 26) que yo no

_____ (estudiar; 27) bastante. Una vez me

_____ (decir [ellos]; 28) que

_____ (deber [yo]; 29) estudiar por lo menos dos horas

cada noche. A veces _____ (declarar [ellos]; 30) que no

_____ (ir; 31) a permitir que yo tocara en mi conjunto.

PERIODISTA: Pero se sabe que Uds. no _____ (dejar; 32) de tocar

juntos hasta mucho más tarde.

NARCISO RABAL: Ah, no. Nos _____ (reunir [nosotros]; 33) cada tarde y

_____ (practicar; 34) por dos o tres horas antes de volver

a casa. Los otros chicos _____ (ser; 35) muy buenos

músicos, y nos _____ (aprovechar [nosotros]; 36) el

tiempo para mejorar nuestro estilo. _____ (Ser

[nosotros]; 37) casi inseparables en aquella época.

PERIODISTA: ¿Por qué _____ (separarse; 38) al final?

NARCISO RABAL: Pues, primero porque uno de ellos no _____ (querer; 39)

dedicarse por completo a la música y _____ (pensar; 40)

asistir a la universidad. Los demás _____ (creer; 41) que

sin él no _____ (ser [nosotros]; 42) tan buenos. Pero

luego resultó que todos _____ (tener [nosotros]; 43)

metas (*goals*) diferentes.

C. Preguntas personales. Conteste haciendo oraciones completas.

1. ¿Cuál era su deporte favorito cuando Ud. era niño/niña? ¿Por qué le gustaba tanto?

_____

_____

2. ¿Alguna vez ganó Ud. o su equipo un campeonato (*championship*)? ¿Dónde ocurrió?

_____

_____

3. ¿Siempre asistían sus parientes y sus amigos a los partidos de Ud.? ¿Por qué sí o por qué no?

_____

_____

4. ¿Jugó Ud. a algún deporte durante su último año en la escuela secundaria? ¿A cuál?

_____

_____

5. ¿Le gustó más ser jugador(a) en la secundaria que en la primaria? ¿Por qué?

_____

_____

6. ¿Continúa Ud. viendo a sus amigos de la secundaria? ¿Por qué sí o por qué no?

_____

_____

7. ¿Se acuerda de su primer día en la universidad? ¿Cómo se sentía Ud. ese día?

_____

_____

8. ¿Hizo Ud. algo esa primera semana que nunca va a volver a hacer? ¿Qué hizo?

_____

_____

COMPOSICION: UNA NARRACION EN EL PASADO

Un viaje. En otra hoja de papel, escriba una narración sobre un viaje suyo, real o imaginario, al extranjero o a cualquier lugar exótico. Piense en las acciones (pretérito) que llevó a cabo. Para más información, consulte la sección **Al corriente** del libro de texto donde también puede encontrar instrucciones para buscar direcciones de la red. El proceso de escribir deberá tener las tres siguientes etapas.

Primera etapa: Organice su narración según las siguientes preguntas.

1. ¿Cómo era el sitio que visitó Ud.? ¿Estaba lejos de su casa? ¿Hizo el viaje en avión? ¿Cuánto tiempo le tomó el viaje? ¿Dónde se alojó (*stayed, lodged*)? ¿En un hotel?
2. ¿Qué fue lo primero que hizo al llegar? ¿Adónde fue el segundo día? ¿En qué tipo de restaurante comió? ¿Cómo era la comida allí? ¿Había algo que hacer por la noche? ¿Qué hizo?

3. ¿Cuánto tiempo pasó en ese lugar? ¿Le gustó ese viaje? ¿Regresó con muchos recuerdos y regalos para los amigos?

Segunda etapa: Revise lo que acaba de escribir, prestando atención a cada uno de los siguientes puntos.

1. selección correcta entre el pretérito y el imperfecto
2. concordancia entre sujetos y verbos
3. concordancia entre sustantivos y adjetivos
4. uso correcto de pronombres, **a** personal, adjetivos demostrativos y posesivos

Tercera etapa: Escriba de nuevo con cuidado la narración, añadiéndole los adverbios de transición a continuación. Después, revísela y entréguesela a su profesor(a).

a menudo	en aquel entonces	entretanto
antes	en aquel momento	luego
después	entonces	primero

MANUAL DE LABORATORIO

¡Escuchemos un poco!: Vocabulario del tema

A. You are going to hear a conversation between a mother and her son. As you listen, fill in the words that are missing. Some will be adverbs of time, others will be preterite or imperfect verb forms. Feel free to listen to the dialogue more than once.

MADRE: Luisito, es muy _____ (1). Tenías que llegar a las cinco y son

casi las siete. ¿Qué te _____ (2)?

LUISITO: Mamá, ¿sabes?... Se me _____ (3) un zapato.

MADRE: Pero, Luisito, no me vas a decir que te _____ (4) dos horas

encontrar el zapato.

LUISITO: No, mamá. Lo _____ (5) en poco tiempo.

MADRE: _____ (6), ¿qué te pasó _____ (7)?

LUISITO: Bueno, _____ (8) había una señora que

_____ (9) ayuda y yo la _____ (10).

¡Tú siempre dices que tengo que ser educado (*well mannered*)!

MADRE: Sí, es verdad. ¿Y qué le _____ (11) a esa señora?

LUISITO: Bueno, este... se le _____ (12) perdido el perro y lo

_____ (13) por todos lados. _____

(14), en el gimnasio y _____ (15) en la plaza.

MADRE: ¿Y _____ (16) lo _____ (17) o no?

LUISITO: Sí, mamá, _____ (18) lo encontramos en... en... el gabinete del

Dr. Miranda.

MADRE: ¡En el gabinete! ¿Qué _____ (19) el perro allí?

LUISITO: Este... creo que se _____ (20) enfermo...

MADRE: Ay, Luisito, ¡qué mala excusa!

B. You are going to hear a conversation between Beatriz and her friend, Joaquín, about their plans for next weekend, followed by a series of questions. Select the correct answer to each question. Feel free to listen to the conversation more than once.

1. a b   4. a b   7. a b

2. a b   5. a b   8. a b

3. a b   6. a b

PRONUNCIACION

La *p* y la *t*

When an English word or syllable begins with *p* or *t*, the sounds are released with a small puff of air. This never happens in Spanish.

politics	*pertain*	*particular*	*Thomas*	*table*
apoyo	primero	por fin	entretanto	anteayer

There is another important difference between the English *t* and the Spanish **t.** The English *t* is produced by placing the tongue on the alveolar ridge (where the **r** in Spanish is produced). The Spanish **t** is produced by placing the tongue against the back of the upper teeth.

esta tarde   entonces

Escuche cada oración y repítala, prestando especial atención a la pronunciación de la **p,** la **t** y el enlace.

Primero me pongo de pie.
El año pasado apoyé al presidente.
Pepe se apresuró a contestarte.
Toño tenía que tirar la pelota.
El equipo perdió el premio.
Tomás tomó el retrato de la gaveta.

Gramática en contexto

13. MORE ON TALKING ABOUT THE DEFINITE PAST; IRREGULAR PRETERITE VERB FORMS

A. ¿Qué hizo anoche su compañero / a de cuarto?   Ud. va a oír una pregunta en el tiempo pretérito. Contéstela según las indicaciones, cambiando los complementos directos e indirectos por pronombres. Luego repita la respuesta correcta.

MODELO: (¿Quiso mirar televisión su compañero de cuarto?) → Sí, la quiso mirar.
O: No, no la quiso mirar.

1. Sí,...   2. Sí,...   3. No,...   4. No,...   5. No,...   6. No,...   7. Sí, (un refresco)   8. Sí, (pizza)

B. ¿Qué hizo Ud. al llegar a su cuarto?   Siga el patrón de ejercicio A, según el modelo. Repita la respuesta correcta.

MODELO: (¿Colgó Ud. su chaqueta?) → Sí, la colgué.

O: No, no la colgué.

1. No,... 2. Sí,... 3. No,... 4. Sí,... 5. Sí,... 6. Sí,...

C. Preguntas personales. Escriba sus respuestas a las preguntas que siguen, usando un pronombre del complemento directo o indirecto cuando sea posible. Va a oír cada pregunta dos veces.

1. _____

2. _____

3. _____

4. _____

5. _____

6. _____

7. _____

8. _____

9. _____

10. _____

11. _____

12. _____

14. DESCRIBING THE PAST: PRETERITE VERSUS IMPERFECT

¿Qué fiesta! Va a oír cada oración dos veces. Indique si los verbos están en el tiempo imperfecto (i) o si están en el pretérito (p), según el primer modelo. Si se oyen los dos tiempos en una misma oración, marque las dos letras, según el segundo modelo.

MODELOS: (Anoche no me dormí hasta las tres.) →   i   (p)

(Estaba en la cama cuando oí un gran ruido.) →   (i)   (p)

1. i p
2. i p
3. i p
4. i p
5. i p
6. i p
7. i p
8. i p
9. i p

15. TALKING ABOUT EVENTS IN PROGRESS: THE PRESENT PARTICIPLE

A. ¿Qué están haciendo durante el picnic?   Va a oír una declaración en el tiempo presente. Cámbiela al tiempo progresivo con **estar,** según el modelo. Números 4 y 6 tienen dos respuestas posibles. Luego repita la respuesta correcta.

MODELO: (Jugamos al fútbol.) → Estamos jugando al fútbol.

1. ...   2. ...   3. ...   4. ...   5. ...   6. ...

B. ¿Qué estaban haciendo durante el picnic?   Siga el patrón de ejercicio A, usando el imperfecto de **estar,** según el modelo. Números 4, 5 y 6 tienen dos respuestas posibles. Repita las dos.

MODELO: (Movía los brazos.) → Estaba moviendo los brazos.

1. ...   2. ...   3. ...   4. ...   5. ...   6. ...

Español en acción

Ud. va a oír un anuncio (*advertisement*) de Claudia y Luis acerca del un nuevo producto, Bienestil. Estudie las palabras del **Vocabulario útil** antes de escucharla. Al final de la conversación va a oír una serie de preguntas. Escúchelas y escoja la respuesta correcta. Puede escuchar el anuncio las veces que quiera.

Vocabulario útil: el calmante (*pain killer*), arrancar (*to start up*), la píldora (*pill*), el milagro (*miracle*)

1.	a b	5.	a b	9.	a b
2.	a b	6.	a b	10.	a b
3.	a b	7.	a b	11.	a b
4.	a b	8.	a b	12.	a b

CAPITULO **6**

CUADERNO DE EJERCICIOS ESCRITOS

¡Hablemos un poco!: Vocabulario del tema

Mi vida. En las siguientes secciones, una mujer madura comenta sobre las distintas etapas de su vida. Llene cada uno de los espacios en blanco con las palabras apropiadas de las listas correspondientes. Haga todos los cambios necesarios, por ejemplo, conjugar algunos de los verbos, cambiar al plural o a la forma femenina algunos de los sustantivos, concordar los adjetivos con los sustantivos que modifican. **¡OJO!** Hay más de una posibilidad en algunos casos.

LA NIÑEZ

asistir al colegio	juguete	sonriente
enérgico	muñeca	travieso

1. Como muchas niñas de mi generación, de pequeña yo era tan _____ y

   _____ como mis hermanos.

2. Aunque mi madre me compró una Barbie, a mí no me interesaban las _____.

3. Prefería otro tipo de _____: trenes, aviones, telescopios, lápices, tijeras

   (*scissors*) y otras cosas.

4. Tampoco me gustaba _____: me aburrían las clases y los maestros.

   LA JUVENTUD

alejarme	llevar la contraria	sensible	tarde
coquetear	rebelde	soñador	testarudo

5. Sin embargo, más tarde cambié por completo: como lo que más me gustaba en el mundo era

   leer, escribir y pensar, llegué a ser una muchacha _____.

6. Es decir, no tuve los típicos conflictos inter-generacionales: yo no era _____ y

   nunca _____ a mis padres. Siempre escuchaba sus consejos y les ayudaba.

7. Y aunque yo no era _____, tenía ganas de ser independiente y de

   _____ de mi familia.

8. La gente creía que yo era _____ porque vivía en el mundo de las ideas y no

   veía las cosas a mi alrededor.

LA MADUREZ

| acontecimiento | boda | enamorarse | mudarse |
| alcanzar | casarse | ganarse la vida | |

9. Yo _____ esa meta cuando terminé mis estudios en la universidad.

10. Me fui de mi casa y _____ a otra ciudad.

11. Para mantenerme, trabajaba como maestra: _____ enseñando en una escuela secundaria.

12. Por ese tiempo conocí a un hombre maravilloso: nosotros _____ y después de un año _____.

13. La _____ fue muy tradicional: tuvo lugar en una iglesia y asistieron todos nuestros parientes y amigos; ése fue el _____ más importante de mi vida.

LA VEJEZ

| disfrutar | jubilarse |
| distraído | satisfacción |

14. Nuestra hija ahora tiene 43 años y estamos muy orgullosos de ella y su familia. Nuestros nietos nos dan muchas _____.

15. Hace diez años, mi esposo y yo pudimos dejar el trabajo y _____ a los 55 años; hemos podido _____ de la vida, de nuestros nietos y nuestros recuerdos.

Lectura: Reflexiones sobre la lectura

A. Opiniones. Exprese sus opiniones sobre los siguientes temas, basándose en lo que ha leído de Carlos Santana. Puede usar el **Vocabulario del tema** de este capítulo si quiere.

MODELO: Tema: la música de su padre →
Aunque Carlos Santana prefiere la música rock, heredó un amor por la música de su padre.

1. Tema: la mudanza a San Francisco

_____

2. Tema: la experiencia de Woodstock

_____

3. Tema: la experimentación con las drogas frente a la filosofía hindú

_____

4. Tema: el espíritu revolucionario de Santana en los 60 y ahora

_____

5. Tema: la familia de Carlos Santana

_____

B. Preguntas. Conteste las siguientes preguntas en español.

1. ¿Cómo es la música de Santana? Descríbala y explique en qué aspectos es única u original. Si no conoce su música, puede encontrar muestras de ella en la red.

   _____

   _____

   _____

2. Muchos músicos vuelven a grabar nuevos discos muchos años después de sus primeros éxitos. Pero no siempre tienen buenos resultados. En su opinión, ¿por qué tuvo tanto éxito *Supernatural* de Santana? ¿Puede pensar en otros músicos que han vuelto a la escena con éxito?

   _____

   _____

   _____

3. Santana nota que ya no hace «revolución» levantándose contra el sistema o el gobierno. Según Santana, ¿cómo hay que hacer la revolución hoy en día? ¿Qué cree Ud. que hace Santana para hacer la revolución?

   _____

   _____

   _____

Gramática en contexto

16. TALKING ABOUT WHAT YOU HAD DONE: THE PAST PERFECT TENSE

A. Unas vacaciones desastrosas. Escriba la forma apropiada del pluscuamperfecto (*past perfect*) para describir lo que le había pasado a la familia de la historieta (página 98) antes de ir al hospital el año pasado.

La familia entera _____ (estar; 1) muy contenta de poder ir por primera vez a las

montañas a esquiar. El padre les _____ (escribir; 2) cartas a las maestras de su

hijo, y ellas le _____ (dar; 3) permiso para faltar a clases unos días. La madre

_____ (hacer; 4) todos los arreglos: un vecino _____ (decir; 5)

que iba a recoger los periódicos, y otros vecinos _____ (prometer; 6) vigilar la

casa. Antes de salir, el niño y sus padres _____ (ver; 7) al cartero (*mailman*), y él

les _____ (desear; 8) un buen viaje.

Al llegar a la montaña, los tres _____ (buscar; 9) alojamiento (*lodging*) y lo

_____ (encontrar; 10) en una casa de campo. La primera mañana todos

_____ (levantarse; 11) muy entusiasmados, _____ (ponerse; 12)

las botas y los esquís y _____ (salir; 13).

Te imaginas lo que les pasó cuando llegaron a la cumbre (*top*) de la montaña, ¿verdad? El chico y su mamá ya _____ (bajar; 14) del telesquí (*ski lift*) y _____ (volverse; 15) para mirar bajar al padre, cuando éste se cayó de una manera catastrófica y se rompió un brazo y dos piernas. Así que las vacaciones que _____ (empezar; 16) tan felizmente terminaron en el hospital, donde el padre tuvo que pasar tres semanas y media en tracción. Y así es que el cartero tan simpático que se estaba despidiendo de ellos en la historieta _____ (tener; 17) que mandarle al señor todo el correo al hospital por casi un mes.

—¿Quiere que le mande el correo al hospital como el año pasado?

B. ¡Pensaba otra cosa! Escriba la segunda parte de cada conversación. No se olvide de usar un pronombre de complemento directo cuando sea necesario, como en el modelo.

MODELO: —Mañana vamos a visitar a María.
—¡Pensaba que Uds. ya la habían visitado!

1. —El director abre el nuevo museo el mes que viene.

   —¡Pensaba que _____

2. —El capitán visita nuestra ciudad pasado mañana.

   —¡Pensaba que _____

3. —Los niños ponen (*set*) la mesa ahora mismo.

   —¡Pensaba que _____

4. —Jaime y Carlota piensan hacer los pasteles esta tarde.

   —¡Pensaba que _____

5. —Pienso ver a tus papás mañana por la tarde.

   —¡Pensaba que _____

17. TELLING WHO DID WHAT TO WHOM: DOUBLE OBJECT PRONOUNS

A. Mini-conversaciones entre hermanos. El pobre Eloy se expresa muy mal porque no sabe usar los dos complementos (directos e indirectos) a la vez. Escriba de nuevo las oraciones de Eloy, eliminando la repetición.

MODELO: RAUL: Me siento mal. ¿Puedes darme dos aspirinas?
ELOY: Sí, puedo darte dos aspirinas. →
Sí, puedo dártelas.

1. RAUL: No conozco a tus nuevos compañeros de cuarto.
   ELOY: Pues, te presento a mis nuevos compañeros de cuarto.

   _____

2. RAUL: Voy a la cocina por un refresco. ¿Quieres algo?
   ELOY: Creo que todavía hay una manzana. ¿Quieres traerme esa manzana?

   _____

3. RAUL: Tío Pepe le hace regalos a todo el mundo menos a nosotros.
   ELOY: Nunca nos hace regalos.

   _____

4. RAUL: ¿Vas a decirle que estás enojado con él?
   ELOY: No, no voy a decirle que estoy enojado con él.

   _____

5. RAUL: La fiesta es el sábado. ¿Les mandaste las invitaciones a tus amigas?
   ELOY: Sí, les mandé las invitaciones a mis amigas.

   _____

6. RAUL: ¿Qué es esto? ¿Ahora estás pidiéndome dinero?
   ELOY: No, no estoy pidiéndote dinero.

   _____

B. El Seat nuevo de Jorge. Conteste las preguntas con las respuestas indicadas, reduciendo todos los complementos directos e indirectos a pronombres. ¡OJO! A veces hay más de un complemento.

MODELO: ¿Quién compró ese Seat Marbella rojo? (el padre de Jorge) →
El padre de Jorge lo compró.

1. ¿El padre le compró ese coche a su esposa? (no)

   _____

2. ¿A quién le compró el Seat? (a Jorge)

   _____

3. ¿Dónde vio el Seat rojo? (en una agencia de automóviles)

   _____

4. ¿Quién llevó a los padres de Jorge a ver ese coche rojo? (Jorge)

   _____

5. ¿No iban a regalarle dos semanas de vacaciones en la costa? (sí)

   _____

6. ¿Tuvo Jorge que decirles que prefería tener un Seat? (no)

   _____

Seat Marbella,
se lo hace muy bien.

SEAT MARBELLA
hay que vivirlo-

Y tú te lo vas a hacer mejor. Si te haces con él. Con tu nuevo Seat Marbella dirás adiós al frío en la parada del bus, a las carreras por los pasillos del Metro, a los chapuzones en moto o a los sustos de un coche usado.

Juntos daréis que hablar. Juntos no os perderéis una. Y, por si fuera poco, lo que te espera con el nuevo Seat Marbella, vas a poder estrenar un look de coche muy fuerte: una carrocería nada carroza, unos marcajes exteriores que son el límite, unos asientos vestidos para romper con todo...

Entusiásmate con la idea. De vivirlo todo con un Seat Marbella. Házte un hueco y pásate por tu Concesionario Seat... ya verás qué bien os lo hacéis juntos.

Descubre su precio.

7. ¿Quién le vendió el Seat al padre de Jorge? (el agente)

_____

8. ¿Le mostró también este Porsche y aquel Ferrari? (sí)

_____

9. ¿Tú le preguntaste a Jorge el precio del Seat Marbella? (sí)

_____

10. ¿Te dijo cuánto costó? (no)

_____

18. PRONOUNS THAT FOLLOW PREPOSITIONS

A. ¿Es para mí?   Escriba los pronombres que faltan. ¡OJO! Debe leer con cuidado las dos partes de cada conversación para saber si se trata de (*it deals with*) hombres o mujeres, y si estas personas se tratan (*address one another*) formal o informalmente.

1. —¡Ay, Alfonso! ¿Es para _____ (*me*) este regalo?

   —Sí, mi amor, es para _____ (*you*).

2. —Papá, ¿te preocupas mucho por _____ (*us*)?

—Claro que no me preocupo por _____ (*you*). Al contrario, tengo toda confianza en

vosotras.

3. —Señor, ¿cree Ud. que este problema tiene algo que ver con _____ (*us*)?

—No, Federico. Ud. y Carlos no lo causaron. No tiene absolutamente nada que ver con

_____ (*you*).

4. —Hijo mío, ¿no crees que debes prestarle más atención a tu padre? Me parece que debes tener

más respeto por _____ (*him*).

—¿Para qué? Nunca se ha interesado en _____ (*me*). Y sabes que me llevo muy mal

con _____ (*him*).

B. Pepe probó la pizza. Escriba de nuevo las siguientes
oraciones, reemplazando la palabra indicada con la palabra
entre paréntesis. ¡OJO! Cambie todos los adjetivos, pronombres
y verbos relacionados con esas palabras.

MODELO: Pepe quería probar esa *pizza*, porque había
oído hablar de ella. (tacos) →
Pepe quería probar *esos tacos* porque había
oído hablar de *ellos*.

1. Pepe *me* dijo que quería ir conmigo a Pizza Hut
aunque yo no lo había invitado nunca. (te)

_____

_____

_____

_____

2. *Pepe* tenía mucha hambre, y le gustaba la pizza que
estaba delante de él. (Pepe y yo)

_____

_____

_____

_____

3. Le impresionó a Pepe esa *compañía*, y ha escrito una
reseña (*review*) de ella para el periódico. (restaurantes)

_____

_____

4. Esa *camisa* roja y negra de Pizza Hut le costó mucho, pero Pepe ya no puede vivir sin ella. (sombreros)

_____

_____

5. Otra amiga *suya,* una doctora cuyo consultorio está en su barrio, se preocupaba mucho por él porque había comido demasiada pizza. (mía)

_____

_____

REVIEW: INDICATIVE TENSES

A. Perla Velázquez sigue recordando su cita con Rodolfo Valentino. Escriba las siguientes oraciones en el pasado. Cuando el verbo original esté en el tiempo presente, cámbielo al pretérito o al imperfecto. Cuando el verbo original esté en el tiempo presente perfecto, cámbielo al pluscuamperfecto (*past perfect*). No se olvide de cambiar todos los verbos al pasado.

MODELOS: Todos están sorprendidos cuando llego con Rodolfo. →
Todos estaban sorprendidos cuando llegué con Rodolfo.

Nos han dado una mesa perfecta y todos nos miran con envidia. →
Nos habían dado una mesa perfecta y todos nos miraban con envidia.

1. Rodolfo ya ha llamado para hacer una reservación cuando viene a mi casa.

_____

_____

2. Me he puesto un vestido elegante, y Rodolfo lleva un esmoquin (*tuxedo*).

_____

_____

3. Un hombre abre la puerta y bajamos del Rolls Royce.

_____

_____

4. Todo el mundo nos reconoce cuando entramos, y algunos se levantan.

_____

_____

5. Los demás se vuelven para mirarnos cuando nos sentamos.

_____

_____

6. Dos mujeres le hacen preguntas a Rodolfo, pero a él no le gusta y no quiere contestarles.

_____

_____

7. Rodolfo les dice que queremos cenar en paz, pero siguen hablándonos y mirándonos.

_____

_____

8. El se enoja cuando se da cuenta de que no están prestando atención a lo que dice.

_____

_____

9. Por fin, cuando los demás se van y Rodolfo y yo podemos estar a solas, él aprovecha el momento y me besa.

_____

_____

10. Mientras tomamos champán, una niña se acerca con un menú para pedir un autógrafo, y yo se lo doy.

_____

_____

11. Sesenta años después que Valentino muere, recibo una carta de esa niña, quien ya tiene nietos.

_____

_____

12. De niña, ella ha puesto el menú con mi firma en su álbum de recortes (scrapbook) y lo ha guardado todos estos años.

_____

_____

13. Me lo manda cuando sabe que yo acabo de cumplir noventa años, lo cual me parece un gesto simpatiquísimo.

_____

_____

14. En la carta que le escribo, le explico cuánto me ha gustado recordar esa noche.

   _____

   _____

15. Le devuelvo el menú con una carta que Valentino me ha escrito hace sesenta años.

   _____

   _____

B. Repaso de los tiempos indicativos. Complete de memoria el siguiente cuadro de los cinco tiempos del indicativo estudiados hasta este capítulo. Escriba los verbos que faltan en la misma persona del verbo que aparece en cada línea. A veces no se usa el presente progresivo del verbo.

	PRESENTE	PRETERITO	IMPERFECTO	PRESENTE PERFECTO	PRESENTE PROGRESIVO
1.	lucho				
2.		rompí			
3.			dormían		
4.					estás subiendo
5.	juego				
6.		leyó			
7.				he visto	
8.	soy				
9.				has ido	
10.					estoy buscando
11.	sienten				
12.			querías		
13.			decían		
14.				he traído	
15.	pueden				
16.			estaban		
17.					estoy conduciendo
18.	pongo				
19.			teníamos		
20.	muere				

Español en acción

Preguntas personales. Conteste las siguientes preguntas, usando el pluscuamperfecto en cada respuesta.

1. Antes de empezar sus estudios en la universidad, ¿qué había oído decir de la vida universitaria?

   _____

   _____

2. ¿Quién(es) se lo había(n) dicho?

   _____

   _____

3. ¿Qué había comprado Ud. antes de comenzar ese primer semestre?

   _____

   _____

4. ¿Qué otros preparativos había hecho? ¿Qué no había hecho todavía?

   _____

   _____

5. ¿Habían hecho algo especial para Ud. otras personas? ¿Qué habían hecho?

   _____

   _____

6. Al llegar, ¿Ud. se dio cuenta de que se había olvidado de algo?

   _____

   _____

7. ¿Había conocido antes a su compañero/a de cuarto? ¿Quién se lo/la había presentado?

   _____

   _____

8. ¿Tenía ya un buen diccionario académico? ¿Quién(es) se lo había(n) comprado?

   _____

   _____

9. ¿Sabía los nombres de los profesores que iba a tener? ¿Quién(es) se los había(n) dado?

   _____

   _____

COMPOSICION: UNA RESEÑA

El rock hispano.   En otra hoja de papel, escriba una reseña (*review*) para una revista de la cultura popular. Critique la música de un grupo de rock hispano o de otro grupo que Ud. conozca. Debe ponerle al editorial un título corto que revele algo de su propio punto de vista. Para más información, consulte la sección **Al corriente** del libro de texto donde también puede encontrar instrucciones para buscar direcciones de la red. El proceso de escribir deberá tener las tres siguientes etapas.

Primera etapa: Considere las siguientes preguntas para su editorial.

1. ¿Cómo se llama el grupo? ¿Dónde originó y cómo se formó? ¿Quiénes son los miembros? Describa su estilo de música y cómo figura el grupo entre otros grupos musicales. Escribe música comprometida (*socially committed*) o romántica? ¿Qué instrumentos usa?
2. ¿Cómo se llama el disco que Ud. va a revisar? ¿Qué otros discos ha grabado el grupo? Compare las canciones del disco de la reseña con las de otros discos que el grupo ha grabado.
3. Dé su opinión de dos o tres de las canciones del disco. Trate de notar los estilos que influyen en cada canción.

Segunda etapa: Revise lo que acaba de escribir, prestando atención a cada uno de los siguientes puntos.

1. uso correcto del pluscuamperfecto
2. selección correcta entre el pretérito y el imperfecto
3. concordancia entre sujetos y verbos
4. concordancia entre sustantivos y adjetivos
5. uso correcto de pronombres, **a** personal, adjetivos demostrativos y posesivos

Tercera etapa: Añádale ahora un título pertinente y un párrafo con la conclusión. Revíselo todo y entréguelo a su profesor(a).

MANUAL DE LABORATORIO

¡Escuchemos un poco!: Vocabulario del tema

A. You are going to hear the biographer of a famous entertainer discuss the life of her celebrated subject. Then listen to the pairs of statements that follow and determine which one is correct, according to what you heard. Feel free to listen more than once.

Vocabulario útil: jugar al escondite (*to play hide and seek*); por casualidad (*by chance*), no tardó (*didn't take long*)

1. a   b   2. a   b   3. a   b   4. a   b   5. a   b   6. a   b   7. a   b   8. a   b

B. You are going to hear a conversation between Carmen and Lucila, as Carmen helps her timid friend prepare for her first public performance with a band. As you listen, write in the missing words. Feel free to listen to the conversation more than once.

LUCILA: ¡Ay! ¡Qué nerviosa estoy! Nunca _____ (1) tenido una

_____ (2) como ésta! La verdad es que

_____ (3) bastante _____ (4).

CARMEN: ¡Nada de eso, chica! Tú ya eres una profesional _____ (5) y el

público lo sabe también. Así que deja de _____ (6). Eso sí: no te

olvides de _____ (7) a la gente.

LUCILA: Sí, yo sé que tienes razón, pero de todos modos me da mucha

_____ (8) tocar delante de tanta gente... Dime, ¿cómo me veo?

¿_____ (9) bien esta ropa?

CARMEN: No estás mal, pero me parece que los colores son muy oscuros... ¿Te

_____ (10) este vestido rojo? Me parece mejor para actuar en

una _____ (11).

LUCILA: ¡Huy, no! ¡Qué va! Es demasiado _____ (12): llama demasiado

la atención. Mis compañeros se van a poner celosos.

CARMEN: Pero, ¡qué _____ (13) eres, Lucila! ¿No quieres el

_____ (14) del público? ¿Sí? Pues, entonces, no me lleves la

contraria. ¡Ya verás el éxito que vas a tener!

PRONUNCIACION

La *d*

The letter **d** has two sounds in Spanish. The first is called a *stop* because the air is trapped briefly before being released as the sound is made. This sound is made by placing the tongue against the teeth. Similar to the sound of English *d*, this Spanish **d** occurs after a pause or after **n** or **l**.

desarrollar	ondeado	delgado
alcalde	delicado	mandíbula
desventaja	ondulado	

The second sound, which occurs everywhere a stop does not, is called a *fricative*. In this case, the air is not stopped completely before being released to make the sound. The sound produced is similar to the English *th,* but it is softer, particularly when it occurs in past participles (**-ado, -ido**) or at the end of a word.

ciudad	guardado	puntiaguda
mirada	pared	actitud
rizado	mejorado	

Escuche cada oración y repítala, prestando especial atención a la pronunciación de la **d** y al enlace. Va a oír cada oración dos veces.

El dentista se quedó distraído ese día.
Los demás ciudadanos decidieron decírselo.
Daniel y David durmieron dos días en la ciudad.
Nadie me dio diez dólares el domingo pasado.
Ud. y Hamed se divirtieron en Madrid.

Gramática en contexto

16. TALKING ABOUT WHAT YOU HAD DONE: THE PAST PERFECT TENSE

A. ¿Qué dijo?   Va a oír unas oraciones en el tiempo presente perfecto. Repítalas, cambiando el presente perfecto por el pluscuamperfecto (*past perfect*). Empiece cada oración con **Dijo que...** , según el modelo. Repita la oración nueva.

MODELO: (Han empezado el trabajo.) Dijo que... →
Dijo que habían empezado el trabajo.

1. Dijo que...   3. Dijo que...   5. Dijo que...
2. Dijo que...   4. Dijo que...   6. Dijo que...

B. ¿Ya lo habías hecho?   Va a oír unas preguntas en el tiempo pretérito. Conteste cada una con el pluscuamperfecto. Use los complementos directos e indirectos cuando sea posible, según el modelo. Repita la respuesta correcta.

MODELO: (¿Viste a tus amigos?) ...antes. → Los había visto antes.

1. ...antes.   2. ...antes.   3. ...antes.   4. ...antes.   5. ...antes.   6. ...antes.   7. ...antes.   8. ...antes.

17. TELLING WHO DID WHAT TO WHOM: DOUBLE OBJECT PRONOUNS

A. ¡Qué generosos fueron!   Conteste cada pregunta, usando dos pronombres (directo e indirecto), según el modelo. Luego escuche la respuesta correcta y repítala. ¡OJO! Los tiempos cambian. Las dos últimas preguntas tienen dos respuestas posibles. Repita las dos.

MODELO: (¿Ellos te dieron un libro de arte?) → Sí, me lo dieron.
O: No, no me lo dieron.

1. Sí,...   2. Sí,...   3. No,...   4. No,...   5. Sí,...

B. ¡José es muy generoso! Conteste «José» a cada pregunta, usando dos pronombres, según el modelo. Luego escuche la respuesta correcta y repítala. ¡ojo! Los tiempos cambian. Las dos últimas preguntas tienen dos respuestas posibles. Repita las dos.

MODELO: (¿Quién les ha mandado a Uds. esa tarjeta?) → José nos la ha mandado.

1. ...   2. ...   3. ...   4. ...   5. ...

C. ¿Ya lo hiciste, o lo vas a hacer? Conteste cada pregunta, usando dos pronombres, según el modelo. Luego escuche la respuesta correcta y repítala. ¡ojo! Los tiempos cambian. Las tres últimas preguntas tienen dos respuestas posibles. Repita las dos.

MODELO: (¿Le escribiste a Carla una carta?) → Sí, se la escribí.
                                          o: No, no se la escribí.

1. No,...   2. No,...   3. Sí,...   4. No,...   5. Sí,...

18. PRONOUNS THAT FOLLOW PREPOSITIONS

A. Chismes (*Gossip*). Escuche cada oración y luego cambie el pronombre original por el nuevo pronombre, según el modelo. Repita la oración correcta. ¡ojo! Las dos últimas oraciones tienen dos pronombres. Cambie los dos.

MODELO: (Escribo acerca de ellos.) tú → Escribo acerca de ti.

1. ella
2. nosotros
3. yo
4. ellos
5. él
6. tú
7. tú, ella
8. Ud. y yo, yo

B. Preguntas personales. Va a oír cada pregunta dos veces. Escriba la respuesta, usando un pronombre después de cada preposición, según el modelo.

MODELO: (¿Puedes vivir sin tus amigos?) → No, no puedo vivir sin ellos.

1. _____
2. _____
3. _____
4. _____
5. _____
6. _____

REVIEW OF INDICATIVE TENSES

A. Hablaban Juanita y Timoteo. Ud. va a oír un diálogo y luego una serie de declaraciones, en grupos de tres. Sólo una de las tres declaraciones es correcta, según el contexto del diálogo. Marque la letra de la declaración correcta.

Ayer hablaban Juanita y Timoteo...

1. a b c
2. a b c
3. a b c
4. a b c
5. a b c
6. a b c

B. Hablé español ayer.   Va a oír una oración corta en tiempo presente. Cambie el verbo al pretérito, añadiendo la expresión temporal indicada, según el modelo. Repita la respuesta correcta.

MODELO: (Hablo español.) ayer → Hablé español ayer.

1. la semana pasada
2. esta mañana
3. el fin de semana pasado
4. hace un año
5. el sábado por la tarde
6. sólo una vez
7. ayer por la mañana
8. anoche
9. ayer
10. otra vez
11. a mediodía
12. a medianoche

Español en acción

Ud. va a oír una entrevista con Luis Palacios, el conocido actor de cine. Escuche lo que le dice a la locutora y conteste las preguntas que siguen. Puede escuchar la entrevista las veces que quiera.

1. a   b
2. a   b
3. a   b
4. a   b
5. a   b
6. a   b
7. a   b
8. a   b

CAPITULO **7**

CUADERNO DE EJERCICIOS ESCRITOS

¡Hablemos un poco!: Vocabulario del tema

A. Las características físicas y los rasgos faciales. Repase las palabras del **Vocabulario del tema** en el **Capítulo 7** del libro de texto. Luego, identifique las características y los rasgos que están indicados aquí.

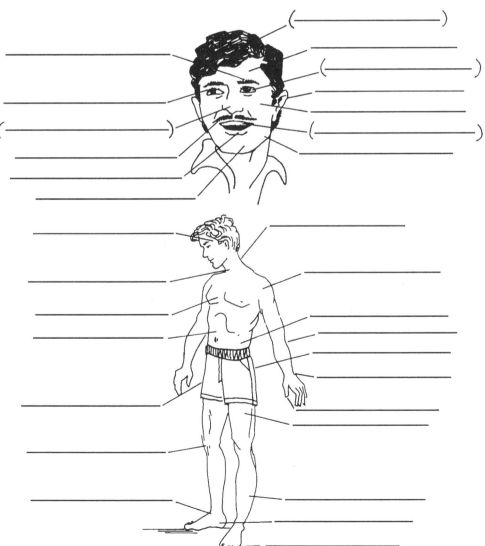

B. Hablando de la gente. Lea estas descripciones y conteste las preguntas que siguen.

1. Raimundo tiene los hombros y los brazos bien desarrollados y la cintura bien delgada. ¿A qué actividad probablemente se dedica Raimundo?

   a. a esquiar

   b. a levantar pesas (*weights*)

   c. a correr

2. A María Luisa le gusta vestirse elegantemente, con zapatos de tacón muy alto. Al final del día, ¿qué partes del cuerpo le duelen más?

   a. el cuello y los hombros

   b. los codos y las uñas

   c. las pantorrillas y los pies

3. Edmundo e Isabel acaban de anunciar su noviazgo (*engagement*). ¿Dónde lleva Isabel el anillo (*ring*) que le ha dado Edmundo?

   a. en las nalgas

   b. en la muñeca

   c. en el anular

Lectura: Reflexiones sobre la lectura

A. Opiniones. Complete las siguientes frases para expresar sus opiniones sobre lo que Ud. leyó en «Esmeralda Santiago: Ante la identidad puertorriqueña».

1. Esmeralda Santiago prefirió escribir desde una nueva perspectiva porque

   _____

2. Muchos puertorriqueños opinan que ella está demasiado americanizada porque

   _____

3. La escritora considera que en la sociedad norteamericana los puertorriqueños son considerados como ciudadanos a medias (o de segunda categoría) porque

   _____

4. Esmeralda Santiago escribe en inglés porque

   _____

5. En su obra, Esmeralda Santiago asume el punto de vista de la mujer porque

   _____

6. A esta escritora también le gusta la ironía porque

   _____

7. En el futuro ella debe seguir escribiendo acerca de la identidad puertorriqueña porque

   _____

B. Preguntas. Conteste brevemente las siguientes preguntas.

1. Esmeralda Santiago afirma que ella es una escritora femenina y feminista porque escribe desde el punto de vista de la mujer. ¿Piensa Ud. que un hombre también puede escribir literatura feminista? Explique su respuesta.

_____

_____

2. Esmeralda Santiago escribe en inglés, pero sus obras tratan de los puertorriqueños en la Isla y en los Estados Unidos, y admite que la critican mucho en Puerto Rico. Según Ud., ¿es ella una escritora puertorriqueña o norteamericana? Explique su respuesta.

_____

_____

3. Esta escritora dice que escribe para cambiar algunas realidades sociales. ¿Piensa Ud. que ella puede lograr esta meta? En su opinión, ¿puede la literatura producir cambios sociales? Explique su respuesta.

_____

_____

Gramática en contexto

19. MAKING REQUESTS: FORMAL (**Ud., Uds.**) COMMANDS

A. Propaganda. Ud. es el agente publicitario (la agente publicitaria) de Nutribar, una discoteca-taberna en San Antonio. Ahora tiene que escribir un anuncio para la radio. Escriba mandatos formales en singular (**Ud.**).

Nutribar Discoteca —¡un lugar sensacional para divertirse con sus amigos! _____

(Llamar; 1) a todos los que conoce e _____ (invitarlos; 2) a pasar unas horas

agradables. _____ (Hablarles; 3) acerca de todos los encantos del lugar. Cuando

llegue, _____ (escuchar; 4) la música alegre que se oye en Nutribar y

_____ (disfrutar; 5) de los juegos de luces, la fuente y los jardines.

_____ (Saborear; 6) la comida magnífica que preparan nuestros cocineros y

_____ (oír; 7) al Cuarteto Acuarela. _____ (Venir; 8) a las seis,

cualquier día de lunes a sábado, y _____ (quedarse; 9) hasta que se cierra a las

dos. ¡Pero no _____ (preocuparse; 10)! Nunca se paga entrada.

B. Más propaganda. Ahora otra empresa (*company*), el Centro Dunter de Chicago, le llama para que escriba otro anuncio comercial. Escriba mandatos formales en singular (**Ud.**).

¿Tiene kilos de sobra? Pues, _____ (perderlos; 1) bajo el cuidado de los

profesionales del Centro Dunter. _____ (Contar; 2) con nosotros para ayudarla y

_____ (cerrarle; 3) la puerta a esa mujer que Ud. era antes.

_____ (Aprovechar; 4) de nuestros 30 años de experiencia. No

_____ (sufrir; 5) más. _____ (Dejar; 6) de subir y bajar de peso.

_____ (Tomar; 7) la decisión de ponerse en forma de una vez para siempre,

_____ (ir; 8) al teléfono y _____ (hacer; 9) esa primera llamada.

No _____ (jugar; 10) con su cuerpo y no _____ (pagar; 11) más

de lo que se debe por ayuda profesional. _____ (Escoger; 12) el Centro Dunter y

_____ (prepararse; 13) para una vida saludable y bella. Cuando llame,

_____ (pedir; 14) hablar con Fabia.

20. TALKING ABOUT THE FUTURE

A. ¡Qué papeleo (_paperwork_)!   Imagínese que Ud. es el ejecutivo del anuncio de IBM. Diga lo que hará para limpiar y ordenar su escritorio. Puede usar las siguientes palabras si le ayudan.

Vocabulario útil: atrasar (_to slow down; to delay_), aplazar (_to postpone_), tirar en la basura (_to throw in the garbage_)

Usted descubrirá mejores sistemas y procedimientos para mantener su negocio al día,ᵃ en un seminario gratuito de IBM.

ᵃmantener... _keep your business up to date_

1.   ¿Qué hará Ud. con los papeles de la bandeja (_tray_) marcada «Hoy»?

_____

2.   ¿Qué hará con los de la bandeja marcada «Atrasado»?

_____

3.   ¿Qué (no) podrá hacer con los de las bandejas marcadas «Olvidado» y «Perdido»?

_____

4.   ¿Pedirá ayuda a alguien para ordenar este montón de papeleo? ¿A quién?

_____

5.   ¿Qué hará para evitar (_avoid_) que esto vuelva a ocurrir?

_____

6. ¿A qué hora volverá a casa esta noche? ¿Por qué?

_____

7. ¿Qué hará después de volver a casa?

_____

8. ¿Qué no hará?

_____

9. ¿Qué pasará mañana en la oficina?

_____

10. ¿Le volverá a ocurrir lo mismo la semana que viene o hará Ud. algo diferente?

_____

_____

B. El único superviviente (*survivor*).   Conteste las siguientes preguntas acerca de las personas de la historieta, usando el futuro para indicar conjetura, según el modelo.

MODELO: ¿Dónde estarán estas personas? → Estarán en una casa en San Francisco, California.

—Usted será el único superviviente de una guerra mundial ter-
monuclear.

1. ¿Cómo se llamará la mujer?

_____

2. Y el hombre, ¿qué carrera tendrá?

_____

3. ¿Por qué consultará a esta mujer?

_____

4. ¿Cómo se sentirá él en este momento?

_____

5. ¿Por qué le dirá esto la mujer?

_____

6. ¿Qué verá ella en el globo de cristal?

_____

7. ¿Qué pensará de ella el hombre?

_____

8. Y ella, ¿estará muy contenta con la información que acaba de darle a él? ¿Por qué sí o por qué no?

_____

_____

Español en acción

A. ¡Adivine el futuro!   Explique lo que sucederá en las siguientes situaciones.

1. El atleta Sergio Remón correrá en un maratón de 26 millas, pero se caerá antes de terminar. ¿Cuáles serán los resultados de la carrera (*race*)?

_____

¿Qué problemas físicos tendrá Sergio después?

_____

¿Cuándo volverá a correr?

_____

¿Qué tendrá que hacer antes?

_____

2. El cirujano (*surgeon*) Matamoros tendrá que operarle el corazón (*heart*) al Sr. Espinoza. ¿Qué le preguntará el Sr. Espinoza acerca de la operación?

_____

¿Qué hará el cirujano antes de empezar la operación?

_____

¿Quiénes ayudarán al Dr. Matamoros?

_____

¿Cuáles serán los resultados de la operación?

_____

3. A los cinco años, Martita Trujillo se pondrá los zapatos de tacón alto de su mamá y se caerá en la calle. ¿Se hará daño? ¿En dónde?

_____

¿Qué hará después de caerse?

_____

¿Adónde irá a buscar consuelo (*consolation*)?

_____

¿Qué le dirá su mamá? ¿Qué le dará después?

_____

B. Respuestas personales. Escriba dos mandatos formales que Ud. le daría (*would give*) a alguien en las siguientes circunstancias, según el modelo.

MODELO: Un vendedor de seguros (*insurance*) lo/la ha llamado por teléfono cinco veces. Por fin Ud. se enoja. ¿Qué le dice? → ¡No me llame otra vez! ¡Déjeme en paz!

1. Su hijo estudia tres horas cada noche, pero su maestra todavía se burla de él. Cuando el niño anuncia que no quiere volver a clase, Ud. decide hablar con la maestra. ¿Qué le dice Ud.?

_____

_____

2. Son las dos y media de la mañana. Parece que la fiesta en casa de sus vecinos no va a terminar nunca. Por fin Ud. los llama por teléfono. ¿Qué les dice?

_____

_____

3. Una compañía que fabrica ropa muy cara le manda un catálogo cada mes. Ud. se cansa de recibir los catálogos y ha intentado varias veces cancelarlos. Por fin Ud. decide escribirle una carta al presidente de la compañía. ¿Qué le dice?

_____

_____

COMPOSICION: UNA COMPARACION

El baile: Una comparación. En otra hoja de papel, escriba una composición en que Ud. compare las costumbres relacionadas con el baile en los Estados Unidos con las del baile en América Latina. Una comparación es una especie de análisis donde Ud. apoya su tesis con evidencia, datos y razones. Para más información, consulte la sección **Al corriente** del libro de texto donde también puede encontrar instrucciones para buscar direcciones de la red. El proceso de escribir deberá tener las tres siguientes etapas.

Primera etapa: Organice su composición según estas preguntas.

1. ¿Ha tratado Ud. alguna vez de bailar la salsa, el merengue, la cumbia, la polka o el cha cha chá? ¿Cómo se bailan estos bailes: juntos o sueltos en pareja? ¿Se mueven mucho los brazos? ¿las piernas? ¿las caderas? ¿Cómo se baila la música norteamericana (por ejemplo, el rock, el punk, el blues)? ¿Juntos o sueltos en pareja?

2. Si unos norteamericanos van a una fiesta donde hay música en su país, ¿bailarán o no más oirán la música? ¿En qué se diferencia una fiesta latinoamericana?
3. ¿Cree Ud. que el baile es un acto social para todas las edades en la sociedad norteamericana? ¿Y en las sociedades latinoamericanas? ¿A quién le gusta bailar en público en la sociedad norteamericana? ¿Es el baile una parte íntegra de la sociedad en ambas culturas o sólo en una de ellas?

Segunda etapa: Revise lo que acaba de escribir, prestando atención a cada uno de los siguientes puntos.

1. forma correcta del tiempo futuro
2. uso apropiado de **ser** o **estar**
3. concordancia entre sujetos y verbos
4. concordancia entre sustantivos y adjetivos

Tercera etapa: Escriba de nuevo con cuidado el análisis, añadiéndole los siguientes conectores para facilitar la transición de un párrafo a otro, y entrégueselo a su profesor(a).

CONECTORES LÓGICOS

a lo dicho anteriormente	finalmente	por último
en primer lugar	para comenzar	por una parte
en segundo lugar	por otra parte	primero
en última instancia		

CONECTORES DE SEMEJANZA

además	del mismo modo	ni... ni
asimismo	igualmente	también

CONECTORES OPOSITIVOS

a diferencia de	no obstante	sin embargo
con todo	por el contrario	tampoco
en oposición a		

CONECTORES RESUMIDORES Y CONCLUSIVOS

así	para resumir	por lo tanto
concluyendo	para ser breves	por todo lo dicho
de este modo	por consiguiente	resumiendo
en conclusión	por eso	

MANUAL DE LABORATORIO

¡Escuchemos un poco!: Vocabulario del tema

A. You are going to hear a conversation between Alicia and Inés in which they discuss the physical characteristics of their *ideal* boyfriends and their *real* boyfriends. After listening, indicate whether the physical characteristics listed here describe their ideal boyfriends (I), their real boyfriends (R), or neither (N). Feel free to listen to the conversation more than once.

1. _____ Tiene el cuello largo y fuerte.

2. _____ Tiene buenas piernas.

3. _____ Tiene el pecho y los hombros muy anchos.

4. _____ Tiene las cabeza muy bien formada.

5. _____ Tiene las caderas pequeñas y la espalda derecha.

6. _____ Tiene las pantorrillas y los muslos bien desarrollados.

7. _____ Es delgado y esbelto.

8. _____ Tiene las manos elegantes, con los dedos largos y delgados como los de un pianista.

9. _____ Es gordo, con manos grandes y fuertes.

10. _____ Tiene las uñas largas y sucias.

11. _____ Tiene un corazón de oro.

B. You are about to hear a conversation in a drawing class between Miguel and his professor. When the conversation is over, choose the correct response to the questions you hear. Feel free to listen to the conversation as many times as you'd like.

Vocabulario útil: dibujo (*drawing*), desilusión (*disappointment*)

1. a b	3. a b	5. a b
2. a b	4. a b	6. a b

PRONUNCIACION

La *b* y la *v*

B and **v** are pronounced identically in Spanish. After a pause or after **m** and **n,** the two letters are pronounced as a stop.

bien	ventaja	enviar
brazo	ambiente	sombra

Everywhere else, they are pronounced as a fricative.

grabación	desventaja	tobillo
entrevista	abdomen	llevaba
cabeza	nivel	

Va a oír cada oración dos veces. Repítala cada vez, prestando atención a la pronunciación de la **b,** la **v** y al enlace.

1. Los nuevos bomberos se llevaban bien.
2. Nos gustaban las entrevistas que grabamos.
3. El vecino bajaba las botellas vacías.
4. La abuela de Berta Blanco vino al banco.
5. En Venezuela se veía sombras en la bahía (*bay*).
6. Sabíamos que esos gabinetes eran baratos.

Gramática en contexto

19. MAKING REQUESTS: FORMAL (**Ud., Uds.**) COMMANDS

A. ¿Qué debo hacer? Un estudiante no está sacando buenas notas en su clase de cálculo. ¿Qué le dirá el profesor Albéñiz? Haga mandatos formales, según el modelo. Luego repita el mandato correcto.

MODELO: (no mirar a las chicas) → No mire a las chicas.

1. ... 2. ... 3. ... 4. ... 5. ... 6. ... 7. ... 8. ... 9. ...

B. Haciendo planes para el fin de semana. La Sra. Velázquez les da consejos a su hija Tina y a Eduardo, los recién casados. Dé mandatos en plural, según el modelo. Luego repita los mandatos correctos.

MODELO: (prestarme atención) →
Préstenme atención.

1. ... 2. ... 3. ... 4. ... 5. ... 6. ...
7. ... 8. ...

C. ¿Debo probármelo o no? Ud. oirá algunas preguntas que le hace Dolores Escobar a una dependiente (*salesclerk*) en un almacén. Conteste cada pregunta cambiando los complementos directos e indirectos por pronombres, según el modelo. Luego repita la respuesta correcta.

> MODELO: (¿Puedo ponerme este suéter?) → Sí, póngaselo.
> O: No, no se lo ponga.

1. No,...   2. Sí,...   3. No,...   4. Sí,...   5. Sí,...   6. Sí,...   7. No,...   8. Sí,...

20. TALKING ABOUT THE FUTURE

A. ¡Díganos lo que pasará! Ud. oirá una pregunta usando la construcción **ir a** + *infinitivo*. Contéstela usando el tiempo futuro, según el modelo. Luego repita la respuesta correcta.

> MODELO: (¿Vamos a hacer un viaje?) Sí, a Des Moines. →
> Sí, harán un viaje a Des Moines.

1. Sí, una casa en Miami.
2. Sí, con Christina Aguilera.
3. Sí, con el príncipe Enrique de Inglaterra.
4. No, sólo mentiras (*lies*).
5. No, nada nunca.
6. No, sólo guerras (*wars*) pequeñas.
7. ¡Claro que sí!
8. Sí, si no me pagan bien.

B. Preguntas personales. A continuación escuchará algunas preguntas acerca de su rutina diaria. Escriba sus respuestas, usando el tiempo futuro. Oirá cada pregunta dos veces.

1. _____
2. _____
3. _____
4. _____
5. _____
6. _____
7. _____
8. _____
9. _____
10. _____

C. Mini-conversaciones. Ud. oirá lo que le dice una persona a su amigo/a. Luego oirá tres respuestas posibles de la otra persona. Marque la letra de la respuesta lógica.

1. Hablan Gloria y Silverio.   3. Hablan Diego y Lupita.   5. Hablan Emilio y Tina.

   a b c   a b c   a b c

2. Hablan Pablo y Luisa.   4. Hablan Mariana y Franco.

   a b c   a b c

Español en acción

Ud. va a escuchar un programa de ejercicios aeróbicos para gente mayor que mira la televisión, un programa dirigido por una entrenadora joven y muy enérgica que se llama Teresa. Al terminar, indique si es Teresa (T), don Paco (P) o doña Susana (S) quien hace cada una de las siguientes declaraciones. Ud. oirá cada declaración dos veces. Puede escuchar el programa las veces que quiera.

1. T P S   7. T P S
2. T P S   8. T P S
3. T P S   9. T P S
4. T P S   10. T P S
5. T P S   11. T P S
6. T P S   12. T P S

CAPITULO 8

CUADERNO DE EJERCICIOS ESCRITOS

¡Hablemos un poco!: Vocabulario del tema

El Club Latino. Algunos miembros del Club Latino de Chicago piensan ir de vacaciones este año. Termine los siguientes párrafos con las palabras apropiadas de la lista que precede cada párrafo. ¡OJO! Tendrá que conjugar algunos de los verbos y pasar al plural algunos de los sustantivos.

A. Tomás y María Teresa.

agente	despegar	tren
aterrizar	equipaje	vuelo
avión	facturar	

En diciembre Tomás y María Teresa del Río van a Buenos Aires para pasar la Navidad con sus

parientes argentinos. Como esa ciudad queda muy lejos, no pueden ir en coche ni en

_____ (1); así que piensan ir en _____ (2).

Según el _____ (3) de viajes con quien hablaron, hay tres

_____ (4) que salen cada día del aeropuerto O'Hare. El que van a tomar

_____ (5) de O'Hare a las 8:00 de la mañana y

_____ (6) en Buenos Aires unas doce horas más tarde. Antes de salir

tienen que _____ (7) el _____ (8) porque sólo se

permite que cada viajero lleve una maleta pequeña al subir al avión.

B. Los Gómez.

andén	boleto	tren
asiento	estación	vía

En enero los Gómez van a llevar a sus cinco hijos a St. Louis, Missouri, para asistir a la boda de

una prima suya. Su coche es nuevo pero no lo suficientemente grande para llevar a siete personas,

así que han decidido ir en _____ (1). El 23 de diciembre irán a la

_____ (2), comprarán siete _____ (3) e irán al

_____ (4) que les corresponde. Al ver acercarse el tren, los Sres. Gómez

les dirán a sus hijos que no se acerquen a la _____ (5) hasta que hayan parado todos los vagones (*cars*). Luego todos buscarán los _____ (6) que

más les gusten y esperarán a que salga el tren.

C. Felipe Delgado.

autobús   estación   sala de espera
chofer   pasajero   ventanilla

Felipe Delgado, el más joven del club y el único soltero, tiene una novia en Detroit a quien intenta

visitar cada fin de semana. Le gusta ir en _____ (1) porque no cuesta

mucho dinero. Cada viernes por la tarde va a la _____ (2), se acerca a la

_____ (3) para comprar un boleto y se sienta en la

_____ (4) hasta que anuncian la salida de su autobús. Al subir al autobús,

Felipe siempre saluda al _____ (5) y a los demás

_____ (6).

D. Margarita y José.

barco   navegar   yate
crucero   pasajero

Los recién casados, Margarita y José Iglesias, decidieron aplazar (*postpone*) su luna de miel hasta

que José pudiera tomar dos semanas enteras de vacaciones. Así es que en marzo van a pasar dos

semanas en un _____ (1), navegando por las aguas azulísimas del Mar

Caribe. Aunque la experiencia no será tan elegante como _____ (2) en un

_____ (3) particular (*private*), el _____ (4) que

han escogido Margarita y José sí es famoso por la calidad de su comida y por la variedad de

diversiones que les ofrece a sus _____ (5).

E. Tres amigos.

aduana   frontera   pasaporte
declaración   inspector

Jorge Salinas, Fidel Ramos y Diego Fernández piensan ir en coche a Guanajuato, México, para

celebrar las fiestas del Cinco de Mayo en ese pueblo histórico y turístico. Al cruzar la

_____ (1), los tres tendrán que pasar por la

_____ (2), un sitio donde todos los viajeros hacen

_____ (3) acerca de lo que están llevando de un país a otro. Los

_____ (4) mexicanos les pedirán sus _____ (5) y

si todo está en orden, podrán pasar sin dificultades.

Lectura: Reflexiones sobre la lectura

A. Opiniones. Complete las siguientes frases para expresar sus opiniones sobre «Cartas a Enrique» de Jesús Rosales.

1. Las cartas que Carlos le manda a Enrique muestran

   _____

2. Aunque ha vivido allí por años y años, para Carlos, Santa Bárbara

   _____

3. Al comparar la estación de autobuses de Los Angeles con la de Tijuana, Carlos se da cuenta de que

   _____

4. Carlos se identifica con Carmelo Macías, el señor que conoce en el autobús, porque

   _____

5. Cuando por fin llega a Durango, Carlos siente

   _____

6. Con respecto a su futuro, parece que Carlos

   _____

B. Preguntas. Conteste brevemente las siguientes preguntas.

1. Carlos constantemente se pregunta: «¿Qué es lo que busco acá (en México)?» ¿Qué respuesta le daría Ud. a él?

   _____

   _____

2. Parece que el padre de Carlos no dejó México por motivos económicos, sino por motivos más abstractos. Tomando en cuenta la actual crisis de Carlos, ¿cree Ud. que la decisión que el padre tomó fue la mejor para su familia? Explique su respuesta.

   _____

   _____

3. En su última carta Carlos pregunta: «¿Qué control en verdad tenemos sobre nuestras vidas?» Según esta pregunta, parece que él duda que pueda controlar su futuro y encontrar su propia felicidad. ¿Está Ud. de acuerdo con él? Si está de acuerdo, explique por qué; si no está de acuerdo, déle a Carlos un consejo sobre cómo controlar su destino.

   _____

   _____

Gramática en contexto

21. EXPRESSING UNREALIZED ACTIONS: THE SUBJUNCTIVE

A. ¿Quiere que su casa sea más bonita? Complete el siguiente anuncio con las formas apropiadas del presente de subjuntivo.

¿Les prohíbe Ud. a los invitados que _____ (entrar; 1) a su casa por la

puerta principal? ¿Prefiere que todo el mundo _____ (pasar; 2) por el

garaje? ¿No quiere que nadie _____ (ver; 3) los pisos del zaguán (*foyer*)?

¿Cree que es imposible que se _____ (mejorar; 4) su aspecto? ¡No se

desespere! Los hermanos Gómez tienen lo que necesita para que su casa

_____ (ser; 5) la más elegante del barrio. Deje que

_____ (venir [nosotros]; 6) a verla. Es probable que

_____ (poder [nosotros]; 7) hacer los cambios que Ud.

_____ (querer; 8) sin que le _____ (costar [los

cambios]; 9) más de mil dólares. Si todavía duda que le _____ (decir

[nosotros]; 10) la verdad, le daremos una lista de nuestros clientes satisfechos. Cualquiera que nos

_____ (conocer; 11) le dirá lo mismo: que se alegra de que nosotros le

_____ (haber; 12) ayudado. Sólo le pedimos que nos

_____ (dar [Ud.]; 13) la oportunidad de servirle. Pida una cita por

teléfono. Aunque Ud. no lo _____ (creer; 14) ahora, es posible que

_____ (tener [Ud.]; 15) dentro de poco la casa de sus sueños.

B. Nuestra familia va de vacaciones. Combine los siguientes elementos para formar oraciones completas usando el indicativo y el subjuntivo. **¡OJO!** Será necesario añadir algunas palabras.

MODELO: Ojalá / todo / familia / divertirse → Ojalá que toda la familia se divierta.

1. yo / querer que / tomar (nosotros) / crucero / Acapulco

_____

2. pero / Diego / preferir que / ir (nosotros) / avión

_____

3. niños / esperar que / familia / viajar / tren

_____

4. abuelita / desear que / nietos / quedarse / casa

_____

5. sobrinos / querer que / traerles (nosotros) / regalos

_____

22. EXPRESSING DESIRES AND REQUESTS: SUBJUNCTIVE WITH EXPRESSIONS OF WILL AND INFLUENCE

A. Pero hombre, ¡quiero que lo hagas tú! Escriba oraciones originales que lleven cláusulas dependientes (*dependent clauses*). Use las oraciones a continuación para formar las cláusulas. No use la misma oración dos veces.

MODELO: Espero que... (Vuelves pronto.) → Espero que vuelvas pronto.

Me cuentas un buen chiste.	Vas sin mí.
No me pides dinero.	Llegas a tiempo.
Te diviertes con nosotros.	Almuerzas conmigo.
Cierras la puerta.	Oyes lo que te digo.
No dejas de llamarme.	Me das un regalo.
Empiezas a hacerlo ahora.	Me escoges un crucero.
Conoces a otro amigo mío.	Estás en casa a las 12:00.

1. Quiero que _____

2. Prefiero que _____

3. Necesito que _____

4. Te pido que _____

5. Es preciso que _____

6. No es necesario que _____

7. Hace falta que _____

8. Te digo que _____

9. Te permito que _____

10. ¡Ojalá que _____!

11. No está prohibido que _____

12. Es forzoso que _____

B. Yo no quiero hacerlo. ¡Quiero que lo hagan tú, Edmundo y Rosa! En las siguientes oraciones hay un solo sujeto. Cámbielas para que el sujeto original quede en la cláusula principal y el sujeto indicado entre paréntesis corresponda al segundo verbo en la cláusula dependiente, según el modelo.

MODELO: Quiero ir a México. (que tú y Rosa) → Quiero que tú y Rosa vayan a México.

1. Quiero conocer a Edmundo. (que tú)

   _____

2. Prefiero decirle a Rosa la verdad. (que Edmundo)

   _____

3. Espero poder visitarte mañana. (que Rosa)

   _____

4. Necesito mandarle una carta a Rosa. (que tú)

   _____

5. No deseo oírlo ahora. (que Edmundo)

_____

6. No quiero dormirme ahora. (que nosotros)

_____

7. Prefiero no traérselo a Rosa. (que tú)

_____

8. No necesito explicártelo. (que Edmundo)

_____

C. Carlos vuelve a México.   Modifique las siguientes oraciones para incorporar el nuevo sujeto indicado, según el modelo.

MODELO: Es imposible facturar su equipaje en el autobús. (que Carlos) →
Es imposible que Carlos facture su equipaje en el autobús.

1. Es preciso cruzar la frontera hoy. (que Carlos)

_____

2. Es importante revisar sus maletas. (que el inspector)

_____

3. Hace falta platicar con el inspector. (que Carlos)

_____

4. Es urgente salir a tiempo. (que el autobús)

_____

5. Es triste despedirse de Carlos. (que nosotros)

_____

6. Es difícil gozar de un viaje tan largo. (que Carlos)

_____

7. Hace falta intentar hacerlo. (que él)

_____

8. No es preciso decírselo a él. (que nosotros)

_____

23. MAKING REQUESTS OF FRIENDS: INFORMAL (**tú**) COMMANDS

A. ¡Hazlo así!   Escriba de nuevo las siguientes oraciones, cambiando el verbo en el indicativo por un mandato familiar, según el modelo. Luego escriba el mandato familiar negativo, usando la información entre paréntesis.

MODELO: Me dices la verdad. (una mentira) → Dime la verdad. No me digas una mentira.

1. Platicas con Jorge. (con Estefan)

_____

2. Revisas su equipaje. (su cartera [*wallet*])

_____

3. Paras en la esquina. (en la bocacalle [*intersection*])

_____

4. Me traes un sándwich. (una torta)

_____

5. Te mudas a San Antonio. (a Santa Fe)

_____

6. Lo haces así. (de otra manera)

_____

7. Nos pagas ahora. (en dos semanas)

_____

8. Se lo dices al alcalde. (al abogado)

_____

9. Vienes en seguida. (más tarde)

_____

10. Vas con Lupe. (con Estela)

_____

11. Almuerzas conmigo. (a solas)

_____

12. Sales a las ocho. (un minuto antes)

_____

B. Doña Juana, la consejera.   Lea las siguientes cartas como si Ud. fuera (*as if you were*) doña Juana, la consejera del periódico. Luego déles consejos a los tres lectores, usando mandatos familiares según el modelo. Sus respuestas pueden variar.

MODELO: Estimada doña Juana: No sé qué comprarle a mi mamá. Va a cumplir cincuenta años en dos semanas y no tengo ni idea de lo que necesita. Tampoco tengo mucho dinero. ¿Qué debo hacer?
Consuelo

Estimada Consuelo: Haz algo con tus manos y dáselo de regalo. Dile que la quieres mucho y le gustará mucho más que un regalo comprado.
Doña Juana

1. Estimada doña Juana: Hay un hombre guapo y muy bien desarrollado que veo todos los sábados en el club de tenis, y me gustaría conocerlo. El problema es que no sé cómo debo hacerlo. Ningún amigo mío lo conoce, así que nadie puede presentármelo. ¿Qué debo hacer? Julia

   Estimada Julia: _____

   _____

   _____

   _____ Doña Juana

2. Estimada doña Juana: Hace casi diez años que me escapé de la cárcel (*jail*) de Folsom y he podido vivir libremente desde entonces sin meterme en líos (*trouble*). Ahora he conocido a la mujer perfecta para mí, y queremos casarnos. El problema es que ella no sabe nada de lo que hice en el pasado y temo que algún día vaya a descubrirlo. ¿Qué debo hacer? Escapado

   Estimado Escapado: _____

   _____

   _____

   _____ Doña Juana

3. Estimada doña Juana: Ya no puedo vivir con mi mujer, Jerónima. Se ha puesto sospechosa de todo lo que hago. Si me quedo a trabajar de noche, sospecha que tengo una amante. Si me quedo en casa con ella, descansando o mirando televisión, Jerónima me acusa de ser flojo. Hasta ahora he evitado confrontarme con ella, pero ya estoy harto de sus sospechas. ¿Qué debo hacer? Miguel

   Estimado Miguel: _____

   _____

   _____

   _____ Doña Juana

Español en acción

A. ¡Tráela aquí! Este pobre señor está encarcelado (*imprisoned*) y se esfuerza por escaparse. Complete las siguientes oraciones de una manera lógica, escribiendo o el presente del subjuntivo o un mandato familiar, según el modelo.

> MODELO: Le susurra (*whispers*) a un ratón que está cerca: Necesito que me *des* (dar) esa llave (*key*). ¡Vamos! *Tráela* (Traerla) aquí! Es importante que no *la dejes* (dejarla) caer (*drop*).

—¡Vamos! ¡Tráela aquí!

1. Le pide al carcelero (*jailer*) que le trae las comidas: Mañana es mi cumpleaños y quiero que mi

   mujer _____ (prepararme) una torta. Prefiero que _____

   (ser) de chocolate y muy pesada (*heavy*). _____ (Llamarla) para decirle eso,

   por favor.

2. Le aconseja a un amigo que viene a visitarlo: Van a prohibirte que _____

   (quedarse [tú]) más de cinco minutos. Pero es preciso que _____ (hablar [tú y

   yo]) otra vez. _____ (Volver) a verme mañana, por favor.

3. Le dice al prisionero que comparte su celda (*cell*): Te aconsejo que no _____

   (guardar) esa lima (*file*) aquí. Está prohibido que nosotros las _____ (tener) y

   si la encuentran te van a castigar. _____ (Dármela) para tu propia protección,

   por favor.

4. Le ruega a otro prisionero que hace planes para escaparse: No es aconsejable que

   _____ (salir [tú]) solo. ¿Quieres que yo te _____

   (acompañar)? _____ (Decirme) todos tus planes, por favor.

5. Le recomienda al guardia que lo vigila cuando sale para hacer ejercicio: No hace falta que

   _____ (traer) ese rifle contigo porque no voy a hacer nada.

¡_____ (Dejarlo) en casa mañana y _____ (venir) a hacer ejercicio conmigo!

6. Le dice al abogado que viene para ayudarlo: Es urgente que _____ (pagarle) cien dólares al guardia y que _____ (pedirle) que _____ (ayudarme) a escapar de aquí. ¡No _____ (olvidarse), por favor!

7. Le dice al carcelero cuando éste le exige que _____ (explicarle) sus acciones: Insisto en que _____ (tratarme) con más cortesía. ¡No _____ (hablarme) con ese tono de voz!

8. También le dice al carcelero: Prefiero que _____ (identificarme) por mi apellido. ¡No _____ (llamarme) sólo #0328667! ¡_____ (Llamarme) Pancho Sosa, por favor!

B. **Preguntas personales.** Conteste las siguientes preguntas de una manera apropiada para Ud.

1. ¿Qué le piden sus padres (profesores/amigos) que haga todos los días?

_____

_____

2. ¿Le exigen sus padres que los llama por teléfono cada día?

_____

_____

3. ¿Prefieren que los llame por teléfono o que les escriba una carta?

_____

_____

4. ¿Le sugiere su profesor(a) que estudie español cinco horas al día?

_____

_____

5. ¿Hace falta que Ud. duerma ocho horas cada noche?

_____

_____

6. ¿Es forzoso que Ud. y sus amigos paguen mucho dinero para asistir a esta universidad?

_____

_____

7. ¿Está prohibido que Uds. llamen a las casas de sus profesores cuando tienen preguntas?

_____

_____

8. ¿Prefieren Uds. conocer muy bien a sus profesores o no llegar a conocerlos personalmente?

_____

_____

COMPOSICION: UN DISCURSO PUBLICO

El día de la hispanidad.   Imagínese que es el Día de la Hispanidad (el 12 de octubre) y Ud. tiene que hacer un discurso político, exhortando a un grupo étnico cualquiera a que mantenga viva su herencia cultural. En otra hoja de papel, persuada al público tanto con la lógica como con la retórica. Para más información, consulte la sección **Al corriente** del libro de texto donde también puede encontrar instrucciones para buscar direcciones de la red. El proceso de escribir deberá tener las tres siguientes etapas.

Primera etapa: Organice su discurso según estas preguntas.

1. ¿Cuáles son las costumbres que todavía conserva este grupo étnico? Los miembros del grupo, ¿cocinan los platos típicos de ellos, bailan algún baile tradicional o visten de algún modo especial? ¿Todavía se comunican entre ellos en una lengua que no es el inglés?
2. ¿Por qué es importante que no pierdan estas costumbres? Pídales que les enseñen estas costumbres a sus niños. Explíqueles por qué es importante que los niños aprendan algo de su cultura y de sus antepasados.
3. ¿Por qué es preciso que la nación respete las diferentes culturas dentro de sus fronteras y fuera de ellas? ¿Es natural el hecho de que muchas culturas convivan dentro de una misma nación? Piense en los ejemplos de otros países (por ejemplo, el Canadá, México, la Argentina, Cuba).

Segunda etapa: Revise lo que acaba de escribir, prestando atención a cada uno de los siguientes puntos.

1. uso apropiado del indicativo y del subjuntivo
2. forma de los verbos indicativos y subjuntivos
3. concordancia entre sujetos y verbos
4. concordancia entre sustantivos y adjetivos

Tercera etapa: Escriba de nuevo con cuidado el discurso, añadiéndole las siguientes expresiones de persuasión, y entrégueselo a su profesor(a).

Da gusto ver que	Es urgente que	Les pido que
Es forzoso que	Hace falta que	(No) Es natural que
Es preciso		

MANUAL DE LABORATORIO

¡Escuchemos un poco!: Vocabulario del tema

A. You are going to hear an onboard announcement by a flight attendant, followed by a series of statements. Indicate whether the attendant *did* (**sí**) or *did not* (**no**) make each statement in her announcement. Feel free to listen to the announcement more than once.

Vocabulario útil: escala (*stopover*), se apague (*goes out*), aviso de no fumar (*no smoking sign*), azafatas (*flight attendants*), tripulación (*crew*)

1. sí no
2. sí no
3. sí no
4. sí no

5. sí no
6. sí no
7. sí no

8. sí no
9. sí no
10. sí no

B. Now you are going to hear a commercial announcement by the bus company Expreso del Norte, followed by a series of features of the company, its buses, and its drivers. Place a check mark beside the number of each item that accurately describes what Expreso del Norte advertises. Feel free to listen to the conversation more than once.

1. _____
2. _____
3. _____

4. _____
5. _____
6. _____

7. _____
8. _____

PRONUNCIACION

La *c* y la combinación *qu*

In Spanish, **c** and **qu** are both pronounced as the English *k,* but without an accompanying puff of air. The *k* sound is written **c** before a consonant or the vowels **a, o,** and **u.**

platicar	facturar	embarcar
barco	ferrocarril	cuello
inspector	cruzar	declarar

The *k* sound is written **qu** before the vowels **e** or **i.**

esquina	embarque	platiqué
que	quien	busque

When **c** precedes **e** or **i,** it is pronounced in most dialects as if it were an **s.**

gocé	empiece	aterricé
principio	ejército	gracia

In parts of Spain, when **c** precedes **e** or **i,** it is pronounced as a **th** sound.

gocé	empiece	aterricé
principio	ejército	gracia

Don't forget that **ch** was considered a separate letter of the Spanish alphabet until 1994, with its own listing in dictionaries.*

chofer   pecho   luchar

Va a oír las oraciones dos veces. Repítalas cada vez, prestando atención a la pronunciación de la **c**, la **qu** y la enlace.

1. El chofer se acercó cautelosamente al coche.
2. Los chicos de China se quedaron callados como de costumbre.
3. Quico facturó su equipaje y consiguió una tarjeta de embarque.
4. Aquel equipo de Cuzco encontró un crucero en Quito.
5. El policía cuyo carro se encontró en Caracas se cayó.
6. Las camisas se secaron con el cambio del clima.

Gramática en contexto

21. EXPRESSING UNREALIZED ACTIONS: THE SUBJUNCTIVE

A. ¿Qué forma tiene? Oirá un verbo regular o radical (*stem-changing*) en el presente del indicativo. Dígalo en el presente del subjuntivo. Luego repita la forma correcta.

MODELO: (comen) → coman

1. ...   2. ...   3. ...   4. ...   5. ...   6. ...   7. ...   8. ...   9. ...   10. ...   11. ...   12. ...

B. ¿Qué forma irregular tiene? Ahora los verbos son los que tienen la forma **yo** irregular en el presente del indicativo. Diga primero la forma **yo** del presente del subjuntivo y luego la forma **nosotros** del presente del subjuntivo. Por fin, repita las formas correctas.

MODELO: (salgo) → salga, salgamos

1. ...   2. ...   3. ...   4. ...   5. ...   6. ...   7. ...   8. ...

C. ¿Qué forma radical o irregular tiene? Ahora los verbos son verbos radicales que terminan en **-ir** o son verbos totalmente irregulares. Diga primero la forma **yo** del presente del subjuntivo y luego la forma **nosotros** del presente del subjuntivo. Por fin, repita las formas correctas.

MODELO: (pido) → pida, pidamos

1. ...   2. ...   3. ...   4. ...   5. ...   6. ...   7. ...   8. ...   9. ...   10. ...   11. ...   12. ...   13. ...
14. ...   15. ...

22. EXPRESSING DESIRES AND REQUESTS: SUBJUNCTIVE WITH EXPRESSIONS OF WILL AND INFLUENCE

A. ¿Qué quieres que haga? Oirá una declaración corta en el tiempo presente del indicativo. Cámbiela por una expresión de voluntad (*will*) usando el presente del subjuntivo, según el modelo. Empiece cada oración con **Quiero que...** Luego repita la oración correcta.

MODELO: (Estudias conmigo.) → Quiero que estudies conmigo.

1. ...   2. ...   3. ...   4. ...   5. ...   6. ...   7. ...   8. ...   9. ...   10. ...   11. ...   12. ...

---

*In 1994, the Spanish Royal Academy voted to integrate **ch** into the **c** listing, therefore **ch** is not listed separately in dictionaries published after 1995.

B. ¡Vamos a viajar! A continuación oirá unas declaraciones en el tiempo presente del indicativo. Conviértalas en oraciones nuevas usando las expresiones indicadas y el subjuntivo, según el modelo. Luego repita la oración correcta.

MODELO: (Van a embarcarse ahora.) Les digo... → Les digo que vayan a embarcarse ahora.

1. Les digo...
2. Les pido...
3. Les mando...
4. Les recomiendo...
5. Les aconsejo...
6. Les decimos...
7. Les pedimos...
8. Les mandamos...
9. Les recomendamos...
10. Les aconsejamos...

C. ¿Es necesario que lo haga? Oirá unas declaraciones cortas en el presente del indicativo. Conviértalas en preguntas usando el presente del subjuntivo y las siguientes expresiones impersonales, según el modelo. Luego repita las preguntas correctas.

MODELO: (Lo ayudo.) ¿Es necesario... ? → ¿Es necesario que lo ayude?

1. ¿Es preciso... ?
2. ¿Es preferible... ?
3. ¿Es forzoso... ?
4. ¿Es necesario... ?
5. ¿Es urgente... ?
6. ¿Hace falta... ?
7. ¿Es aconsejable... ?
8. ¿Es mejor... ?

23. MAKING REQUESTS OF FRIENDS: INFORMAL (**tú**) COMMANDS

A. Hazlo ahora. Oirá una oración corta en el presente del subjuntivo. Conviértala en un mandato familiar, según el modelo. Luego repita el mandato correcto.

MODELO: (Quiero que lo hagas ahora.) → Hazlo ahora.

1. ... 2. ... 3. ... 4. ... 5. ... 6. ... 7. ... 8. ... 9. ... 10. ... 11. ... 12. ...

B. No lo hagas ahora. Ahora las oraciones serán negativas. Dé los mandatos negativos, según el modelo. Luego repita el mandato correcto.

MODELO: (No quiero que lo hagas ahora.) → No lo hagas ahora.

1. ... 2. ... 3. ... 4. ... 5. ... 6. ... 7. ... 8. ...

C. No lo hagas. Oirá un mandato familiar afirmativo. Dé el mandato negativo, prestando atención a los pronombres. Luego repita el mandato correcto.

MODELO: (Hazlo.) → No lo hagas.

1. ... 2. ... 3. ... 4. ... 5. ... 6. ... 7. ... 8. ... 9. ... 10. ... 11. ... 12. ...

Español en acción

Escuche la siguiente conversación en la cual Teresa y Juanjo le cuentan a su amiga Matilde de un viaje que acaban de hacer. Al terminar la conversación, habrá una serie de preguntas acerca del viaje. Seleccione la respuesta correcta para cada una. Puede escuchar la conversación las veces que quiera.

1. a b
2. a b
3. a b
4. a b
5. a b
6. a b
7. a b
8. a b
9. a b
10. a b

CAPITULO **9**

CUADERNO DE EJERCICIOS ESCRITOS

¡Hablemos un poco!: Vocabulario del tema

A. ¡Qué ropa más interesante!   Mire la historieta y comente la ropa que tienen puesta estas personas. Describa cómo son las telas que usan, los zapatos y los adornos que llevan (incluso los que no se pueden ver en el dibujo). Use palabras del **Vocabulario del tema** en el **Capítulo 9** del libro de texto.

—He aprovechado la tela que me sobró[a] del vestido para tapizar[b] los asientos.

[a]me... *I had left over*
[b]*cover*

Lo que lleva él

_____

_____

_____

_____

Lo que lleva ella

_____

_____

_____

_____

B.   ¿Qué están haciendo?   Explique lo que están haciendo los estudiantes y los profesores del dibujo y describa la ropa que lleva cada uno. Si traen algo en la mano, mencione eso también.

Vocabulario útil: la cinta (*ribbon*), el chaleco (*vest*), los chanclos (*rainboots*), la corbata de lazo (*bowtie*), el pañuelo (*handkerchief*), el pijama (*pajamas*), la ropa interior (*underwear*), los tirantes (*suspenders*)

1.   Dina

_____

_____

2.   Margarita

_____

_____

3. Ana María

_____

_____

4. Riqui

_____

_____

5. Germán

_____

_____

6. Nicolás

_____

_____

7. el profesor Campos

_____

_____

8. el profesor Alonso

_____

_____

Lectura: Reflexiones sobre la lectura

A. Comentarios.   En «La adivinanza y el desarraigo: confesiones de un hispano», Samuel Mark describe la educación que recibió como hijo de inmigrantes cubanos y también su asimilación al mundo de los negocios en los Estados Unidos. ¿Cree Ud. que la educación de este yuca influyó en su éxito como profesional? ¿De qué forma? Comente sobre la influencia de los siguientes aspectos de la educación de Mark en su vida profesional.

MODELO: Asistió a una escuela católica donde aprendió a rezar, leer, escribir y respetar a sus maestros. →
Los colegios católicos no ofrecen una buena preparación para el mundo de los negocios porque los valores religiosos no son los de las grandes empresas.

O: Creo que los colegios católicos preparan a los estudiantes para el mundo de los negocios porque enseñan la disciplina, el perfeccionismo y el respeto a las reglas que exigen las grandes empresas.

1. Asistió a una escuela católica donde aprendió a rezar, leer, escribir y respetar a sus maestros.

_____

_____

2. En la escuela primaria tenía que ponerse de pie cuando alguien entraba en la clase.

_____

_____

3. Sus padres le exigían buenas notas.

_____

_____

4. Sabía que tenía que ser el primero en su clase.

_____

_____

5. Ganó becas especiales para minorías.

_____

_____

6. Asistió a una universidad privada.

_____

_____

B. Preguntas.   Conteste brevemente las siguientes preguntas.

1. El narrador comenta que su madre no toleraba malas notas porque ella trabajaba muy duro para pagarle un colegio católico: las buenas notas del hijo eran como una compensación por sus sacrificios. ¿Cree Ud. que la actitud de la madre es justificada o no? Explique su respuesta.

_____

_____

2. Un profesor del narrador le dijo una vez que para tener éxito no sólo tenía que ser motivado sino parecerlo. ¿Cree Ud. que ese profesor tenía razón? ¿Por qué (no) es necesario aparentar (*to feign*) que se tiene gran motivación? Explique su respuesta.

_____

_____

3. A causa de su vida profesional —y su imagen como tal— el narrador deja de visitar a su familia y a sus antiguos amigos, y el resultado es que se siente solo. ¿Es posible conciliar la vida profesional con la propia identidad y valores culturales cuando se proviene de otra cultura, como en el caso del narrador? ¿O hay que separarse de las raíces (*roots*) para triunfar profesionalmente en esta sociedad? Explique su respuesta.

_____

_____

Gramática en contexto

24. INTRODUCING FUTURE EVENTS: INDICATIVE VERSUS SUBJUNCTIVE IN ADVERBIAL CLAUSES

A. ¡Qué lata! (*What a pain!*)   Ignacio quiere jugar al tenis con sus amigos, pero tiene demasiado que hacer. Complete el diálogo con la forma correcta del presente o pasado del indicativo o del presente del subjuntivo.

SERGIO: ¿Así que no tienes tiempo para jugar esta mañana?

IGNACIO: Lo siento. Durante la semana, mientras _____ (trabajar; 1), no tengo

tiempo para lavar la ropa y limpiar el apartamento. Suelo hacer todos los quehaceres

(*chores*) una vez que _____ (llegar; 2) el sábado.

FELIPE: ¡Qué lata!

IGNACIO: Sí que es una lata. Antes, cuando _____ (vivir [yo]; 3) en casa de mis

padres, mi mamá lavaba la ropa y lo limpiaba todo.

SERGIO: ¿Aunque ella misma _____ (trabajar; 4) todos los días?

FELIPE: Mi mamá nunca lo hacía.

SERGIO: Ni la mía.

IGNACIO: ¡Pues, a mi mamá le gustaba hacerlo! Yo no tenía que hacer nada en casa mientras

_____ (estudiar; 5). Pero todo cambió tan pronto como

_____ (graduarse; 6) y _____ (conseguir; 7) este

apartamento.

SERGIO: ¿Ya no te ayuda?

IGNACIO: No, ya no me ayuda en absoluto aunque la _____ (llamar [yo]; 8) para

pedírselo. Por fin un día me lo dijo claramente: «Eres un hombre hecho y derecho. De

ahora en adelante (*From now on*) cuando _____ (querer [tú]; 9) ver las

cosas hechas, tú mismo tendrás que hacerlas.»

FELIPE: Parece lógico, ¿no?

IGNACIO: ¡Pero no tengo tiempo suficiente! Hay otras cosas que me interesan más. Esta tarde, por

ejemplo, viene a visitarme mi novia, y no querré limpiar mientras ella

_____ (estar; 10) aquí aunque acaso ella

_____ (tener; 11) ganas de hacerlo.

SERGIO: Lo dudo. Las mujeres modernas insisten en que los hombres también lo hagan.

IGNACIO: Tienes razón. Y claro que cuando _____ (salir [nosotros]; 12) esta noche, no llevaremos la ropa para lavarla. Tampoco podré hacerlo mañana mientras _____ (haber; 13) partidos de fútbol norteamericano en la televisión.

SERGIO: Quizás después...

IGNACIO: Después no. Pienso reunirme con mis amigos cuando se _____ (acabar; 14) el último partido. No regresaré a casa hasta la medianoche aunque el lunes _____ (tener; 15) que levantarme muy temprano para ir a trabajar. Y el lunes estaré demasiado cansado después de trabajar todo el día.

FELIPE: Pues si quieres, te ayudamos ahora aunque _____ (tener [nosotros]; 16) la cancha reservada en una hora.

IGNACIO: ¡Claro que no! Aunque no _____ (lavar [yo]; 17) nunca la ropa, no voy a ser tan descortés. Mientras me _____ (visitar [Uds.]; 18) no voy a hacer nada. De veras, debía haber (*should have*) lavado y limpiado anoche cuando sí _____ (tener; 19) tiempo. Pero es que estaba muy cansado porque había regresado tarde el jueves por la noche. Pero... ¡no se preocupen! Lo haré tan pronto como _____ (irse [Uds.]; 20). O si no, todo tendrá que esperar hasta el fin de semana que viene.

B. El dilema de Roberto y Olivia. En los siguientes párrafos se encuentran las conjunciones adverbiales que siempre requieren el subjuntivo. Marque cada conjunción adverbial con un círculo y escriba la forma correcta del verbo en cada espacio.

Olivia ha prometido casarse con Roberto con tal de que éste _____ (encontrar; 1) un trabajo mejor porque, aunque lo quiere mucho, ella teme que le falte ambición. Olivia ya tiene empleo y aunque su piso es pequeño y viejo, ella paga sin dificultad el alquiler. Piensa seguir viviendo allí después que se casen a menos que Roberto no _____ (estar; 2) de acuerdo, aunque sabe que a él no le gusta su apartamento. Tampoco a Olivia le gusta mucho, pero es una mujer muy práctica.

Roberto, al contrario, es impulsivo. Por eso, sin que Olivia lo _____ (saber; 3), él ha empezado a buscar un piso nuevo para que ella _____ (decidirse; 4) casarse con él y para que luego _____ (poder [ella]; 5) decir con orgullo «¡Aquí vivo yo!». Ha encontrado uno que le encanta, pero no puede reservar un piso a menos que _____ (pagar; 6) más dinero del que tiene en el banco. Está preocupado también porque sabe que no se podrá pagar la renta antes de que los dos _____ (ganar; 7) más dinero.

Olivia también trata de resolver el dilema sin que Roberto _____ (darse; 8)

cuenta. Ella acaba de hablarle al jefe de Roberto para que le _____ (ofrecer [el

jefe]; 9) una posición de más responsabilidad. El jefe le ha contestado que lo hará de buena gana

con tal de que Roberto _____ (volver; 10) a tomar clases en la universidad. El

problema es que Roberto está harto de estudiar y además piensa que los cursos para graduados

cuestan demasiado. Ya le ha dicho al jefe que no volverá a estudiar a menos que éste le

_____ (prestar [*to lend*]; 11) el dinero para la matrícula, lo cual el jefe no quiere

hacer. Olivia le ha dicho que no se casará con él a menos que _____ (recibir; 12)

un buen aumento de salario. Así que parece que los tres están atrapados en un círculo vicioso que

no acabará hasta que uno de ellos adopte una posición más flexible.

C. Un poco de propaganda. Complete cada una de las siguientes oraciones con la forma apropiada
del verbo entre paréntesis, según el contexto. ¡OJO! Hay una mezcla de indicativo y subjuntivo. Lea
cada oración con cuidado antes de escribir el verbo.

Cuando _____ (llegar; 1) tus amigos a Los Angeles, diles que te

_____ (acompañar; 2) al restaurante el Parador. Hazlo para que ellos

_____ (conocer; 3) todo lo bueno de nuestra ciudad y la _____

(recordar; 4) con cariño. Con tal de que _____ (ser; 5) extranjeros, se llevarán

consigo (*with them*) un grato recuerdo de California. Si viniste aquí hace unas semanas, mientras

_____ (construir [nosotros]; 6) nuestro comedor nuevo, es posible que todavía

_____ (pensar [tú]; 7) que no nos hemos organizado. Pero no es así. El Parador ya

_____ (haber; 8) vuelto a ser lo de antes: el mejor restaurante de la ciudad de Los

Angeles. Así que, cuando _____ (tener [tú]; 9) huéspedes (*guests*) extranjeros,

antes de que _____ (salir [ellos]; 10) del país, acuérdate... A menos que tú les

_____ (decir; 11) que éste es el lugar donde mejor se aprecian los buenos sabores

de la comida mexicana, no lo sabrán. Tráelos aquí mientras que todavía _____

(ofrecer [nosotros]; 12) un regalo gratuito para tus amigos extranjeros. Además de una comida

exquisita se divertirán en un bello ambiente típico con mariachis en vivo todos los días.

25. EXPRESSING ATTITUDES: SUBJUNCTIVE WITH EXPRESSIONS OF EMOTION,
DOUBT, AND DENIAL

A. Darío y Nati se quieren mucho y piensan casarse, pero no se confían uno en otro. Complete
cada una de las siguientes oraciones con la forma apropiada del verbo entre paréntesis.

1. Darío teme que Nati le _____ (quitar) su independencia.

2. Nati niega que _____ (ir [ella]) a hacerlo.

3. Darío cree que Nati _____ (poder) cambiar su vida, y no le gusta.

4. Darío siente pánico de que Nati lo _____ (dominar).

5. Nati no duda que Darío la _____ (querer) de veras.

6. Darío no duda que él _____ (sentir) miedo del matrimonio.

7. Es verdad que los dos _____ (deber) casarse.

8. No hay duda que _____ (haber) cierto peligro en todo matrimonio.

9. Es cierto que el matrimonio _____ (ser) difícil.

10. No es verdad que todas las parejas _____ (tener) siempre buena suerte.

11. Es posible que uno de ellos _____ (caer) en la tentación después de la boda.

12. Pero no es probable que los dos _____ (dejar) de amarse tan rápidamente.

B. Evite que se reproduzcan. El anuncio que sigue fue tomado de un periódico hispano de Miami. Contiene tres mandatos formales y dos verbos en el presente del subjuntivo. Identifíquelos y escríbalos aquí.

1. tres mandatos: _____

2. dos verbos en el presente del subjuntivo: _____

C. No debemos permitir eso. El anuncio sugiere tres cosas que una persona puede hacer para mejorarles la vida a los animales domésticos (*pets*). Comente la situación, combinando las dos oraciones cortas en una más larga, según el modelo. En cada caso, elimine la palabra **eso** y ponga **que** entre las dos oraciones originales.

> MODELO: Este animal se muere de hambre. No debemos permitir eso. →
> No debemos permitir que este animal se muera de hambre.

No permita que animales que nadie quiere vengan al mundo a sufrir ...

EVITE QUE SE REPRODUZCAN

ESTERILICE A SUS ANIMALES DOMESTICOS

The Humane Society of the United States
Washington, DC 2005*

1. Este perro espera a su amo (*master*). Temo eso.

   _____

2. Muchos gatos viven sin amos. Eso no es bueno.

   _____

3. Algunos perros sufren en los laboratorios. Eso es innecesario.

   _____

4. Otros no tienen comida. Lamento eso.

   _____

5. Muchos amos cuidan a sus animales domésticos. Eso me alegra.

   _____

6. A veces los animales se enferman. Eso es triste.

   _____

7. Ciertos gatos huyen de casa. No creo eso.

   _____

8. Otros están solos todo el día. Eso es posible.

   _____

9. Algunos amos no les dan cariño. Dudo eso.

   _____

10. Los animales siguen a sus amos para siempre. Eso es maravilloso.

   _____

11. A veces los criminales se los roban. Eso no me gusta.

   _____

12. Nosotros conseguimos un cachorro (*puppy*). Espero eso.

   _____

Español en acción

A. ¡Gracias a su producción hijícola!   Lea este incidente en la vida de Mafalda. Luego conteste las preguntas a continuación.

MAFALDA

ªchildren

1. ¿Qué espera conseguir Mafalda algún día? ¿Cuándo espera conseguirla?

   _____

   _____

2. ¿Es probable que le interese a Mafalda visitar el Japón? ¿Por qué piensa Ud. eso?

   _____

   _____

3. ¿Duda Mafalda que el Japón fabrique (*manufactures*) cosas lindas?

   _____

   _____

4. ¿Se sorprende Mafalda de que su amiga mencione los hijitos de los japoneses? ¿Por qué?

   _____

   _____

5. ¿Es probable que su amiga hable de tener hijitos con frecuencia o raras veces?

_____

_____

6. ¿Qué quiere su amiga que sepa Mafalda? Y ¿qué no quiere Mafalda que vuelva a hacer su amiga?

_____

_____

7. Según la amiga de Mafalda, ¿a qué se debe el éxito internacional del Japón? ¿Por qué es chistoso eso?

_____

_____

B. Preguntas personales.   Conteste las siguientes preguntas de una manera apropiada para Ud.

1. ¿Qué tipo de ropa lleva Ud. a clase todos los días? ¿Por qué?

_____

_____

2. ¿Qué ropa se pone cuando va a una fiesta? ¿Qué ropa no se pone nunca para tal (*such a*) ocasión?

_____

_____

3. ¿Prefiere Ud. que su novio/a (esposo/a, hijo/a) se ponga ropa elegante o corriente? ¿Qué ropa no le gusta que use?

_____

_____

4. ¿Lleva Ud. a veces sobretodo? ¿Cuándo? ¿Para qué?

_____

_____

5. Cuando hace muchísimo calor, ¿es mejor que Ud. lleve ropa de algodón o de lana? ¿Por qué?

_____

_____

6. Cuando hace mucho sol, ¿es probable que Ud. se ponga gafas oscuras o guantes de lana? ¿Qué otra ropa es probable que lleve para sentirse cómodo/a?

_____

_____

7. ¿Se venden los guantes para que la gente se enfríe o para que se abrigue (*protect themselves from the cold*)? ¿Para qué se venden los relojes? ¿y los tenis?

_____

_____

8. ¿Qué ropa se pondrá Ud. mañana al levantarse? ¿Por qué?

_____

_____

COMPOSICION: UNA RESEÑA MUSICAL

De vacaciones en el Caribe.   Escriba un artículo para una revista turística (*travel magazine*). Escoja uno o dos ciudades o lugares de interés. Describa el lugar (los lugares), las atracciones y las actividades disponibles. Para más información, consulte la sección **Al corriente** del libro de texto donde también puede encontrar instrucciones para buscar direcciones de la red. El proceso de escribir deberá tener las tres siguientes etapas.

Primera etapa: Organice su reseña según estas preguntas.

1. ¿Dónde está(n) el lugar (los lugares) que escogió? ¿Cómo se llama(n)? ¿Qué tienen de interés que no se puede encontrar en otros lugares? Describa las características geográficas, las costumbres, la gente y la cultura del lugar.
2. ¿Qué atracciones tiene el lugar? ¿Se puede visitar atracciones históricas? ¿geográficas? ¿Hay lugares de recreo como playas, el buceo (*scuba diving*), pesca (*fishing*), etcétera?
3. ¿Qué tipo de acomodaciones se puede encontrar? ¿Hay hoteles de cinco estrellas? ¿Hay hoteles con precios módicos? ¿Hay hoteles económicos pero buenos para estudiantes?
4. ¿Qué se puede hacer por la noche? ¿Cómo son los restaurantes? ¿Qué restaurantes ofrecen comida de la región? ¿Hay también clubes para bailar o jugar (*gamble*)?

Segunda etapa: Revise lo que acaba de escribir, prestando atención a cada uno de los siguientes puntos.

1. uso apropiado del indicativo y del subjuntivo
2. forma correcta de los verbos indicativos y subjuntivos
3. concordancia entre sujetos y verbos
4. concordancia entre sustantivos y adjetivos
5. uso correcto de los pronombres, **a** personal, etcétera

Tercera etapa: Escriba de nuevo con cuidado la reseña, añadiéndole las siguientes expresiones que introducen cláusulas subordinadas (tiene que escoger entre el indicativo y el subjuntivo en cada cláusula subordinada), y entrégueselo a su profesor(a).

EXPRESIONES ADVERBIALES

aunque	después	mientras
cuando	hasta que	tan pronto como

EXPRESIONES NOMINALES

creo que	es posible que	no dudo que
es cierto que	es triste que	no hay duda de que

MANUAL DE LABORATORIO

¡Escuchemos un poco!: Vocabulario del tema

A. You are going to hear a conversation between two sisters, Isabel and Pepa, who are trying to get dressed in the very messy room they share. As you listen, place a check mark beside each item of clothing that you hear the sisters mention. Feel free to listen to the conversation more than once.

las medias

1. _____ medias azules de algodón

2. _____ medias rojas de lunares

3. _____ medias verdes de seda

los zapatos

4. _____ zapatos de tacón alto

5. _____ zapatos rojos

6. _____ zapatillas de piel de elefante

las chaquetas

7. _____ una chaqueta de cuero

8. _____ una chaqueta morada de poliéster

9. _____ una chaqueta de pana color café

los vaqueros

10. _____ vaqueros viejos y muy cómodos

11. _____ vaqueros grises a rayas

12. _____ vaqueros negros

las faldas

13. _____ una falda a rayas

14. _____ una falda amarilla a cuadros

15. _____ una falda verde

B. You are about to hear a conversation between Fernando, who has been invited to a party, and his older sister, Margarita. When the conversation is finished, answer the questions that follow. Listen to the conversation as many times as necessary.

1. a b   4. a b   7. a b

2. a b   5. a b   8. a b

3. a b   6. a b

PRONUNCIACION

La *j* y la *g*

In most Spanish dialects, the letter **j** has a strong fricative sound, made by tightening the muscles of the throat.

traje   extranjero   encaje
atrajo   tejido   tarjeta
reloj   dejaron

When the Spanish **g** is followed by **e** or **i**, it is pronounced like the **j**.

ligero	elegir
agente	fingir

Following a pause or **n**, the **g** before **a**, **o**, or **u** sounds like the English *g*.

gusto	gobierno	grabación
vengo	gorra	gabinete
guantes	engaño	

In all other cases, the **g** before **a**, **o**, or **u** is pronounced as a slight fricative.

algodón	vergüenza	laguna
puntiagudo	pulgar	atraigo
paraguas	rasgo	

Va a oír cada oración dos veces. Repítalas cada vez, prestando atención a la pronunciación de la **g**, la **j** y al enlace.

1. Jorge y Joaquín jugaron en Juárez.
2. Geofredo González ganó gloria jugando al golf.
3. El gobierno persiguió al extranjero viejo.
4. Las mujeres jugaban en el gimnasio los jueves.
5. El general se alejó de Jalisco con José.

Gramática en contexto

24. INTRODUCING FUTURE EVENTS: INDICATIVE VERSUS SUBJUNCTIVE IN ADVERBIAL CLAUSES

A. Olga piensa en Tomás, quien está en el hospital. A continuación oirá los pensamientos de Olga. Añada **mientras** y las expresiones indicadas a sus pensamientos, según el modelo. Repita la oración correcta.

MODELO: (Saldré mañana.) Hace buen tiempo. → Saldré mañana mientras haga buen tiempo.

1. Está en el hospital.	4. Busco otras cosas.
2. Se siente mal.	5. No tiene clases.
3. Hay gente por todas partes.	6. Circulan los autobuses.

B. Olga visita a Tomás. Siga las instrucciones del ejercicio A, usando la conjunción adverbial **cuando.**

MODELO: (Estarás contento.) Vuelves a sentirte bien. →
Estarás contento cuando vuelvas a sentirte bien.

1. Sales del hospital.	4. Ves la nueva ropa.
2. Vamos al centro.	5. Te la pones.
3. Llegamos allí.	6. Hemos hecho las compras.

C. Tomás habla con Olga. Siga las instrucciones de los ejercicios A y B, usando las conjunciones adverbiales indicadas.

MODELO: (Echaré una siesta.) antes de que / Me visitas. →
Echaré una siesta antes de que me visites.

1. con tal de que / Me traes un buen libro.
2. antes de que / Vuelves a verme.

3. para que / Podemos comentarlo.
4. sin que / Vienes otra vez.
5. a menos que / Sigues visitándome.

25. EXPRESSING ATTITUDES: SUBJUNCTIVE WITH EXPRESSIONS OF EMOTION, DOUBT, AND DENIAL

A. Por fin Tomás y Olga se divierten en el centro. Conteste las siguientes preguntas según las instrucciones, usando el indicativo o el subjuntivo. Repita la respuesta correcta.

> MODELO: (¿Es posible que Tomás esté mejor ahora?) Sí, es cierto. → Sí, es cierto que está mejor.

1. No, no lo duda.
2. No, no lo teme.
3. Sí, es cierto.
4. No, no es dudoso.
5. Sí, es obvio.
6. Sí, es probable.
7. No, no lo teme.
8. No, no es verdad.

B. Preguntas personales. A continuación oirá unas preguntas personales dos veces. Contéstelas como quiera, usando el indicativo o el subjuntivo, según el contexto. Sus respuestas pueden variar.

> MODELO: (¿Es posible que vayas a América del Sur el año que viene?) →
> No, no es posible que vaya.

1. ... 2. ... 3. ... 4. ... 5. ... 6. ...

C. Conversaciones románticas. Ud. oirá lo que le dice una persona a su novio/a. Luego oirá tres respuestas posibles. Marque la letra de la respuesta lógica, según el contexto.

1. Hablan Irene y Jesús María por teléfono.

   a   b   c

2. Hablan Manolo y Trinidad en el aeropuerto.

   a   b   c

3. Hablan Paula y Ramón en el coche.

   a   b   c

4. Hablan Serafino y Jacinta en la puerta del piso de ésta.

   a   b   c

5. Hablan Toni y Enrique en la biblioteca.

   a   b   c

Español en acción

Ahora va a oír una conversación entre una madre, su hija, Cecilia, y un dependiente. Mientras la escuche, escriba las palabras que faltan. ¡OJO! Pueden ser sustantivos, verbos o expresiones. Puede escuchar la conversación las veces que quiera.

> MADRE: Cecilia, ya encontramos casi todo lo que necesitas para la escuela.
>
> _____ (1) ver. Tenemos dos blusas _____ (2),
>
> medias de _____ (3), un _____ (4) de lana,

vaqueros... ¿Tú crees que necesitas otro _____ (5)? El que tienes

ahora creo que te queda un poco chico...

HIJA: No, mamá, todavía está bien para este año. Pero si necesito que me

_____ (6) uno nuevo, te lo _____ (7). Hay otra

cosa que me gustaría que me compres.

MADRE: Déjame _____ (8). Me parece que te faltan cosas para el frío como

una gorra (*cap*) de _____ (9), _____ (10) de cuero

y _____ (11), ¿verdad?

HIJA: Sí, pero no era eso de lo que _____ (12).

MADRE: Bueno, esas cosas te las _____ (13) comprar en la tienda que está al

lado de casa. Ah, ya sé; creo que necesitas otra _____ (14), ¿verdad?

HIJA: _____ (15), mamá.

MADRE: Mira, Cecilia, esas faldas _____ (16) que están allí creo que son

perfectas para la escuela.

HIJA: Ay, mamá, ¡son horribles! Yo prefiero éstas que son de _____ (17).

¡Están de moda!

MADRE: Es posible que _____ (18) de moda, pero... ¡son muy caras!

HIJA: ¿Quieres que yo _____ (19) a la escuela vestida como una señora

vieja cuando va a rezar a _____ (20)?

MADRE: Hija, no permito que me _____ (21) así.

DEPENDIENTE: Buenas tardes. ¿En qué puedo ayudarlas, por favor?

MADRE: Buenas tardes. Estamos _____ (22) faldas para mi hija.

DEPENDIENTE: Bueno, tenemos muchas. ¿En qué _____ (23) las prefieren?

Tenemos en algodón, _____ (24) natural,

_____ (25), lana y hasta en cuero.

MADRE: Por favor, no me _____ (26) de faldas de cuero.

DEPENDIENTE: ¿Por qué no, señora? Es el material que está de moda en este momento. Si Ud. se

prueba una, _____ (27) que le queda muy elegante.

MADRE: ¿Ud. cree que sí?

DEPENDIENTE: Por supuesto, señora. Y especialmente con esos _____ (28) y esa

_____ (29) de seda que Ud. lleva ahora.

MADRE: Pues, entonces, _____ (30) dos: una para mi hija y otra para mí.

DEPENDIENTE: En un momento _____ (31) traigo, señora.

HIJA: Gracias, mamá. Déjame _____ (32). Estoy tan contenta que voy a

_____ (33) más a menudo para que _____ (34)

qué buena hija soy.

MADRE: Ay, Cecilia, ¡_____ (35) fuera verdad lo que dices! Pero, con esa

_____ (36) pícara (*impish*) que tienes en la cara no sé si te creo o

no.

HIJA: Por supuesto que debes creerme, mamá. Es obvio que yo

_____ (37) razón. Y además, que gracias a _____

(38) las dos vamos a tener _____ (39) de última moda.

(RISAS)

CAPITULO **10**

CUADERNO DE EJERCICIOS ESCRITOS

¡Hablemos un poco!: Vocabulario del tema

Preposiciones imprescindibles. Estudie las preposiciones imprescindibles en el **Vocabulario del tema** del **Capítulo 10** del libro de texto. Luego escriba la preposición apropiada en cada oración sin volver a mirar la lista. A veces hay más de una preposición posible. Combine **de** y **el** para formar la contracción **del** cuando sea necesario.

1. Begoña, Cristina y Ana Luisa están sentadas a la mesa que está _____

   la Sra. Gómez.

2. Begoña se ha sentado _____ Cristina y

   _____ Ana Luisa.

3. Lorenzo está de pie _____ Begoña y Cristina.

4. _____ la mesa hay vino y tapas que Lorenzo acaba de traerles.

5. Begoña ha dejado su bolsa _____ su silla, mientras que la de Ana Luisa está _____ la silla vacía (*empty*) _____ ella.

6. También hay algunos libros _____ la bolsa de Ana Luisa.

7. Serán las cuatro o las cinco, _____ la tarde, según las costumbres españolas.

8. Es probable que las jóvenes hayan venido a la plaza _____ las últimas clases del día, para divertirse un rato _____ volver a casa.

9. _____ esta hora las tres charlarán _____ sí (*themselves*).

10. Lorenzo habrá estado aquí trabajando _____ el día, _____ las once de la mañana _____ ahora, y saldrá a eso de las once, _____ de la hora de la cena.

11. _____ las tres jóvenes hay un grupo de personas.

12. Erica, la hija de la Sra. Gómez, está _____ su madre y la Sra. Riscal.

13. _____ la Sra. Riscal se ve al Sr. Rivera y su perro, Vivo.

14. Vivo está _____ de la mesa de Begoña, Cristina y Ana Luisa, _____ su amo (*master*).

15. Por suerte, Vivo tiene un collar _____ el cuello, y no puede correr _____ la plaza.

16. El perro acaba de fijarse en un gato que va corriendo _____ la arcada, _____ la plaza.

Lectura: Reflexiones sobre la lectura

A. Opiniones. Complete las siguientes oraciones para expresar sus opiniones sobre el artículo «Toledo y el Greco».

1. A traves de la historia, Toledo ha sido importante para sus habitantes porque

   _____

2. Toledo ha sido una ciudad multicultural porque

   _____

3. Lo más interesante de la historia de Toledo

   _____

4. Toledo es una ciudad de misterio y secretos

   _____

5. Para disfrutarse del ambiente de Toledo, se debe

_____

6. Posiblemente El Greco fue atraído a Toledo por

_____

7. En Toledo, la pintura de El Greco cambió y probablemente fue influida por

_____

8. Lo más notable de la pintura de El Greco es

_____

9. Parece que El Greco tenía un estilo de vida

_____

10. El Greco quería ser enterrado en la iglesia de Santo Domingo el Antiguo porque

_____

B. Preguntas.   Conteste brevemente las siguientes preguntas.

1. De los lugares en Toledo descritos, ¿cuál es el que más le interesa? Explique su respuesta.

_____

_____

2. Toledo fue creación de los romanos y luego posesión de varias culturas más. En su opinión, ¿cómo contribuyeron estas culturas al ambiente de Toledo?

_____

_____

3. ¿Cómo se explica la desaparición de los restos de El Greco? ¿Quién podría haber (*could have*) tenido interés en mover sus restos y por qué? ¿Dónde pueden estar?

_____

_____

Gramática en contexto

26. EXPRESSING IMPERSONAL OR PASSIVE MEANINGS AND UNPLANNED EVENTS: **se** CONSTRUCTIONS

A. ¿Qué se hace en un pueblo desconocido?   Combine cada serie de palabras para formar una oración completa con el **se** impersonal. ¡OJO! Use todos los verbos en singular.

MODELOS: caminar / hasta que / estar cansado → Se camina hasta que se está cansado.

hacer preguntas / si / perderse → Se hace preguntas si se pierde.

1. quedar en el hotel / si / no conocer a nadie en la ciudad

_____

2. bajar a la planta baja / cuando / llamar por teléfono

_____

3. salir / cuando / estar aburrido

_____

4. recorrer el pueblo / hasta que / saber dónde queda todo

_____

5. hablar en la plaza / hasta que / cansarse

_____

6. trasnochar (*stay up late*) / si / no trabajar el día siguiente

_____

7. comer / hasta que / enfermarse

_____

8. ir al hospital / si / sentirse mal

_____

B. ¿Qué más se hace? Combine cada serie de palabras para formar una oración completa con el **se** pasivo. ¡OJO! Los verbos deben concordar con los objetos.

MODELOS: ver / el sol / desde cada ventana → Se ve el sol desde cada ventana.

ver / las banderas / en la plaza → Se ven las banderas en la plaza.

1. encontrar / los teléfonos / en la planta baja del hotel

_____

2. cruzar (*to cross*) / el bulevar / delante del mercado

_____

3. recorrer / las calles / de la ciudad vieja

_____

4. presenciar (*to witness*) / un incendio / en el ayuntamiento (*city hall*)

_____

5. buscar / un puesto repleto de revistas

_____

6. oír / historias espantosas del pasado

_____

7. ver / la familia real / en su balcón

_____

C. ¡Qué viaje! Complete las siguientes oraciones para indicar que lo ocurrido fue sin querer (*unintentional*), según el modelo. ¡OJO! Se usan el pretérito y el presente de subjuntivo.

MODELO: Armando no pudo ver el menú puesto que _____ los anteojos. (romper) →
Armando no pudo ver el menú puesto que *se le rompieron* los anteojos.

1. Anabel ha tenido que ir a la embajada (*embassy*) en Madrid porque

   _____ el pasaporte. (perder)

2. Cuando me caí en Barcelona, sentí mucho dolor porque _____ la

   pierna. (romper)

3. A Jorge y a Rosa María _____ el dinero mientras viajaban por

   Andalucía. (acabar)

4. ¡Ten cuidado! ¡Que no _____ las copas de cristal en Galerías

   Preciados! (caer)

5. No podré ayudarte a menos que _____ una idea fenomenal. (ocurrir)

6. Francisco y yo no pudimos entrar al Museo del Prado porque _____

   nuestros boletos. (olvidar)

7. No gastaremos casi nada para que _____ dinero. (quedar)

8. ¡Qué descuidado fuiste! ¡Durante el viaje _____ todas los euros que

   tenías! (perder)

D. Preguntas universitarias. Conteste con oraciones completas.

1. ¿Qué se hace en la biblioteca de su universidad?

   _____

2. ¿Qué se encuentra allí?

   _____

3. ¿Qué se hace en la cafetería?

   _____

4. ¿Se comen más hamburguesas o más perros calientes?

   _____

5. ¿Qué no se hace en la biblioteca o en la cafetería?

   _____

6. ¿Se ven muchos estudiantes en el gimnasio cada tarde?

   _____

7. ¿Se ven profesores allí también?

   _____

8. ¿Dónde se encuentran muchos profesores por la tarde?

   _____

9. ¿Se le perdió (olvidó / rompió) a Ud. algo el fin de semana pasado? ¿Qué fue?

   _____

10. ¿Se le ocurrió a Ud. una idea brillante alguna vez?

_____

11. ¿Se le quedó algo en casa alguna vez a su mejor amigo / amiga?

_____

12. ¿Se les acabó el tiempo en un examen alguna vez a Uds.?

_____

27. EXPRESSING GOALS AND MEANS: **por** AND **para**

A. Un poco de propaganda. Lea los anuncios y los encabezamientos que se reproducen aquí y escriba el uso de **por** o **para** que corresponde en cada caso. Los usos de **por** y **para** están en la lista a continuación.

- money exchange
- time duration
- idiomatic expression
- goal, purpose
- personal opinion
- deadline
- cause (because of, for the sake of)

¡ regalos para Papá!
Metrocentro Norte, tel. 23-9582

1. _____

¿Sabe Usted Quién Le Organizó
A Noé[a] Aquel Gran Crucero?[b]
¡Su Agente De Viajes, Por Supuesto!

[a]Noah   [b]cruise ship

2. _____

Libia busca blancos[a] para atacar a E.U.

[a]targets

3. _____

Por Inseguridad se Refugian en el Tabaquismo[a]

[a]smoking

4. _____

Sólo con
las mejores
instalaciones
en cada
lugar, se
logra una
dimensión
especial
para su
convención.

Por eso somos
diferentes.
Por eso somos
únicos.

La Reina doña Sofía
brilló[a] por su elegancia   [a]shone

5. _____

6. **para:** _____

   por: _____

**Lo máximo
por lo mínimo**

INVIERTA HOY EN UN 505
Es "más auto" por lo que Ud. paga ¡Compárelo!

7. _____

8. _____

**Las computadoras
por sí solas
¡¡NO FUNCIONAN...!!**

**INCREIBLE!
ambiente OFERTA
DE SALAS
EN CUERO**
Por pocos días

9. _____

10. _____

**Para
convenciones
nada convencionales,
Paradores**ᵃ

ᵃstate-owned hotels in Spain,
often in medieval castles

**GRAVES DAÑOS POR
FUERTES VIENTOS**

11. _____

12. _____

B. Una noche a solas en la parte más antigua de Salamanca. Complete los siguientes párrafos con **por** o **para,** según el contexto.

Eran las siete de la noche. Yo acababa de llegar a Salamanca _____ (1) estudiar en

la universidad y tenía ganas de pasear _____ (2) el barrio alrededor de la Plaza

Mayor. Tenía que regresar _____ (3) las ocho _____ (4) asistir a

una reunión con mis compañeros, a quienes todavía no conocía. Pero estaba ansiosa de ver un poco

de la bella ciudad y pensaba que si caminaba de prisa podría estar de vuelta (*be back*) a tiempo.

_____ (5) eso, aunque no sabía precisamente dónde quedaba el barrio, salí

_____ (6) la puerta principal de la residencia, caminé _____ (7)

la plaza, y _____ (8) suerte llegué sin dificultad. Estuve en el barrio antiguo

_____ (9) dos horas. Pagué cien pesetas _____ (10) algunas

tarjetas postales _____ (11) los amigos que había dejado en Houston y me senté

en un banco _____ (12) escribírselas.

Todavía estaba allí, contentísima, sentada al aire libre en la plaza, mirando pasar a la gente, cuando de golpe se me ocurrió mirar el reloj. Faltaban cinco minutos _____ (13) las nueve (*five before nine*).

Me levanté y salí corriendo _____ (14) la residencia.

_____ (15) supuesto, me perdí en las callejuelas (*alleyways*) angostas y cuando _____ (16) fin pude encontrar el hotel, la reunión acababa de terminar. El director del programa estaba preocupado _____ (17) mí y me riñó (*he scolded*) _____ (18) mi ausencia. Los demás estudiantes, quienes estaban muy cansados _____ (19) el vuelo desde Nueva York a Madrid y el viaje en tren a Salamanca, se fueron _____ (20) sus habitaciones. También estaban enojados _____ (21) lo que yo había hecho y no me querían hablar. Fue un mal principio, pero no me importaba. _____ (22) mí, esa noche a solas en Salamanca fue una experiencia inolvidable.

Español en acción

A. La filosofía de Chumy Chumez, famoso humorista español. Combine los elementos indicados para escribir otros «dichos» (*sayings*) igualmente «profundos» como el de Chumy Chumez, según el modelo. ¡OJO! No se olvide de usar **se** en cada oración.

> MODELO: la materia / ni crear / ni destruir / sólo encarecer →
> La materia ni se crea ni se destruye, sólo se encarece.

LA MATERIA NI SE CREA[a] NI SE DESTRUYE SOLO SE ENCARECE[b]

[a]ni... *is neither created*
[b]sólo... *it only gets more expensive*

1. las casas de algunas familias / ni limpiar / ni reparar / sólo vender

   _____

   _____

2. los sofás viejos / ni buscar / ni querer / sólo aceptar

   _____

   _____

3. una cuenta (*bill*) muy grande / ni agradecer (*to welcome*) / ni rechazar (*reject*) / sólo pagar

   _____

4. las sonrisas / ni pedir / ni exigir / sólo recibir

B. Preguntas personales. Conteste las siguientes preguntas de una manera personal.

1. ¿Qué fiesta se celebra con más entusiasmo en su familia? ¿Cuándo se celebra? ¿Dónde?

_____

_____

_____

2. ¿Qué acontece siempre durante esa fiesta? ¿Qué no acontece nunca? ¿Por qué?

_____

_____

_____

3. ¿Qué cosas muy interesantes se encuentran en la casa de su familia? ¿En qué lugar se encuentran? ¿Qué no se ve allí casi nunca? ¿Por qué?

_____

_____

_____

4. Cuando Ud. está en casa, ¿se esfuerza a ayudar a su mamá/papá? ¿a ayudar a sus hermanos menores/mayores?

_____

_____

_____

5. ¿Por dónde se va para llegar a su casa desde la universidad? ¿desde el centro de su pueblo/ciudad?

_____

_____

_____

6. Para Ud., ¿qué es espantoso? ¿bello? ¿imprescindible?

_____

_____

_____

COMPOSICION: LAS TRES CREENCIAS EN ESPAÑA

Una contribución cultural. En otra hoja de papel, escriba un folleto de viaje (*travel brochure*) para turistas que visiten algún lugar (pueblo, iglesia, universidad, etcétera) que refleja la influencia de los árabes, judíos y cristianos. Emplee el **se** pasivo o impersonal para mantener el tono formal apropiado para los folletos. Para más información, consulte la sección **Al corriente** del libro de texto donde también puede encontrar instrucciones para buscar direcciones de la red. El proceso de escribir deberá tener las cuatro siguientes etapas.

Primera etapa: Organice su folleto según estas preguntas.

1. ¿Por qué será interesante visitar este lugar? ¿En qué se nota la influencia de las tres culturas?
2. ¿Qué otras atracciones ofrece este lugar? ¿Cuál es la mejor estación para visitarlo?
3. ¿Dónde se debe alojar? ¿Qué comida se sirve en esta área? ¿Qué restaurantes se debe visitar?
4. ¿De cuánto dinero se debe disponer para un viaje o una excursión a este lugar? ¿A quién se debe escribir para confirmar todos los arreglos del viaje?

Segunda etapa: Organice el folleto según los siguientes subtítulos.

1. Trasfondo histórico: ¿por qué visitar este lugar?
2. Preparativos: la historia, el equipaje y la ropa, otros atractivos
3. La planificación: la estación del año en que se hace el viaje, otras excursiones, el alojamiento, la comida
4. Los arreglos administrativos y financieros: el costo del viaje, lo que va incluido en la inscripción, contacto principal

Tercera etapa: Revise lo que acaba de escribir, prestando atención a cada uno de los siguientes puntos.

1. uso apropiado del **se** impersonal o pasivo
2. uso de las preposiciones **por** o **para,** según el caso
3. selección correcta de **ser** o **estar,** según el caso
4. concordancia entre sujetos y verbos
5. concordancia entre sustantivos y adjetivos

Cuarta etapa: Revise con cuidado su folleto de nuevo y entrégueselo a su profesor(a).

MANUAL DE LABORATORIO

¡Escuchemos un poco!: Vocabulario del tema

A. You are about to hear a Spanish tour guide telling a group of tourists about the small town they are visiting. After you have listened, select the correct answer to each question that you will hear. Feel free to listen to the conversation more than once.

Vocabulario útil: churrigueresco (*an ornate style of architecture*), el mesón (*an old-fashioned type of restaurant*)

1. a b   4. a b   7. a b
2. a b   5. a b   8. a b
3. a b   6. a b

B. Now you are going to hear a lecture by a Spanish-history professor. Most of the prepositions have been left out of the transcript that follows. Fill in the prepositions as you hear them. ¡OJO! Some of the prepositions are simple (**a, con, de, en,** and so on); others are compound (**después de, a lo largo de,** and so on). The simpler ones, which you have already learned, are not included in this chapter's **Vocabulario del tema.** Feel free to listen to the conversation more than once.

PROFESOR: Hoy vamos _____ (1) hablar de la Reconquista. Se considera que

este período de la historia española va _____ (2) el año 718 hasta el

año 1492. _____ (3) estos años, cerca de ocho siglos para ser más

precisos, se sucedieron las luchas de los núcleos cristianos _____ (4)

la dominación musulmana _____ (5) la península ibérica.

El año 718 es un momento histórico importantísimo porque fue entonces cuando

los grupos cristianos dirigidos _____ (6) don Pelayo se enfrentaron

_____ (7) los moros y los derrotaron en la memorable batalla

_____ (8) Covadonga.

ESTUDIANTE: Perdón, profesor, ¿_____ (9) qué año se enfrentaron?

PROFESOR: En el año 718, o sea, _____ (10) la Reconquista. Bueno, vamos a

continuar. Este período se caracteriza _____ (11) la formación de los

reinos de Aragón, Asturias, Castilla, Cataluña, León, Navarra y Portugal. Y son estos

reinos cristianos los que después se encargaron de la lucha _____ (12)

los musulmanes. _____ (13) los siglos siguientes se realizaron varios

casamientos que resultaron en la unión _____ (14) varios de estos

reinos. El más notable es el casamiento _____ (15) Fernando e Isabel

en 1479 que resultó en la unión _____ (16) Castilla y Aragón. Ellos,

que se conocen como los Reyes Católicos, son los que _____ (17)

siglo XV, exactamente en 1492, entraron triunfalmente _____ (18)

la plaza de Granada. _____ (19) ese momento, los Reyes Católicos
se convirtieron en el símbolo _____ (20) la unidad nacional.

Gramática en contexto

26. EXPRESSING IMPERSONAL OR PASSIVE MEANINGS AND UNPLANNED EVENTS: se CONSTRUCTIONS

A. ¿Qué se hace en la ciudad?   Ud. oirá unas oraciones con un sujeto definido. Usando **se,** conviértalas en oraciones de sujeto indefinido, según el modelo. Repita las nuevas oraciones.

MODELO: (Vivimos bien en la ciudad.) → Se vive bien en la ciudad.

1. ...   2. ...   3. ...   4. ...   5. ...   6. ...   7. ...   8. ...

B. Se compran regalos.   Siga el patrón del ejercicio A. Esta vez, use los verbos en singular o plural, según el sujeto. Repita las respuestas correctas.

MODELOS: (Miramos una película nueva.) → Se mira una película nueva.

(Compro unos regalos para la familia.) → Se compran unos regalos para la familia.

1. ...   2. ...   3. ...   4. ...   5. ...   6. ...   7. ...   8. ...

C. Se dice que es bella.   A continuación oirá unas oraciones cortas con un sujeto definido. Usando **se,** conviértalas en oraciones de sujeto indefinido, según las indicaciones. Repita las nuevas oraciones.

MODELO: (Todos lo dicen.) La plaza de Salamanca es bella. →
Se dice que la plaza de Salamanca es bella.

1.   Dos hermanos diseñaron la plaza.
2.   Todo el mundo se reúne allí.
3.   Zocodover significa «mercado de las bestias».
4.   Los madrileños van a Chinchón.
5.   Un incendio destruyó la plaza.
6.   La plaza actual es un lugar comercial.

D. Se me quedó en casa.   Va a oír unos verbos. Combine los verbos con la información abajo para indicar que Ud. lo hizo sin querer (*unintentionally*). Use el tiempo pretérito en cada oración, según el modelo. Repita las respuestas correctas.

MODELO: (quedar) el dinero en casa → Se me quedó el dinero en casa.

1.   la ventana
2.   el tiempo
3.   algunos chistes
4.   la llave (*key*)

5.   los platos
6.   tu dirección
7.   las gafas de sol
8.   todas las pesetas que tenía

E. ¿Qué se les olvidó?   Siga el patrón del ejercicio D. El tiempo verbal no cambia, pero las personas sí cambian. Repita las respuestas correctas.

> MODELO: (olvidar) a María, escribirme → Se le olvidó escribirme.

1. a Tomás, tu carta
2. a nosotros, el dinero
3. a ellos, decírmelo
4. a Patricia, sus nombres

5. a ti, el brazo
6. a Uds., el vino
7. a mí, la cámera
8. a nosotros, volver al hotel

27. EXPRESSING GOALS AND MEANS: **por** AND **para**

Unas tarjetas postales, por favor.   A continuación oirá una pregunta y luego dos respuestas posibles. Marque la letra de la respuesta lógica, según el contexto.

> MODELO: Voy al mercado. ¿Quieres que te traiga algo?
>   a.   Sí, tráeme unas tarjetas postales, por favor.
>   b.   Sí, hace buen tiempo para escribir.

> La respuesta lógica es *a*.

1. a b
2. a b
3. a b

4. a b
5. a b
6. a b

7. a b
8. a b

Español en acción

Ahora Ud. va a escuchar un anuncio comercial por los Paradores Nacionales, un sistema español de hoteles que es conocido por todo el mundo. Al terminar, oirá una serie de preguntas acerca de los Paradores Nacionales. Escoja la respuesta correcta a cada pregunta. Puede escuchar el anuncio más de una vez.

1. a b
2. a b
3. a b

4. a b
5. a b
6. a b

7. a b
8. a b

CAPITULO **11**

CUADERNO DE EJERCICIOS ESCRITOS

¡Hablemos un poco!: Vocabulario del tema

Dando instrucciones. Estudie la lista de palabras del **Vocabulario del tema** en el **Capítulo 11** del libro de texto. Luego complete los siguientes diálogos cortos, dando las instrucciones pedidas. Use el plano de la página siguiente.

1. Un peatón se acerca a Ud. en la esquina de la avenida Felipe II y la calle Cortés:
   Peatón: Discuple, señor(ita). ¿Pudiera decirme cómo se llega a la Iglesia de Santa María Dolorosa?

   Ud.: _____

   _____

   _____

   _____

   Peatón: ¡Muchísimas gracias por su ayuda!

2. Una turista norteamericana acaba de alquilar (*rent*) un coche en una oficina cerca del aeropuerto:
   Turista: También necesito que me diga cómo se llega al centro de la ciudad.
   Ud., empleado/a de *Hertz:* Cómo no, señora. He aquí (*Here is*) un plano de la ciudad. Como Ud.

   ve, estamos ahora en la calle Bécquer. _____

   _____

   _____

   Turista: Muchas gracias.

3. Una pareja cuyo coche casi no tiene gasolina se acerca a Ud. en la esquina de la calle José Antonio y la calle Francisco Franco:
   Pareja: No tenemos gasolina. ¿Podría ayudarnos a encontrar una gasolinera?

   Ud.: _____

   _____

   _____

   _____

   Pareja: ¡Gracias a Dios que esté tan cerca! Buenos días.

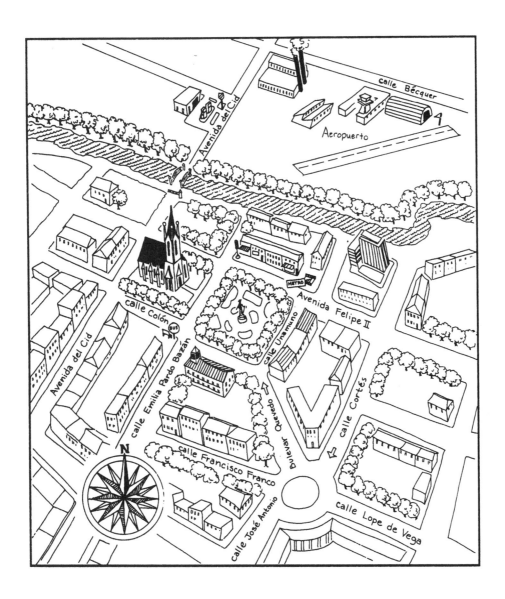

Lectura: Reflexiones sobre la lectura

A. Opiniones. Complete las siguientes oraciones para expresar sus opiniones sobre «¿Es Almodóvar un genio?»

1. Yo creo que Almodóvar representa una imagen de España que

_____

2. A Almodóvar no le gustan ciertos aspectos de la vida que ha vivido; por ejemplo,

_____

3. A causa de sus experiencias y su temperamento, Almodóvar considera la religión

_____

4. Según Almodóvar, los españoles

_____

5. El cine y el mundo del espectáculo han sido muy importantes para Almodóvar:

_____

6. Me imagino que Almodóvar se considera afortunado porque

_____

7. Supongo que Almodóvar no se siente feliz porque

_____

B. Preguntas. Conteste brevemente las siguientes preguntas.

1. ¿Coincide o contrasta la imagen que proyecta Almodóvar con la que Ud. tiene de España y los españoles? Explique su respuesta.

_____

_____

2. ¿Cree Ud. que la niñez (hasta los 16 años) de Almodóvar fue típica? ¿O piensa Ud. que sus experiencias infantiles lo prepararon para ser un «genio» del cine? Explique su respuesta.

_____

_____

3. Aunque es famoso y ha tenido un éxito espectacular, Almodóvar declara que no ha conseguido la paz interior ni es feliz. En su opinión, ¿qué le hace falta a Almodóvar en su vida para lograr esa paz y la felicidad? Explique su respuesta.

_____

_____

Gramática en contexto

28. MORE ABOUT DESCRIBING: ADJECTIVE CLAUSES AND RELATIVE PRONOUNS

A. Un lugar donde se divierte la gente. Escoja el pronombre relativo apropiado.

Disfrutar de la vida es algo (que / el cual; 1) los españoles han convertido en un arte. Es importante

para (que / quienes; 2) estiman las relaciones humanas. La plaza mayor en varias ciudades y

pueblos de España es uno de los lugares (que / donde; 3) se reúnen los amigos. A continuación se

describen algunas de (que / las que; 4) se destacan.

De Salamanca se ha dicho (que / quien; 5) es la Universidad y la Plaza Mayor. Los salmantinos,

(que / quienes; 6) saben que su Plaza Mayor es la mejor de todas, tienen mucho orgullo de esto.

Esta plaza famosa surgió al buscarse un lugar (que / donde; 7) instalar el mercado, (que / cuya; 8)

importancia en la vida de la ciudad es indudable. Más tarde se edificaron las casas (que / las que; 9)

la rodean. Los arquitectos (que / quienes; 10) trazaron los planos de la plaza fueron miembros de

una familia (que / la que; 11) he dado su nombre al estilo churrigueresco. Actualmente, las mesas de las terrazas son el lugar ideal para observar la colmena humana en (que / el que; 12) la plaza se convierte.

La Plaza Zocodover, (cuyo / cuya; 13) nombre significa «mercado de las bestias», está en Toledo. En esa plaza hubo ejecuciones de personas (que / quienes; 14) fueron condenadas por sus crímenes. Felipe II, (quienes / el que; 15) tomó la decisión de trasladar la corte a Madrid, había pasado varios años en Toledo. Existe un movimiento para devolverle a Zocodover la popularidad de (que / la que; 16) gozó antes.

En Castilla, (que / cuya; 17) tradición es tan importante en la vida española, la Plaza Mayor es imprescindible. Cerca de Madrid se encuentra Chinchón, (que / donde; 18) los madrileños suelen pasar los fines de semana. Al contrario de otras villas, en (el que / las cuales; 19) las plazas han perdido su antigua importancia, la Plaza Mayor de Chinchón ha conservado la animación (que / la que; 20) tenía en otros siglos. En la Plaza Mayor de Madrid había más de 400 balcones en (los que / la cual; 21) se podían acomodar unas 50.000 personas. Allí se celebró la beatificación de San Isidro, (que / quien; 22) es el patrón de Madrid.

B. ¡Para los que buscan lo mejor!   Complete el siguiente párrafo, escribiendo **que, quien(es), el/la que, los/las que, el/la cual, los/las cuales, cuyo/a, cuyos/as)** o **donde,** según el contexto.

Los Encinos es un nuevo centro residencial _____ (1) ofrecerá un paraíso ecológico _____ (2) la vida será divertida y saludable. Las personas _____ (3) escojan vivir en Los Encinos vivirán bien. Disfrutarán de un club de golf _____ (4) será magnífico cuando se termine. Se está construyendo actualmente la casa club _____ (5) tendrán lugar bodas, fiestas y celebraciones de todo tipo. La primera etapa, _____ (6) se empezó hace un año, está urbanizada y vendida en un sesenta por ciento. Los lotes _____ (7) se ofrecen son de trescientos metros cuadrados (*square*) para asegurarles a _____ (8) los compren que tengan privacidad y tranquilidad. La hija del alcalde, _____ (9) ya vive aquí, está muy contenta. Venga, conozca Los Encinos y descubra la combinación perfecta entre la ecología y la seguridad con _____ (10) Ud. tanto ha soñado. Es un paraíso para _____ (11) saben vivir muy bien. Los Encinos... Es mucho más que un lugar _____ (12) vivir.

C. Hablando de Sevilla.   Combine las siguientes oraciones cortas para formar oraciones más complejas. Empiece cada oración nueva con **quien(es)** o **el/la que, los/las que,** según el contexto. ¡OJO! Todos estos verbos deben estar en el indicativo.

MODELO: Viven en el corazón de Sevilla. Tienen casas antiguas. →
Los que (Quienes) viven en el corazón de Sevilla, tienen casas antiguas.

1. Esperan el autobús en esta esquina. Tomarán el número 63.

   _____

2. Participaron en el maratón. Corrieron 26 millas.

   _____

3. Vivía en este barrio de niño. Ya es el alcalde de Sevilla.

   _____

4. Tienen otras casas en el norte. Pasan los veranos allí.

   _____

5. Recibió una herencia (*inheritance*) grande. Se alejó del barrio.

   _____

6. Estaban cansadas de vivir en una aldea. Se mudaron a la ciudad.

   _____

29. DESCRIBING NON-EXISTENT THINGS AND PEOPLE:
    THE SUBJUNCTIVE WITH ADJECTIVE CLAUSES

A. Anastasio sueña con la mujer perfecta. Anastasio es un joven español que no ha tenido éxito en encontrar la mujer perfecta para él. Complete las siguientes oraciones con el presente del subjuntivo.

1. Anastasio necesita una mujer que lo _____ (querer) para siempre.

2. Pero no hay nadie que _____ (desear) salir con él.

3. Busca una mujer que _____ (tener) pelo rubio y ojos azules.

4. Espera conocer a alguien que _____ (ser) inteligente y cariñosa también.

5. Pero no conoce a nadie que _____ (ofrecer) lo que busca.

6. ¿Conoces a alguien que _____ (poder [nosotros]) presentarle al pobre Anastasio?

B. ¿Qué buscan las norteamericanas en Sevilla? Complete las siguientes oraciones con la forma apropiada del indicativo o del subjuntivo, según el contexto. ¡OJO! En algunos casos se necesita un tiempo pasado.

Las jóvenes Amy y Ronni _____ (ser; 1) amigas de Nancy, quien les ha dicho que

en Sevilla hay gitanos que _____ (poder; 2) predecir (*predict*) lo que sucederá en

el futuro. Las dos son ambiciosas. Sueñan con escoger un billete de la lotería que les

_____ (hacer; 3) ganar miles de euros antes de que

_____ (regresar [ellas]; 4) a los Estados Unidos.

Hace unos días que andan buscando algún gitano que les _____ (decir; 5) el

número que _____ (ir; 6) a ganar. Hasta ahora todos les dicen cosas que les

_____ (molestar; 7), así que siguen buscando. Pero no quieren volver a

encontrarse con el gitano que les _____ (decir; 8) ayer que Amy iba a casarse con

él, ni con los que _____ (traer; 9) sus guitarras al balcón del hotel anoche cerca de medianoche. A pesar de esas experiencias, todavía esperan que en alguna parte de Sevilla haya un

gitano —¡o una gitana!— que les _____ (dar; 10) la información que buscan.

Amy y Ronni también hablaron con un hombre que _____ (parecer; 11)

gitano. Se parecía un poco al que _____ (haber; 12) estado con Nancy hace unos

días. Pero se dieron cuenta de que el que _____ (hablar; 13) con ellas no era

gitano sino otro norteamericano de Cincinnati y, se sintieron desilusionadas.

A pesar de todo, siguen buscando a alguien que les _____ (predecir; 14) el

futuro para que ganen «el gordo». No han conocido a nadie que sólo

_____ (tener; 15) interés en ayudarlas a hacerse ricas. Sin embargo, esperan

conocer a alguien que _____ (ser; 16) un adivino (*fortune teller*) de veras, alguien

que sólo _____ (pensar; 17) en ayudarlas y no _____ (querer; 18)

salir con ellas ni compartir la fortuna que van a ganar.

C. Instrucciones para los turistas.   Combine cada par de oraciones cortas para formar una más
compleja. Convierta la primera oración en una cláusula adjetiva usando **quien(es)** o **el/la que, los/las
que** y el subjuntivo. Convierta la segunda oración en un mandato indirecto usando **que.**

MODELO: Quieren ver la aldea. Vienen a pie. → Quienes (Los que, Las que) quieran ver la
aldea, que vengan a pie. (*Let those who want to see the village come on foot.*)

1.   Busca telas españolas. Va a la tienda de al lado.

_____

2.   Espera ganar «el gordo». Compra su billete ahora.

_____

3.   Están perdidos. Doblan a la izquierda en la próxima esquina.

_____

4.   No aguanta los piropos de los hombres sevillanos. No les presta atención.

_____

5.   Tienen interés en los sucesos. Oyen las noticias.

_____

6.   Piensa volar a Europa en el Concorde. Trae mucho dinero.

_____

30. MORE ON THE SUBJUNCTIVE VERSUS THE INDICATIVE: SUMMARY OF THEIR USES

Ahora te toca a ti. (*It's your turn now.***)**   Este dibujo viene de una revista española. Complete los
siguientes párrafos, escogiendo entre el presente de indicativo o el presente de subjuntivo, según el
contexto de cada oración.

—Ahora te toca a ti, y si se despierta antes de que termines, has perdido.

En el dibujo vemos a un niño que _____ (acabar; 1) de cortarle la mitad del

bigote a su papá, y que ahora quiere que su hermano _____ (hacer; 2) lo mismo.

Es obvio que los dos _____ (haber; 3) apostado (*bet*) a que pueden cortarle todo

el bigote sin que el señor _____ (darse; 4) cuenta de lo que ellos

_____ (hacer; 5). Por supuesto, es probable que el hombre

_____ (despertarse; 6) mientras el segundo niño _____ (estar; 7)

cortándoselo. Y en caso de que eso no _____ (ocurrir; 8), es obvio que él

_____ (ir; 9) a estar sumamente enojado cuando _____

(mirarse; 10) en el espejo y _____ (descubrir; 11) lo que los dos han hecho.

Aunque los niños se escaparán antes de que el señor _____ (ver; 12) lo que le

han hecho, ¿es posible que él no _____ (saber; 13) quiénes se lo hicieron? Creo

que _____ (ser; 14) probable que él _____ (enterarse; 15) muy

pronto. Los dos acusados van a decirle que _____ (ser; 16) inocentes. Van a

protestar que no hay ningún niño que _____ (poder; 17) cortarle el bigote a un

hombre sin que éste no lo _____ (querer; 18). Van a aconsejarle que

_____ (buscar; 19) a alguien más grande que ellos que _____

(poder; 20) haber entrado a la casa y que posiblemente _____ (estar; 21) allí

todavía. Van a protestar que temen que alguien los _____ (matar; 22). Tratarán de

convencerle de que es imposible que dos niños tan tímidos le _____ (hacer; 23)

tal cosa a su querido papá.

El señor los _____ (ir; 24) a mirar duramente, y tan pronto como los dos

niños traviesos se _____ (mirar; 25) el uno al otro, comenzarán a reírse. Desde ese momento, aunque los dos se _____ (declarar; 26) inocentes, su papá sabrá la verdad. Ojalá que él les _____ (castigar; 27) para que no _____ (volver; 28) a hacer tal cosa.

Español en acción

Preguntas personales. Conteste las siguientes preguntas de una manera personal. ¡OJO! El uso del indicativo o subjuntivo depende de cómo Ud. conteste las preguntas.

1. ¿Tiene Ud. un amigo (una amiga) que conozca España?

   _____

   _____

2. ¿Esa persona le ha dicho a Ud. algo que le interese acerca de España?

   _____

   _____

3. ¿Conoce a alguien que estudie en Salamanca o en Sevilla este año?

   _____

   _____

4. ¿Hay algún amigo suyo (amiga suya) que quiera estudiar en España algún día?

   _____

   _____

5. ¿Hay alguna parte de España que Ud. quiera visitar?

   _____

   _____

6. ¿Sabe Ud. lo que (*what*) hizo anoche su mejor amigo/a?

   _____

   _____

7. ¿Tiene idea de lo que él/ella le va a decir cuando lo/la vea mañana?

   _____

   _____

8. ¿Sabe él/ella lo que Ud. está haciendo en este momento?

   _____

   _____

COMPOSICION: UN POEMA

Versos amorosos.   En otra hoja de papel, escriba un poema de amor para una persona que no haya conocido todavía. ¿Cómo será esta persona ideal? Cada verso (*poetic line*) debe tener aproximadamente ocho sílabas, lo cual es la norma para cierto tipo de poesía en español. Los versos pueden rimar perfectamente (rima consonante: todas las letras en la última sílaba de los versos coinciden, por ejemplo, muerte / suerte / verte) o imperfectamente (rima asonante: sólo coinciden las vocales de dichas sílabas, por ejemplo, dobla / toma / copla). Para más información, consulte la sección **Al corriente** del libro de texto donde también puede encontrar instrucciones para buscar direcciones de la red. El proceso de escribir deberá tener las tres siguientes etapas.

Primera etapa: Organice sus ideas según estas preguntas.

1. Piense en la apariencia física de la persona imaginada: ¿cómo son sus ojos, piel, pelo, manos, etcétera? Es frecuente en la poesía comparar los aspectos físicos de una persona con otras cosas semejantes (es decir, usando una metáfora). ¿Serán los ojos como diamantes o como estrellas? ¿Será la piel como un rayo de sol o como un caramelo? ¿Será el pelo como un río de oro o como una brisa de la noche?
2. ¿Cómo será la persona espiritual o psicológicamente? ¿Será como un río manso (*tranquilo*) o como un mar enfurecido?
3. ¿Cómo le hará sentir a Ud. esta persona ideal? ¿Le dará alegría, nostalgia o tristeza? ¿Será un amor recíproco? ¿feliz o lleno de obstáculos?

Segunda etapa: Revise lo que acaba de escribir, prestando atención a cada uno de los siguientes puntos.
1. uso de los pronombres relativos apropiados
2. selección correcta del indicativo o del subjuntivo
3. uso correcto del futuro
4. concordancia entre sujetos y verbos
5. concordancia entre sustantivos y adjetivos

Tercera etapa: Lea en voz alta su poema para ver si el ritmo y la rima suenan bien. Revíselo una vez más y entrégueselo a su profesor(a).

MANUAL DE LABORATORIO

¡Escuchemos un poco!: Vocabulario del tema

A. You are about to hear a conversation in which a man asks a woman for directions to the bus station. As you listen, complete the interaction by underlining the words you hear. Feel free to listen to the conversation more than once.

SEÑOR: Perdón, señora. ¿Pudiera Ud. decirme (cómo se llega / cuál es la mejor ruta; 1) a la terminal de autobuses?

SEÑORA: Sí, cómo no, señor. (Doble a la izquierda / Siga derecho tres cuadras; 2) por esta calle. Al llegar a la calle Florida, doble (a la derecha / a la izquierda; 3) y vaya (calle abajo / rumbo al norte; 4) hasta llegar a una plaza...

SEÑOR: Disculpe, ¿y cuántas (cuadras / millas; 5) tengo que caminar por la calle Florida hasta la plaza?

SEÑORA: Unas siete, más o menos.

SEÑOR: Ah, bueno, no son muchas...

SEÑORA: Entonces, (pase por / cruce; 6) la plaza y va a ver la calle Mariposas.

SEÑOR: Y esa calle,... ¿de qué lado de la plaza está?

SEÑORA: Está un poco (a la derecha / a la izquierda; 7). Entonces vaya (calle arriba / calle abajo; 8) por Mariposas y después de unas veinte cuadras se va a encontrar con un hospital.

SEÑOR: ¿Dijo unas veinte cuadras para (arriba / abajo; 9)?

SEÑORA: Sí, señor. Hay más o menos eso.

SEÑOR: Ay, ¿y después de allí falta mucho?

SEÑORA: No. Al llegar al hospital, (pare en la esquina / doble a la derecha; 10) en la primera calle, que me parece que se llama Rosal. (Siga derecho / Baje; 11) por esa calle unas dos o tres cuadras y se va a encontrar con la terminal de autobuses.

SEÑOR: Bueno, muchas gracias, señora, por su amabilidad.

SEÑORA: De nada, señor. Si se siente mal después de (doblar / caminar; 12) tanto, por lo menos va a estar cerca de un hospital...

SEÑOR: Sí, a mi edad nunca se sabe...

B. The conversation you are about to hear is similar to the previous one. Here, a woman asks a man for directions to a shopping center. As you listen to the dialogue, write the missing words in the blanks. **¡ojo!** More than one word may be missing in a blank. Feel free to listen to the conversation more than once.

Vocabulario útil: túnel (*tunnel*), carretera (*highway*)

SEÑORITA: Buenas tardes.

AGENTE: Buenas tardes.

SEÑORITA: ¿Podría Ud. decirme _____ (1) al Centro Comercial Paraíso?

AGENTE: Sí, señorita, por supuesto que sí. Mire, _____ (2) por esta calle.

Al llegar a la segunda esquina, doble _____ (3). Siga por esa

calle unas cuatro cuadras hasta llegar a la calle José Antonio, y allí doble a...

SEÑORITA: Disculpe, ¿dijo José Antonio?

AGENTE: Sí. Entonces, como le decía, doble _____ (4) en José Antonio y _____ (5) un poco más de un kilómetro. Después que pase por un túnel, _____ (6) en la calle del Túnel, a la izquierda...

SEÑORITA: Disculpe, ¿sabe cómo se llama esa calle que está después del túnel?

AGENTE: Sí, señorita, se llama calle del Túnel.

SEÑORITA: Ah, algunos nombres son tan obvios...

AGENTE: Sí, es verdad. Bueno, después _____ (7) por la calle del Túnel _____ (8) a la avenida Conde de León. Doble a la derecha en Conde de León y después de unos tres o cuatro _____ (9) va a ver una entrada a la carretera. Entre en la carretera _____ (10) y siga derecho. Después de unos seis o siete kilómetros va a ver el Centro Comercial Paraíso _____ (11).

SEÑORITA: Muchas gracias, señor.

AGENTE: De nada. Adiós.

SEÑORITA: Adiós.

Gramática en contexto

28. MORE ABOUT DESCRIBING: ADJECTIVE CLAUSES AND RELATIVE PRONOUNS

A. Hablando de Sevilla. Combine las oraciones que va a oír con las que se dan abajo, para formar oraciones complejas unidas por **que,** según el modelo. Luego repita las oraciones correctas.

MODELO: (La ciudad está al sur de Madrid.) La ciudad es antigua. →
La ciudad que está al sur de Madrid es antigua.

1. La catedral es famosa.
2. Muchos estudiantes vienen a esta universidad.
3. Los restaurantes están cerca de la plaza.
4. La gente se divierte allí.
5. Los jóvenes se besan en la arcada.

B. Vienen estudiantes de todo el mundo. Siga el patrón del ejercicio A, usando esta vez los pronombres relativos **quien** o **quienes** para combinar sus oraciones. Repita las respuestas correctas.

MODELO: (Gustave acaba de llegar.) Gustave vive en Suecia (*Sweden*). →
Gustave, quien acaba de llegar, vive en Suecia.

1. Conrad estudia la historia de España.
2. Mohamed va a Madrid el sábado.
3. Joe y Debbi van a casarse en Los Angeles.
4. Gianmarco vuelve pronto a Italia.

5. Marie y Jean Louis se sienten mal hoy.
6. Yutaka echa de menos el Japón.

C. En otras partes de España. Combine las oraciones que va a oír con las siguientes mediante el pronombre relativo **cuyo (cuya, cuyos, cuyas)**, según el modelo. Luego repita las respuestas correctas.

MODELO: (La lengua de Cataluña es el catalán.) Cataluña...
Cataluña es una provincia española. →
Cataluña, cuya lengua es el catalán, es una provincia española.

1. Cataluña está cerca de Francia.
2. Barcelona es popular entre los turistas.
3. Antonio Gaudí fue un arquitecto catalán.
4. Galicia queda al norte de Portugal.
5. Los gallegos son diferentes de los madrileños.
6. Valencia está al sureste de Madrid.

D. Marie Thérèse y Fred, quienes están estudiando en Salamanca, hablan de sus planes para el fin de semana. Después de oír un diálogo entre ellos, va a oír una serie de declaraciones. Diga si las declaraciones son ciertas (c) o falsas (f), según el contexto del diálogo.

Vocabulario útil: tumba (*tomb*), picos (*peaks*), gruta (*cave*)

1. c f   4. c f   7. c f
2. c f   5. c f   8. c f
3. c f   6. c f

29. DESCRIBING NON-EXISTENT THINGS AND PEOPLE:
    THE SUBJUNCTIVE WITH ADJECTIVE CLAUSES

A. ¿No hay nadie que pueda ayudarme? A continuación oirá unas oraciones cortas o la primera parte de unas preguntas. Combínelas con las siguientes cláusulas para formar unas oraciones más largas usando el subjuntivo, según los modelos. Luego repita las respuestas correctas.

MODELOS: (No conozco a nadie.) Es de Sevilla. → No conozco a nadie que sea de Sevilla.

(¿Hay algún restaurante... ?) Sirve comida buena y barata. →
¿Hay algún restaurante que sirva comida buena y barata?

1. Vive en ese barrio.
2. Me presta atención.
3. Sabe dónde está esa calle.
4. Vende telas españolas.
5. Quiere viajar conmigo a aquella aldea.
6. Le hace gracia a Jorge.

B. ¿Hay alguien que pueda ayudarme? Siga el patrón del ejercicio A. ¡OJO! Esta vez las oraciones pueden requerir el indicativo o el subjuntivo, según el contexto. Repita la respuesta correcta.

MODELOS: (¿Hay alguien... ?) Puede ayudarme. → ¿Hay alguien que pueda ayudarme?

(Conozco a un señor.) Nunca come en casa. → Conozco a un señor que nunca come en casa.

1. Me vende un boleto de la lotería.
2. Anda por la acera.
3. Busca la salida del barrio.
4. Comprende a los gitanos.
5. Tiene una herencia (*inheritance*) de millones de pesetas.
6. Sale del pueblo.
7. Va a la casa de al lado.
8. Se pone a bailar el flamenco ahora.

30. MORE ON THE SUBJUNCTIVE VERSUS THE INDICATIVE: SUMMARY OF THEIR USES

A. El consejero les dice a los jóvenes norteamericanos: Es importante que comprendan esto. A continuación Ud. oirá unas oraciones cortas. Combínelas con las siguientes oraciones para formar otras más complejas, según el modelo. ¡OJO! A veces el verbo requiere el indicativo, otras veces el subjuntivo. Repita las respuestas correctas.

MODELO: (Es imposible.) Uds. vuelven a Barcelona ahora. →
Es imposible que Uds. vuelvan a Barcelona ahora.

1. Tienen mucho que hacer en Sevilla.
2. Llegan a conocer a los sevillanos.
3. No visitan otras aldeas este fin de semana.
4. No hacen excursiones a otras regiones.
5. Aprovecha el tiempo para estudiar.
6. Se ponen a estudiar para los exámenes finales.
7. Hay incidentes chistosos con los sevillanos.
8. Mantienen el sentido del humor.

B. En mi opinión... A continuación oirá una serie de preguntas dos veces. Contéstelas con oraciones completas, expresando su opinión personal. ¡OJO! A veces se requiere el indicativo, otras veces el subjuntivo.

1. En mi opinión,...
2. En mi opinión,...
3. En mi opinión,...
4. En mi opinión,...
5. En mi opinión,...
6. En mi opinión,...

Español en acción

En la siguiente conversación, Diana, la locutura de una estación de radio en la Ciudad de México, habla con Ana y Pedro Machado, quienes ganaron hace unos meses un viaje a Madrid en un concurso (*contest*) patrocinado (*sponsored*) por la estación de radio. Los Machado acaban de regresar de su viaje a España y hoy han venido a la estación de radio para contarle a Diana de sus vacaciones. Al terminar la conversación, se oirán algunas preguntas. Escoja la respuesta correcta a cada una. Puede escuchar la conversación las veces que necesite.

Vocabulario útil: ganadores del concurso (*winners of the contest*), acera (*sidewalk*)

1. a b	5. a b	9. a b
2. a b	6. a b	10. a b
3. a b	7. a b	11. a b
4. a b	8. a b	12. a b

CAPÍTULO **12**

CUADERNO DE EJERCICIOS ESCRITOS

¡Hablemos un poco!: Vocabulario del tema

A. ¿Cuánto sabe Ud. de la actual situación mundial? Escriba apuntes sobre la situación política, económica o social de los siguientes países. Puede consultar el **Vocabulario del tema** en el **Capítulo 12** del libro de texto.

MODELO: Canadá →
primer ministro; población pequeña; nivel de vida alto; asistencia médica gratuita

1. China _____

2. Corea del Norte _____

3. Cuba _____

4. España _____

5. Estados Unidos _____

6. Inglaterra _____

7. Japón _____

8. México _____

B. Hablando de los temas del día. Escriba un sustantivo que se asocie con cada verbo a continuación. Trate de no volver a mirar el **Vocabulario del tema** en el libro de texto.

1. consumir _____   5. sobrevivir _____

2. enseñar _____   6. transportar _____

3. fabricar _____   7. vivir _____

4. reinar _____   8. votar _____

Lectura: Reflexiones sobre la lectura

A. España y los Estados Unidos. Anote los datos que Ud. sepa acerca de los siguientes aspectos de la vida en España y en los Estados Unidos. Puede valerse del (*take advantage of*) artículo «Vivir en España». Después haga un comentario sobre estas observaciones, según el modelo.

MODELO: población → España: Tiene aproximadamente 39 millones de habitantes.

Estados Unidos: Tiene más de 250 millones.

Comentario: Aunque la población de España es menor que la de los Estados Unidos, ese país está más poblado porque es mucho más pequeño.

1. tasa de natalidad

España: _____

Estados Unidos: _____

Comentario: _____

2. habitantes de origen extranjero

España: _____

Estados Unidos: _____

Comentario: _____

3. esperanza de vida

España: _____

Estados Unidos: _____

Comentario: _____

4. la vivienda

España: _____

Estados Unidos: _____

Comentario: _____

5. ingresos familiares

España: _____

Estados Unidos: _____

Comentario: _____

6. el consumo

España: _____

Estados Unidos: _____

Comentario: _____

7. gastos médicos

España: _____

Estados Unidos: _____

Comentario: _____

8. la enseñanza / el sistema educativo

España: _____

Estados Unidos: _____

Comentario: _____

9. ocio y cultura

España: _____

Estados Unidos: _____

Comentario: _____

B. Preguntas. Conteste brevemente las siguientes preguntas basadas en el artículo «Vivir en España».

1. ¿Qué aspectos en la vida de la familia Pérez García se parecen más a los de la familia norteamericana típica? Explique su respuesta.

_____

_____

2. ¿Qué aspectos en la vida de la familia Pérez García contrastan más con la vida en los Estados Unidos? Explique su respuesta.

_____

_____

3. ¿Le gustaría a Ud. que la vida en este país fuera más como la vida en España en algún aspecto? Explique su respuesta.

_____

_____

Gramática en contexto

31. MORE ON TALKING ABOUT WHAT YOU HAVE DONE: THE PRESENT PERFECT SUBJUNCTIVE

A. ¡Sin que nadie nunca le haya dado una clase de música! Complete los siguientes párrafos usando el presente perfecto del subjuntivo, como se ve en el dibujo. ¡OJO! Muchos de los verbos van acompañados de pronombres.

—... *Y eso lo hace él solito, ¿eh? ¡Sin que nadie nunca le haya dado una clase de solfeo![a]*

[a]*drum beating*

Este niño se alegra de que su mamá _____ (darle; 1) una olla (*cooking pot*)

para jugar. Es probable que él _____ (pensar; 2) que es un juguete (*toy*) y

que _____ (ponerse; 3) a golpearlo con entusiasmo. Ya que una amiga de

su mamá está de visita, será interesante ver lo que pasará cuando esta señora

_____ (oír; 4) la clase de «música» que el niño toca. Es posible que ella

_____ (sorprenderse; 5) al ver la olla en manos de este niño. También es muy probable que después de cinco minutos el ruido _____ (empezar; 6) a molestarle mucho y que _____ (hacerle; 7) daño tanto a los oídos como a los nervios.

Después de que las dos mujeres _____ (escuchar; 8) el ruido por más de una hora, ¿qué le dirá la señora a la orgullosa mamá? ¿Cómo responderá cuando la mamá le diga que su hijo «toca» así sin que nadie _____ (darle; 9) una lección de música? Ojalá que la orgullosa mamá no _____ (adivinar; 10) la verdad: que es muy obvio que su hijo no hace música sino un ruido infernal.

B. **¿Qué ha sucedido en España?** Combine las siguientes oraciones por medio de **que.** Cambie el verbo del presente del indicativo al presente perfecto del subjuntivo, según el modelo.

MODELO: El partido comunista participa en las elecciones. Eso es increíble. →
Es increíble que el partido comunista haya participado en las elecciones.

1. Los españoles no conviven en armonía. Eso es triste.

   _____

   _____

2. Algunos se rebelan contra el poder del gobierno. Eso es necesario.

   _____

   _____

3. Muchos partidos comparten (*share*) el poder. Los españoles se alegran de eso.

   _____

   _____

4. Desarrollan un marco (*framework*) legal para la democracia. Eso es bueno.

   _____

   _____

5. Todos tienen derechos civiles. Eso le gusta a José María Aznar.

   _____

   _____

6. El Rey se parece a Franco. Todos niegan eso.

   _____

   _____

7. Nos enteramos de lo que sucede en España. Eso es natural.

   _____

   _____

8. ¿Piensas hacer un viaje allí algún día? ¿Eso es posible?

_____

_____

32. USING THE SUBJUNCTIVE TO TALK ABOUT THE PAST:
     THE IMPERFECT SUBJUNCTIVE

A. ¿Pudiera Ud. pasar por un detector de espías?   Complete las siguientes oraciones con la forma apropiada del imperfecto del subjuntivo.

Leí este anuncio de Spy Shops International en el periódico y decidí visitar la tienda. Acababa de llegar a la universidad para empezar mis estudios, y no quería que nadie me

_____ (quitar; 1) lo que mis parientes y amigos me habían regalado cuando me gradué de la secundaria.

La historia había empezado unos días antes, cuando un profesor mío notó que estaba preocupado. Me dijo que

_____ (ir; 2) a su oficina e insistió en que yo le

_____ (decir; 3) por qué estaba tan nervioso. Cuando se lo expliqué, él me sugirió que _____ (leer [yo]; 4) el periódico estudiantil para buscar alguna tienda que

_____ (ofrecer; 5) sistemas de seguridad para las residencias universitarias. Me dijo que le parecía triste que los estudiantes

_____ (tener [nosotros]; 6) que preocuparnos por eso, pero admitió que era posible que alguien _____ (tratar; 7) de robarme algún día.

Aunque yo no conocía a nadie a quien le _____ (haber [ellos]; 8) robado, y los estudiantes mayores me dijeron que eso casi nunca había ocurrido, seguía preocupado. Tenía miedo de que algún ladrón (*thief*) _____ (entrar; 9) en mi cuarto mientras yo no _____ (estar; 10). Quería evitar que alguien lo _____ (hacer; 11). Pensaba buscar un sistema de seguridad que me _____ (proteger [*to protect*]; 12) en caso de que alguien _____ (querer; 13) robarme el estéreo o el mini-frigo. Esperaba que un buen sistema _____ (poder; 14) evitar que eso ocurriera para que yo no

_____ (seguir; 15) preocupándome.

Por eso fui a Spy Shops International. Hablé con un dependiente simpático, quien me hizo

varias preguntas. Le contesté que no era probable que los agentes secretos de otros gobiernos

_____ (escuchar; 16) mis conversaciones por teléfono, y que dudaba que

un espía _____ (entrar; 17) furtivamente (*sneakily*) a mi cuarto para

matarme. Le confesé que no conocía a nadie que _____ (saber; 18) secretos

nucleares, y que en mi cuarto no había ningún sistema de comunicaciones satélite por el que yo

_____ (mandar; 19) mensajes (*messages*) secretos.

Cuando le expliqué al dependiente que sólo quería que él me

_____ (mostrar; 20) un sistema que

_____ (impedir; 21) que un ladrón

_____ (robarme; 22) el mini-frigo, él sonrió con comprensión. Me

recomendó cordialmente que _____ (comprar [yo]; 23) una alarma de

seguridad y me dijo que le _____ (pedir; 24) al otro dependiente que me

_____ (dar; 25) más información sobre las diferentes alarmas.

B. Sue quería ir a España. Escriba las siguientes oraciones de nuevo, cambiando el tiempo del presente al pasado. ¡OJO! Los verbos en el indicativo pueden estar en el pretérito o en el imperfecto.

1. No hay nadie que se interese más en ir a España que Sue.

    _____

    _____

2. Quiere ir allá antes de que se gradúe y empiece a trabajar.

    _____

    _____

3. Por fin les pide a sus papás que le den dinero para que pueda hacer el viaje.

    _____

    _____

4. Sus padres no quieren que vaya sin ellos, y no pueden ir hasta que tengan sus vacaciones.

    _____

    _____

5. Su mamá teme que Sue conozca a alguien que le haga daño o que se enamore de un joven español.

    _____

    _____

6. A su papá no le gusta que esté en otro país sin que nadie la proteja (proteger).

_____

_____

7. Su mamá le pide que les escriba cada día a menos que los llame por teléfono.

_____

_____

8. Le aconseja que vuelva cada noche a la residencia y que se quede allí.

_____

_____

9. Su papá le dice que no salga con ningún joven a menos que lo conozca bien.

_____

_____

10. Insiste en que Sue les diga a los jóvenes que tiene otros planes y que se quede en la residencia mirando televisión.

_____

_____

11. Sue declara que es necesario que ella conozca otra cultura para que su educación sea completa.

_____

_____

12. Promete escribirles cada noche antes de dormirse con tal de que tenga tiempo.

_____

_____

Español en acción

Preguntas personales. Conteste las siguientes preguntas de una manera personal.

1. De todos sus amigos, ¿hay alguien que Ud. haya conocido durante toda su vida?

_____

_____

2. Aparte (*Besides*) de su familia, ¿hay alguien con quien Ud. haya convivido por mucho tiempo?

_____

_____

3. Cuando Ud. tenía entre 14 y 15 años, ¿había algo que quería tener o hacer?

_____

_____

4. En esa época, ¿qué le decían sus padres que hiciera Ud. todos los días?

_____

_____

5. ¿Qué no querían que hiciera?

_____

_____

6. ¿En qué más insistían sus padres?

_____

_____

7. ¿Qué quería hacer Ud. cuando llegara a ser adulto?

_____

_____

8. En la escuela secundaria, ¿tenía Ud. algún profesor (alguna profesora) que lo/la inspirara mucho?

_____

_____

9. ¿Había algo que no le interesaba a Ud. en absoluto?

_____

_____

10. ¿Ha hecho Ud. algo en su vida que le haya dado mucha satisfacción?

_____

_____

COMPOSICION: UNA PROPUESTA

Negociar en España. En otra hoja de papel, escriba una propuesta dirigida a directores generales (*CEOs*) de compañías extranjeras. Ud. desea atraer empresas internacionales a España. Es su propuesta, explique cómo España ha cambiado y por qué es un país dinámico e ideal donde establecer sucursales, fábricas y oficinas. Para más información, consulte la sección **Al corriente** del libro de texto donde también puede encontrar instrucciones para buscar direcciones de la Internet. El proceso de escribir deberá tener las tres siguientes etapas.

Primera etapa: Organice su propuesta según estas preguntas.

1. ¿Cómo era España? Imagínese que muchos de los directores generales son mayores de edad y pueden tener ideas erróneas de España. ¿Cómo era la España de los años 50 y 60?
2. ¿Cómo es España ahora? Ud. tiene que hacer hincapié (*emphasize*) cómo ha cambiado el ambiente de España en cuanto a negocios y mercancía. Pero como algunas familias extranjeras tendrían que mudarse con la compañía, también querrán saber algo de la cultura y la vida diaria.
3. ¿Cuáles son las ciudades más importantes de España? ¿En qué área hay más industrialización? ¿agricultura?

Segunda etapa: Revise lo que acaba de escribir, prestando atención a cada uno de los siguientes puntos.

1. selección correcta del indicativo o del subjuntivo
2. uso correcto del imperfecto del subjuntivo
3. selección correcta del tiempo presente o pasado
4. concordancia entre sujetos y verbos
5. concordancia entre sustantivos y adjetivos

Tercera etapa: Escriba de nuevo con cuidado su propuesta, añadiéndole los siguientes conectores para facilitar la transición de un párrafo a otro, y entrégueselo a su profesor(a).

CONECTORES LÓGICOS

a lo dicho anteriormente	finalmente	por último
en primer lugar	para comenzar	por una parte
en segundo lugar	por otra parte	primero
en última instancia		

CONECTORES DE SEMEJANZA

además	del mismo modo	ni... ni
asimismo	igualmente	también

CONECTORES OPOSITIVOS

a diferencia de	no obstante	sin embargo
con todo	por el contrario	tampoco
en oposición a		

CONECTORES RESUMIDORES Y CONCLUSIVOS

así	para resumir	por lo tanto
concluyendo	para ser breves	por todo lo dicho
de este modo	por consiguiente	resumiendo
en conclusión	por eso	

MANUAL DE LABORATORIO

¡Escuchemos un poco!: Vocabulario del tema

A. You are going to hear a conversation between Doctora Obregón, a college professor of political science, and Luis, one of her students. When you have finished, you will hear a series of statements. Check each number that corresponds to the beliefs either of the professor or of Luis. Feel free to listen to the conversation more than once.

Vocabulario útil: guerra fría (*cold war*), pesadilla (*nightmare*)

1. _____   5. _____   8. _____

2. _____   6. _____   9. _____

3. _____   7. _____   10. _____

4. _____

B. Now you will hear two Spanish news announcers give a report on national elections in Spain. Follow the transcription as you listen and fill in the missing words. Feel free to listen to the conversation more than once.

LOCUTORA: Ahora, Radio Madrid les trae los últimos resultados de las

_____ (1) nacionales. Después de una larga

_____ (2) política en todas partes del país, los españoles

_____ (3) al _____ (4) del Partido

Popular, José María Aznar, para presidente del gobierno. El

_____ (5) Popular ha obtenido un número considerable de los

_____ (6), pero no ha _____ (7) por

mayoría. Por eso, en el Senado y en la Cámara de _____ (8),

candidatos de otros partidos van a ocupar muchos puestos.

LOCUTOR: Sara, estoy seguro de que éstas noticias fueron muy malas para el Partido

_____ (9) Español. Este partido ocupó la presidencia por doce

años y durante ese tiempo se _____ (10) mucho el país: creció

la _____ (11), aumentó la

_____ (12) de vida y también mejoró la

_____ (13) de vida. Después de todos los cambios que ellos

realizaron, la gente votó por el Partido Popular. ¡Qué golpe!, ¿verdad?

LOCUTORA: Sí, pero muchos, sin duda, piensan que era inevitable: el

_____ (14) sigue siendo un problema en el país, los

_____ (15) fijos de la gente cada día son mayores mientras

que sus _____ (16) son cada día más bajos. Por último, la

calidad del transporte, la _____ (17), la

_____ (18) y la _____ (19) aún no

alcanzan en España el _____ (20) de los otros países

_____ (21).

LOCUTOR: Los socialistas han salido bastante bien en las elecciones provinciales. Así que, en cierto

aspecto, estas elecciones han sido un _____ (22) para los dos

partidos.

Gramática en contexto

31. MORE ON TALKING ABOUT WHAT YOU HAVE DONE: THE PRESENT PERFECT SUBJUNCTIVE

El profesor habla con un grupo pequeño de estudiantes: ¿Duda que haya sido un cambio positivo?
A continuación Ud. oirá algunas preguntas. Contéstelas según las indicaciones abajo, cambiando los complementos por pronombres. Luego escuche una respuesta posible.

MODELO: (¿Duda que los españoles hayan hecho un cambio positivo?) →
Sí, dudo que lo hayan hecho.
O: No, no dudo que lo han hecho.

1. No,... 2. Sí,... 3. No,... 4. Sí,... 5. Sí,... 6. Sí,...

32. USING THE SUBJUNCTIVE TO TALK ABOUT THE PAST: THE IMPERFECT SUBJUNCTIVE

A. Se reunieron el Presidente y el Rey. A continuación oirá algunas declaraciones en tiempo pasado. Combínelas con las siguientes frases para formar oraciones más largas usando el imperfecto del subjuntivo, según el modelo. Luego repita la oración correcta.

MODELO: (Los españoles votaron en junio.) El Presidente quería que... →
El Presidente quería que los españoles votaran en junio.

El Presidente quería que...

1. ... 2. ... 3. ... 4. ... 5. ...

El Rey insistía en que...

6. ... 7. ... 8. ... 9. ... 10. ...

B. El profesor todavía habla con sus estudiantes. Va a oír algunas oraciones cortas. Combínelas con las siguientes, para formar oraciones más largas usando el imperfecto o pretérito del indicativo o el imperfecto del subjuntivo, según el contexto. Repita las oraciones correctas.

MODELOS: (Fue triste.) Franco controló el país por cuarenta años. →
Fue triste que Franco controlara el país por cuarenta años.

O: (No hay duda.) Franco controló el país por cuarenta años. →
No hay duda de que Franco controló el país por cuarenta años.

1. No hubo elecciones durante tanto tiempo.
2. La dictadura (*dictatorship*) mejoró el país.
3. El ejército (*army*) ayudó a Franco.
4. Franco murió en 1983.
5. El rey hizo cambios.

6. Todos tenían derecho a votar.
7. Los españoles eligieron a José María Aznar.
8. El nuevo gobierno era mejor.

C. ¿Qué le dijo un espía al otro? Oirá las oraciones dos veces. Páselas del tiempo presente al pasado, empezando cada una con **Dijo que...** , según el modelo. Repita la respuesta correcta.

MODELO: (Quiero que le dé esto.) → Dijo que quería que le diera esto.

1. Espero que tenga tiempo.
2. Es preciso que salga ahora.
3. No hay nadie que lo sepa.
4. Es probable que haya mucho peligro.
5. Necesito que lo haga pronto.
6. Debe hacerlo sin que nadie lo vea.
7. Es importante que no hable con nadie.
8. Temo que no quiera hacerlo.
9. Es posible que lo maten.
10. No hay nadie que pueda ayudarlo.
11. Es para que ganemos la guerra.
12. Le pido que vuelva cuando termine.

Español en acción

Ud. oirá una serie de conversaciones breves entre un reportero y un grupo de personas con quienes él se encuentra en la calle. Luego, seleccione la oración que mejor exprese lo que piensa cada persona. Puede escuchar las conversaciones las veces que quiera.

Vocabulario útil: drogadictos (*drug addicts*), confiar (*to trust*)

LA PRIMERA SEÑORA:	1. a b		2. a b		3. a b			
LA SEGUNDA SEÑORA:	4. a b		5. a b		6. a b			
EL SEÑOR:	7. a b		8. a b		9. a b			
EL REPORTERO:	10. a b							

CAPITULO **13**

CUADERNO DE EJERCICIOS ESCRITOS

¡Hablemos un poco!: Vocabulario del tema

A. Hablando de la naturaleza. Repase el **Vocabulario del tema** en el **Capítulo 13** del libro de texto, identifique en español los elementos de los cuatro paisajes ilustrados.

1. _____
2. _____
3. _____
4. _____

5. _____
6. _____

7. _____

8. _____

9. _____

10. _____

B. En el mapa. Use el **Vocabulario del tema** en el libro de texto para identificar en español estos rasgos naturales de México y de los otros países del mar Caribe.

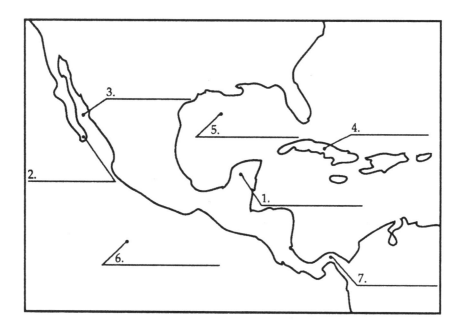

Lectura: Reflexiones sobre la lectura

A. Opiniones. Complete las siguientes frases para expresar sus opiniones sobre «Machu Picchu: 75 años después, todavía un misterio».

1. Machu Picchu se considera un lugar misterioso porque

   _____

2. Durante la colonización española, Machu Picchu

   _____

3. Me parece que la expedición de Hiram Brigham

   _____

4. Según las creencias religiosas de los incas,

_____

5. Se cree que en esta ciudad sagrada las mujeres recibían un tratamiento especial:

_____

6. El Templo de las Tres Ventanas es interesante porque

_____

7. La arquitectura de Machu Picchu es particularmente impresionante porque

_____

8. Para ir a Machu Picchu, primero hay que pasar por Cuzco, una ciudad que

_____

9. La presencia española en Cuzco resultó en

_____

10. Aún hoy día es difícil llegar a Machu Picchu: hay que

_____

B. Preguntas. Conteste brevemente las siguientes preguntas de una manera personal.

1. ¿Le gustaría a Ud. visitar Machu Picchu? Explique por qué sí o por qué no.

_____

_____

2. Machu Picchu es interesante por muchas razones: por su historia, por su arquitectura, por la religión de los incas, por su geografía. ¿Cuál es el aspecto de esta ciudad que más le interesa a Ud.? ¿Por qué le interesa?

_____

_____

3. El artículo señala varios misterios acerca de esta ciudad mítica de los incas: por ejemplo, ¿por qué la construyeron en un lugar tan aislado?, ¿por qué tendrían tanta prominencia las mujeres?, ¿por qué fue abandonada la ciudad?, ¿cómo lograron construir esos edificios sin instrumentos como la rueda y el torno y materiales como el hierro? ¿Cuál de estos misterios le gustaría a Ud. descifrar y por qué?

_____

_____

Gramática en contexto

34. FOCUSING ON THE OUTCOME: THE PASSIVE VOICE

La historia trágica de los Incas y los conquistadores españoles. Complete cada oración con el verbo entre paréntesis en la voz pasiva, según el modelo. ¡ojo! Se usan aquí el presente y el pasado, tanto del indicativo como del subjuntivo.

MODELO: El poderoso imperio incaico _____ (fundar) por una tribu
de lengua quechua. →
El poderoso imperio incaico *fue fundado* por una tribu de lengua quechua.

1. La historia del florecimiento y de la decadencia del imperio de los Incas

_____ (recontar) desde hace más de cuatro siglos.

2. Aquella civilización magnífica _____ (gobernar) por «el Hijo del Sol»,

quien era un monarca absoluto.

3. El sol, la luna y otros fenómenos de la naturaleza _____ (adorar) en

aquella época.

4. Las familias incaicas más importantes _____ (servir) por los

yanaconas, una clase hereditaria de sirvientes.

5. El maíz, la papa, la coca y el algodón _____ (cultivar) en aquellos

terrenos montañosos.

6. El dominio del imperio incaico había empezado a decaer antes de que

_____ (destruir) por los conquistadores españoles.

7. Huáscar, el hijo legítimo del gran Huayna Cápac, reinó hasta que

_____ (traicionar [*betray*]) por su medio hermano Atahualpa.

8. Como consecuencia, Atahualpa, el hijo natural de Huayna Cápac,

_____ (coronar) en 1533.

9. Ese mismo año, Atahualpa _____ (torturar) por los soldados de

Francisco Pizarro hasta darle muerte.

10. Entonces Manco Cápac, otro hijo legítimo de Huayna Cápac, _____

(escoger) para ser el líder incaico bajo el control de los conquistadores.

11. Otro español famoso, Diego de Almagro, _____ (vencer [*defeat*]) por

los soldados de Pizarro, quien tenía celos de él.

12. Almagro, quien fue capitán general, _____ (nombrar) por el rey

Carlos I.

13. Más tarde, Almagro _____ (asesinar) en Cuzco.

14. Por fin el mismo Pizarro _____ (matar) por los partidarios de

Almagro, incluyendo el hijo de éste, quien más tarde también iba a perder la vida en Cuzco.

15. La ciudad de Cuzco, que _____ (fundar) por el Inca Manco Cápac en

el siglo XI, es todavía una de las más importantes del Perú.

35. MORE ABOUT DESCRIBING: PAST PARTICIPLES AS ADJECTIVES

¡Qué deprimidos están!   Para completar cada una de las siguientes oraciones, cambie el infinitivo por el participio pasado. Luego haga cualquier cambio que sea necesario para que haya concordancia entre el sustantivo y el nuevo adjetivo que Ud. acaba de formar.

Hablemos un rato acerca de estos dos hombres, ¿de acuerdo? El Dr. Aureliano Calvo, quien está

_____ (titular; 1) en sicología

por la Universidad Nacional, se encuentra

actualmente _____ (sentar; 2)

en la silla de su consultorio. De veras parece algo

_____ (aburrir; 3) aunque no

quiere que su paciente se dé cuenta de eso. Este,

don Faustino Afligido, un hombre triste con la

cara no _____ (afeitar; 4) desde

hace unos tres días, está _____

(acostar; 5) en el sofá. A pesar de su mutua

depresión, los dos están muy bien

_____ (vestir; 6) aunque... ¿no

les parece bastante _____

(distraer; 7) el Sr. Afligido? ¡Todavía lleva

_____ (poner; 8) los zapatos!

—Si le sirve de consuelo, yo también estoy deprimido.

¿Por qué habrá venido el Sr. Afligido a hablar con el Dr. Calvo? ¿Por qué estará tan deprimido estos días? ¿Será porque se ha dado cuenta de que está perdiendo el pelo? Hará días que no duerme porque el pobrecito parece sumamente _____ (cansar; 9). Hace un momento tenía los ojos _____ (cerrar; 10), pero acaba de abrirlos al oír lo que le ha dicho el doctor. Este, al contrario, tiene tanto la boca como los ojos muy _____ (abrir; 11). Es un caballero muy _____ (distinguir; 12) aunque parece mucho más viejo que su cliente. ¡Por eso también estará deprimido!

36. DISCUSSING SIMILARITIES AND DIFFERENCES: COMPARATIVES AND SUPERLATIVES

A. No me siento tan enfermo como antes.   Complete los siguientes párrafos con las palabras apropiadas para indicar igualdad (*equality*).

Ayer me levanté con fiebre (*fever*). No tenía _____ (1) energía

_____ (2) la que normalmente tengo y me sentía muy mal. El día anterior no había trabajado _____ (3) antes porque me dolían la cabeza y la garganta. Esa noche tomé algunas aspirinas y me acosté temprano. Pero al levantarme a la mañana siguiente todavía me dolían _____ (4) antes, así que tomé dos aspirinas más. Intenté trabajar ayer pero no pude. Me sentía _____ (5) mal _____ (6) cuando me había levantado. Por fin le dije a mi jefe que con _____ (7) dolores de cabeza y de estómago era imposible que siguiera trabajando. El me recomendó que fuera al médico, y decidí aceptar su consejo.

El médico me miró la lengua y me escuchó los pulmones. Me dijo que el caso de influenza que tenía era _____ (8) malo _____ (9) cualquiera que había visto este año. Me puso una inyección (*shot*) y me recetó (*prescribed*) unas pastillas _____ (10) grandes _____ (11) las que les dan a los caballos. Esas pastillas me costaron _____ (12) dinero _____ (13) gano en una semana, pero si ayudan a aliviar mis dolores valdrán la pena. Ayer tomé cuatro. Hoy he tomado _____ (14) pastillas _____ (15) ayer, y me siento un poco mejor. Me ha dicho el médico que tendré que aguantar la influenza dos o tres días más.

B. Preguntas políticas, sociales y geográficas.   Conteste las siguientes preguntas, escribiendo dos repuestas a cada una, usando **más que** y **menos que** para hacer comparaciones de desigualdad (*inequality*). Sus respuestas pueden variar.

1. ¿Cómo se compara la capital de México con la ciudad o pueblo donde Ud. vive?

   a. (más) _____

   b. (menos) _____

2. ¿Cómo se compara la política de la América Central con la de la América del Norte?

   a. (más) _____

   b. (menos) _____

3. ¿Cómo se compara la economía de México con la del Japón?

   a. (más) _____

   b. (menos) _____

4. ¿Cómo se comparan físicamente los habitantes de Noruega (*Norway*) con los indios de Bolivia?

   a. (más) _____

   b. (menos) _____

5. ¿Cómo se compara la cordillera andina con la playa de Acapulco?

   a. (más) _____

   b. (menos) _____

C. ¡Qué dilema!   Complete los siguientes párrafos, cambiando los adjetivos indicados según sea necesario para formar comparaciones o superlativas.

La familia Pinzano de Cuzco está planeando las vacaciones que va a tomar en agosto, a finales del invierno. Los padres quieren que sean vacaciones de lujo: quedarse en los

_____ (bueno; 1) hoteles, asistir a conciertos y óperas, ir a museos y

comer las comidas _____ (exquisito; 2) que hay. La Sra. Pinzano tiene

ganas de viajar a Lima porque ha oído que los cebiches (*dishes of marinated fish*) que se preparan allí

son _____ (sabroso; 3) los de otras partes de la América del Sur. Le

parece que en Lima los niños estarían _____ (aburrido; 4) en otra ciudad

porque sabe que es una de las ciudades _____ (cultural; 5) que hay.

Alberto Pinzano está de acuerdo con su mujer.

El problema es que sus cuatro hijos tienen otras ideas. Jorge, el hijo

_____ (grande; 6) quien tiene once años, insiste en que vayan a Costa

Rica. Dice que las playas de ese país son _____ (suave; 7) las de

Venezuela. El chico ha leído acerca del Hotel Condovac, el _____ (bueno;

8) hotel de playa de Costa Rica.

Lisa María, quien es dos años _____ (joven; 9), piensa que deben ir a

Colombia a ver el campeonato panamericano de patinaje (*skating*) artístico. Lisa María también

patina, y cree que ese deporte es mucho _____ (interesante; 10) nadar y

jugar en la playa. Aunque le gusta ir a museos, para ella los conciertos y las óperas son

_____ (divertido; 11) el patinaje artístico. Todos los días les ruega a sus

papás que la lleven a Colombia, diciéndoles que el patinaje artístico es uno de los deportes

_____ (bello; 12) que hay.

Estela y Francina, las mellizas son un año _____ (joven; 13) Lisa

María. Las pequeñas no patinan. Tienen interés en la artesanía (*crafts*), y han estado pidiéndoles a

sus papás que hagan un viaje a México, D.F., para ir al Centro Artesanal Buenavista. Las dos han

visitado otras tiendas, pero han oído que aquélla en México es

_____ (grande; 14) cualquier otra. Las pobres lloran todos los días porque

no pueden convencer a sus papás. Nunca han sido niñas muy alegres, pero ahora están

_____ (deprimido; 15) nunca.

Los Sres. Pinzano no saben qué hacer. Cada hijo quiere hacer lo suyo, y no hay nadie que

pueda callarlos.

D. Opiniones acerca de la universidad. Indique sus opiniones con respecto a los siguientes aspectos de la universidad a la cual Ud. asiste. Haga oraciones superlativas, según el modelo.

MODELO: clase de español/divertido/todas → La clase de español es la más divertida de todas.
O: La clase de español es la menos divertida de todas.

1. los profesores de.../interesantes/la universidad

_____

2. el programa de.../difícil/todos

_____

3. los otros estudiantes aquí/¿ ?/todas las universidades

_____

4. mi compañero/a de cuarto/¿ ?/la residencia

_____

5. la comida que nos sirven/¿ ?/el mundo

_____

6. los requisitos (*requirements*) para la graduación/¿ ?/¿ ?

_____

7. los exámenes finales que dan aquí/¿ ?/¿ ?

_____

8. en general, esta universidad/¿ ?/¿ ?

_____

E. ¡Sea Ud. el publicista! Escriba su propio lema publicitario (*advertising slogan*) para los siguientes productos de lujo, usando el superlativo. Sus oraciones van a variar.

1. BMW: EL coche _____

_____

2. Godiva: Los chocolates _____

_____

3. Seiko: El reloj de pulsera _____

_____

4. Anne Klein II: La ropa _____

_____

5. Gucci: Las bolsas de cuero _____

6. Harvard: La universidad _____

7. Dom Perignon: El champán _____

8. Harley-Davidson: La motocicleta _____

VEA
¡EL MAS GRANDE!
¡EL MEJOR!
EVENTO DEL
MUNDO POR
PRIMERA
VEZ

Español en acción

Preguntas personales.   Conteste las siguientes preguntas de una manera personal.

1.   ¿Tiene Ud. algo en su cuarto que fue hecho a mano? ¿Cómo es? ¿Quién lo hizo? ¿Cómo lo consiguió Ud.?

_____

_____

_____

2.   ¿Tiene Ud. ilusiones de ser reconocido/a mundialmente algún día a causa del trabajo que hace (hará)? ¿a causa de su talento artístico? ¿músical? Explique por qué sí o por qué no.

_____

_____

_____

3.   ¿Quién es la persona más famosa y admirada que Ud. conoce? ¿Qué ha hecho para ser tan respetada por la gente?

_____

_____

_____

4.   ¿Cuál es la ciudad más grande que Ud. ha visitado? A juicio de Ud., ¿cuál fue el mejor aspecto de esa ciudad? ¿y el peor?

_____

_____

_____

5.   ¿Quién es la persona mayor de su familia? ¿y la menor? Además de su edad, ¿qué otras diferencias hay entre la mayor y la menor? ¿Se parecen de alguna manera?

_____

_____

_____

COMPOSICION: UN EDITORIAL

Estudios culturales.   En otra hoja de papel, escriba un editorial para el periódico de su localidad donde arguye que sería bueno que la gente contribuyera económicamente para el estudio de las culturas precolombinas. Para más información, consulte la sección **Al corriente** del libro de texto donde también puede encontrar instrucciones para buscar direcciones de la red. El proceso de escribir deberá tener las tres siguientes etapas.

Primera etapa: Organice su editorial según estas preguntas.

1.   ¿Por qué donaría Ud. dinero para un museo antropológico o arqueológico? ¿Qué valor tendría una contribución a esta causa? ¿Qué valor tendría para nuestros hijos o para cualquier persona que no conociera las culturas precolombinas?

2. ¿Sería un lujo (*luxury*) o una necesidad humana conservar la historia del pasado? ¿Podríamos aprender algo de estas sociedades precolombinas? ¿Podría el pasado influir de algún modo en la sociedad actual? Piense en un ejemplo al respeto.

3. Exhorte al público a que contribuya con dinero a la fundación y mantenimiento de museos antropológicos o arqueológicos para el estudio de las civilizaciones pasadas. Exhorte al público a que no destruya los objetos arqueológicos y a que coopere en su conservación. ¿Hay otras actividades que podríamos hacer para fomentar la conservación de las reliquias del pasado?

Segunda etapa: Revise lo que acaba de escribir, prestando atención a cada uno de los siguientes puntos.

1. selección correcta del indicativo o del subjuntivo
2. selección correcta de los tiempos del presente, pasado o futuro
3. uso correcto de la voz pasiva o el **se** pasivo
4. concordancia entre sujetos y verbos
5. concordancia entre sustantivos y adjetivos

Tercera etapa: Revise su editorial de nuevo con cuidado y entrégueselo a su profesor(a).

MANUAL DE LABORATORIO

¡Escuchemos un poco!: Vocabulario del tema

A. You are going to hear a little girl read a composition to her teacher. As you listen, follow the transcribed composition below and underline the words you hear her read. Feel free to listen more than once.

MIS VACACIONES EN (LAS MONTAÑAS / LA SIERRA; 1)

El viaje en el auto de mi papá fue muy divertido porque pasamos por muchos lugares y vimos (terrenos / paisajes; 2) muy bonitos. En el (prado / llano; 3) había muchas vacas que comían pasto cerca de los (arroyos / ríos; 4). Después pasamos por un (bosque / desierto; 5) y en el medio de los grandes árboles había un (lago / valle; 6).

Entonces, mi papá paró el carro y todos fuimos a caminar por allí. En unos pocos minutos llegamos a una (catarata / piedra; 7) muy bella y allí comimos la merienda. Después nos dimos un baño en el (golfo / lago; 8) y nos divertimos mucho jugando en el agua.

Un poco más tarde continuamos con el viaje y pasamos por un puente sobre un (estrecho / río; 9). Como era un puente muy viejo, mi papá lo cruzó muy despacio. Esto no fue nada divertido porque el puente hacía ruido y me dio mucho miedo. Cuando comenzamos a subir los (cerros / riscos; 10), la carretera iba al lado de una (colina / barranca; 11) muy alta. Los (paisajes / cañones; 12) eran muy dramáticos y vimos muchos pájaros y conejos y otros animales que no recuerdo sus nombres.

Cuando finalmente llegamos a la casa de la (bahía / sierra; 13), el paisaje era más espectacular que antes. Hacia un lado se veía un (valle / istmo; 14) atravesado por varios (cerros / arroyos; 15) y unos bellos (prados / picos; 16) verdes. Más allá del (valle / desierto; 17) se veía el (río / estrecho; 18) del puente viejo que llegaba a una (catarata / bahía; 19) del mar. Del otro lado, en los (picos / bosques; 20) de unas (selvas / montañas; 21) que estaban muy, muy lejos se veía (agua / nieve; 22) sobre las grandes (piedras / colinas; 23) y todo era muy bonito.

B. Now you will hear a weather report from the station Radio Rivadavia in Argentina, followed by eight pairs of statements. The first statement of each pair is true. Indicate if the second statement, which begins **Por eso...** (*Therefore*) is true (c) or false (f), based on that first statement. Feel free to listen to the report as many times as you need to. You will then hear each set of statements twice before you respond.

Vocabulario útil: grado (*degree*), desbordar (*to spill over*), esquiador (*skier*), esquiar (*to ski*), lleno (*full*)

1. c   f   4. c   f   7. c   f
2. c   f   5. c   f   8. c   f
3. c   f   6. c   f

Gramática en contexto

34. FOCUSING ON THE OUTCOME: THE PASSIVE VOICE

A. Machu Picchu fue descubierto por Hiram Bingham. Va a oír algunas preguntas. Contéstelas usando la construcción pasiva y las expresiones indicadas, según el modelo. Repita las oraciones correctas.

> MODELO: (¿Quién fundó el Imperio incaico?) Manco Cápac →
> El Imperio incaico fue fundado por Manco Cápac.

1. los incas
2. los guerreros (*warriors*)
3. Huayna Cápac
4. Pizarro

5. la naturaleza
6. Hiram Bingham
7. Bingham
8. un agricultor peruano

B. Se crearon obras de arte. A continuación oirá algunas oraciones en la voz pasiva. Cámbielas usando la construcción **se** + tercera persona para formar oraciones que no indiquen el agente, según el modelo. Repita la oración completa.

> MODELO: (Obras de arte fueron creadas por los indios.) crear → Se crearon obras de arte.

1. devorar
2. construir
3. cultivar
4. descubrir

5. hacer
6. inventar
7. usar
8. escribir

35. MORE ABOUT DESCRIBING: PAST PARTICIPLES AS ADJECTIVES

A. ¡El pescado está preparado muy bien! Una pareja cena en un restaurante elegante en La Paz, Bolivia. A continuación, Ud. oirá una frase con un infinitivo. Combínela con el sujeto indicado para formar una oración completa con el presente de **estar,** según el modelo. Repita la oración correcta.

> MODELO: (preparar muy bien) el pescado →
> ¡El pescado está preparado muy bien!

1. la carne
2. las sopas
3. la mesa

4. las truchas (*trout*)
5. los camareros (*waiters*)
6. el restaurante

B. Preguntas personales. A continuación oirá algunas preguntas dos veces. Contéstelas con oraciones completas, tratando de usar un participio pasado como adjetivo cuando sea posible.

> MODELO: (¡Está hecha o deshecha [*unmade*] tu cama ahora?) → Está hecha.

1. ... 2. ... 3. ... 4. ... 5. ... 6. ...

36. DISCUSSING SIMILARITIES AND DIFFERENCES: COMPARATIVES
     AND SUPERLATIVES

A. ¿Cómo son los países que tenemos al sur? Oirá una declaración acerca de un país
hispanoamericano. Haga una oración que exprese que el país mencionado es igual que el país indicado
a continuación en cuanto a la característica mencionada. Siga el modelo. Luego repita la respuesta
correcta.

>   MODELO: (La Argentina es interesante.) Bolivia → La Argentina es tan interesante como Bolivia.

1.	Venezuela	6.	la Argentina
2.	Guatemala	7.	el Uruguay
3.	la capital de Colombia	8.	Honduras
4.	el Perú	9.	Colombia
5.	Chile	10.	Venezuela

B. Hablando de esos países... Va a oír otras declaraciones acerca de los países hispanoamericanos.
Compare el país mencionado con el indicado abajo, según el modelo. ¡OJO! A veces sus comparaciones
pueden ser diferentes de las que se dan en el programa auditivo. Repita la comparación que oye en el
programa auditivo.

>   MODELO: (El Brasil es grande.) la Argentina → El Brasil es más grande que la Argentina.

1.	Bolivia	5.	Costa Rica
2.	la capital del Perú	6.	Buenos Aires
3.	Chile	7.	el río de la Plata
4.	Cuba	8.	la América Central

C. Preguntas personales. A continuación oirá unas preguntas personales. Contéstelas con oraciones
completas. Oirá cada pregunta dos veces.

1. ...   2. ...   3. ...   4. ...   5. ...   6. ...   7. ...   8. ...

Español en acción

Ud. oirá una conversación entre Jorge Alvarez, el locutor de una estación de radio en Los Angeles, y
Mariana Medina, la representante del Consorcio (*Association*) Sudamericano de Turismo. Escuche la
conversación entre ellos. Luego, escoja las respuestas correctas a las preguntas que oirá a continuación.
Puede escuchar la conversación las veces que quiera.

1.	a b	4.	a b	7.	a b
2.	a b	5.	a b	8.	a b
3.	a b	6.	a b	9.	a b

CAPITULO **14**

CUADERNO DE EJERCICIOS ESCRITOS

¡Hablemos un poco!: Vocabulario del tema

A. Ricky Recursos Naturales. Lea el anuncio buscando los nombres de todos los recursos naturales que se mencionan. Escríbalos en los espacios a continuación, indicando si están incluidos o no en el **Vocabulario del tema** en el **Capítulo 14** del libro de texto.

Estos recursos sí están incluidos en el **Vocabulario del tema.**

_____

_____

_____

_____

Ricky

RECURSOS NATURALES

Son productos que requiere el ser humano para subsistir. Los básicos son: el aire, el suelo, el agua, los minerales, las plantas y los animales.

En estos existen dos clases: *Los Renovables* que son aquellos que pueden ser conservados y renovados mediante su explotación adecuada y planificada. Ejemplo: los bosques, la fauna, etc. Y los *No Renovables* que son aquellos cuya explotación implica su extinción, como los minerales, el carbón, el petroleo, etc.

"CAMPANA DE RICARDO RECICLAJE"

Estos recursos no están incluidos en el **Vocabulario del tema.**

_____

Luego busque en el **Vocabulario del tema** tres recursos naturales que no se mencionan en el anuncio. Escríbalos en los espacios a continuación, indicando si son renovables o no.

Estos recursos sí son renovables. _____

Estos recursos no son renovables. _____

B. Ricardo Reciclaje. Este anuncio es parte de la «Campaña de Ricardo Reciclaje», Además de las palabras de **Vocabulario del tema,** también hay otras que se refieren a los problemas y a lo que debemos hacer para rescatar el medio ambiente de nuestro planeta. Escriba una palabra que se relacione con cada palabra en la próxima página. No todas las palabras abajo aparecen en el **Vocabulario del tema,** pero todas se relacionan con alguna que sí está allí. ¡OJO! Los adjetivos pueden ser participios pasados.

SUSTANTIVO	VERBO	ADJETIVO
el sol		_____
la conservación	_____	_____
_____	contaminar	_____
_____	destruir	_____
_____	_____	seco
_____	_____	desperdiciado
_____	urbanizar	_____
_____	sobrepoblar	_____
_____	desforestar	_____
la siembra	_____	
_____	_____	extinguido
la evitación	_____	_____
la plantación	_____	
_____	desechar (to discard)	_____
_____	inundar	_____
la agotación	_____	_____
_____	erosionar	_____
la explotación	_____	_____
la protección	_____	_____

Lectura: Reflexiones sobre la lectura

A. Opiniones.   Complete las siguientes frases para expresar sus opiniones sobre «La ciudad que no debió construirse» y «La provincia y el Distrito Federal, ese gran nudo gordiano».

1.   México, D.F., está situada en un lugar problemático, ya que

_____

2.   A causa de la concentración de población en la zona metropolitana de México, D. F.,

_____

3.   El D.F. atrae a mucha gente de las provincias porque

_____

4.   Me parece que si sigue creciendo la capital,

_____

5.   Y creo que se puede romper el «nudo gordiano» si

_____

6.   Con menos población, la calidad de vida en el D.F. sería diferente:

_____

B. Preguntas. Conteste brevemente las siguientes preguntas de una manera personal.

1. ¿Prefiere Ud. vivir en un lugar sobrepoblado o más bien despoblado? ¿Por qué? ¿Cuáles son las ventajas de vivir en un sitio como el que Ud. prefiere?

   _____

   _____

2. ¿Piensa Ud. que el caso de la ciudad de México es extraordinario? ¿O piensa Ud. que la sobrepoblación de algunos centros urbanos es más bien un fenómeno de la época moderna? Explique su respuesta.

   _____

   _____

3. El autor de «La provincia y el Distrito Federal» piensa que trasladar una parte de la burocracia mexicana a las provincias ofrece muchas ventajas. ¿Cree Ud. que haya desventajas también? Explique su respuesta.

   _____

   _____

Gramática en contexto

37. TELLING WHAT YOU WOULD DO: THE CONDITIONAL

A. Visitando Cartagena. Cambie el primer verbo en las siguientes oraciones del tiempo presente al pasado y el segundo verbo del futuro al condicional, según el modelo.

> MODELO: Me dicen que me gustará mucho el Hotel Caribe. →
> Me dijeron que me gustaría mucho el Hotel Caribe.

1. Sé que pasaremos una semana allí.

   _____

2. El anuncio promete que nos divertiremos mucho.

   _____

3. Nos dice que podremos compartir una habitación.

   _____

4. Es obvio que las habitaciones serán grandes.

   _____

5. Acaban de anunciar que habrá un nuevo plan.

   _____

6. Parece que nos darán una habitación para dos personas por el precio de una.

   _____

7. Se dice que el hotel tendrá frondosos (*woodsy*) jardines.

   _____

8. Me dicen que allí nos sentiremos importantes y libres.

   _____

B. ¿Dónde estarían? Conteste las siguientes preguntas usando el condicional para indicar probabilidad en el pasado, según el modelo. Sus respuestas van a variar.

> MODELO: Eran las ocho de la mañana. ¿Dónde estaría su compañero/a de cuarto? ¿Qué haría? →
> Estaría en el baño. Se ducharía.

1. Era el domingo a las diez y media de la mañana. ¿Dónde estarían sus mejores amigos/as? ¿Qué harían?

   _____

2. Era el viernes a mediodía. ¿Dónde estaría su profesor(a) de español? ¿Qué haría?

   _____

3. Era el domingo a las ocho y media de la noche. ¿Dónde estarían los miembros de su familia? ¿Qué harían?

   _____

4. Era el sábado por la tarde. ¿Dónde estaría el presidente de los Estados Unidos? ¿Qué haría?

   _____

5. Era el lunes, a las siete y media de la mañana. ¿Dónde estarían todas las personas que viven en Connecticut y trabajan en Nueva York? ¿Qué harían?

   _____

38. EXPRESSING "Let's . . .": nosotros COMMANDS

A. ¡Hagamos de Cali una ciudad segura! Este anuncio forma parte de una campaña publicitaria de Cali, Colombia. Cambie las siguientes oraciones por mandatos en plural, según el modelo.

> MODELO: ¡Vamos a respetar las señales de tránsito! → ¡Respetemos las señales de tránsito!

1. ¡Vamos a mirar adónde vamos!

   _____

   _____

2. ¡Vamos a conducir con cuidado!

   _____

   _____

3. ¡Vamos a tener cuidado con los peatones (*pedestrians*)!

   _____

4. ¡Vamos a ponernos los cinturones de seguridad (*seat belts*)!

   _____

5. ¡Vamos a ponérselos también a los niños!

   _____

6. ¡Vamos a comprar un seguro (*insurance*) en caso de que haya accidentes!

_____

7. ¡No vamos a doblar (*turn*) sin señalar!

_____

8. ¡No vamos a quitarnos la chaqueta mientras manejemos!

_____

9. Si nos enojamos con los demás conductores, ¡no los vamos a amenazar (*threaten*)!

_____

10. Si ocurre un accidente y hay heridos (*injured*), ¡vamos a ayudarlos!

_____

B. Mandatos originales. Imagínese que Ud. y sus amigos van de vacaciones a la América del Sur. Escriba cinco mandatos afirmativos y cinco negativos usando los verbos indicados.

1. (viajar) ¡_____

2. (buscar) ¡_____

3. (salir) ¡_____

4. (dormirse) ¡_____

5. (ducharse) ¡_____

6. (comprar) ¡No _____

7. (volver) ¡No _____

8. (traer) ¡No _____

9. (enfermarse) ¡No _____

10. (pedir) ¡No _____

39. EMPHASIZING TO WHOM SOMETHING BELONGS: STRESSED POSSESSIVE ADJECTIVES AND POSSESSIVE PRONOUNS

Un poco de propaganda. Complete los siguientes anuncios con los adjetivos o los pronombres posesivos indicados.

1. Hemos vendido miles de lindos «moogs» en el Centro Comercial Villanueva, ¡pero éste puede

   ser _____ (*yours* [tu moog]) gratis con cada compra mayor de $2.000!

2. Habla Rita Delgado de los Autobuses ADO: No hay niños más queridos que

   _____ (*mine* [mis hijos]), así que cuando los acompañé a la estación de ADO

   para que hicieran un viaje a Ciudad Juárez, me sentía nerviosa. Pero de las muchas

   experiencias que han tenido mis hijos, ésta resultó ser una de las más divertidas. ¡Así es que les

   aconsejo que si _____ (*yours* [sus hijos]) tienen que viajar, que no sea en otros

   autobuses que éstos.

3. Un testimonio personal de los Cursos PYOP: ¡Una de cada 25 personas ya ha hecho un Curso

PYOP! ¿Quién no conoce a 25 personas? Familiares, amigos, vecinos... Y muchos de

_____ (*ours* [nuestros familiares, amigos y vecinos]), uno de cada 25, han hecho

un Curso PYOP por correspondencia. Claro que hay otros programas, pero éste no es tan caro

como ésos, y es el mejor de todos. ¿Lo dudas? Pregúntales a tus amistades. Yo también lo

dudaba, pero cuando hablé con _____ (*mine* [mis amistades]), lo comprobé.

Llamé a 25 personas, y de ellas, una era alumna de un Curso PYOP. Apuesto (*I bet*) a que una

de _____ (*yours* [tus amistades]) te dirá lo mismo.

40. MORE ON TALKING ABOUT THE PAST: A REVIEW OF THE INDICATIVE PAST TENSES

Cuando vivíamos en Lago Azul. Escriba la forma apropiada del indicativo de cada verbo entre paréntesis, escogiendo entre el pretérito, imperfecto, presente perfecto o pluscuamperfecto (*past perfect*), según el contexto. A veces hay dos formas posibles.

En 1980, cuando _____ (tener [yo]; 1) ocho años, mi familia

_____ (comprar; 2) una casa en Lago Azul, un conjunto residencial en las

afueras de la capital de Costa Rica. La construcción de estas residencias _____

(empezar; 3) hace un poco más de un año antes de que compráramos la nuestra, así que todas

_____ (ser; 4) muy nuevas todavía. Sólo _____

(haber; 5) una sección abierta en aquel entonces. Aunque todas las demás casas que se

_____ (construir; 6) después son más grandes que la que mis padres

_____ (escoger; 7), ninguna de las que _____

(visitar [yo]; 8) desde entonces me ha gustado tanto como la nuestra.

    Al principio me _____ (parecer; 9) muy extraño vivir allí porque

_____ (acostumbrarse [yo]; 10) a la vida de la capital, pero poco a poco

_____ (ir; 11) acomodándome a las diferencias. Lo que menos me

_____ (gustar; 12) al principio fue que no _____

(conocer [yo]; 13) a nadie allí, y como _____ (ser; 14) muy tímida,

_____ (ir; 15) a ser difícil para mí hacer amistades con los pocos niños

que _____ (vivir; 16) en Lago Azul.

    Sólo _____ (darse [yo]; 17) cuenta de que

_____ (poder; 18) divertirme bastante allí cuando

_____ (saber; 19) que en unos cerros cercanos _____

(haber; 20) una cueva (*cave*). No _____ (saber [yo]; 21) que existía esa

cueva hasta que una tarde _____ (llamar; 22) a la puerta dos chicas que

_____ (tener; 23) más o menos la misma edad que yo. Ellas le

_____ (decir; 24) a mi mamá que _____ (oír

[ellas]; 25) que otra niña _____ (acabar; 26) de mudarse (*move*) a Lago Azul.

Las dos _____ (querer; 27) saber si _____ (estar

[yo]; 28) interesada en jugar con ellas. Mi mamá les _____ (contestar; 29)

que sí. Así es que yo _____ (ir; 30) con ellas a descubrir lo más

interesante que _____ (ver; 31) en toda mi vida hasta entonces: esa cueva

misteriosa. _____ (Pasar [Nosotras]; 32) tres horas explorándola,

divirtiéndonos al aire libre y conociendo todo el sitio, hasta que _____

(pensar [nosotras]; 33) que nuestras madres _____ (poder; 34) estar

preocupadas por nosotras. Cuando _____ (regresar [yo]; 35) a casa,

_____ (estar [yo]; 36) contentísima de vivir en Lago Azul.

_____ (Comprender [Yo]; 37) esa tarde que las amistades que uno tiene

importan mucho más que el lugar donde se vive.

    Desde entonces _____ (vivir [yo]; 38) en muchas partes del país y

_____ (conocer; 39) a muchas personas. Pero siempre

_____ (guardar [yo]; 40) los recuerdos de Lago Azul en un rincón especial

del corazón.

Español en acción

Preguntas personales.   Conteste las siguientes preguntas de una manera personal.

1.   ¿Les gustaría visitar la América del Sur a Ud. y a sus amigos?

   _____

2.   Si pudieran (*if you could*) visitar cualquier ciudad, ¿cuál escogerían?

   _____

3.   ¿Qué harían primero al llegar a esa ciudad?

   _____

4.   ¿Qué harían después?

   _____

5.   ¿Qué no harían mientras estuvieran allí?

   _____

6.   ¿Qué les comprarían para llevarles a sus amigos en los Estados Unidos?

   _____

7.   ¿Qué se dirían entre Uds. al comer algo que les gustara mucho? (¡OJO! Use un mandato en plural [nosotros *command*].)

   _____

COMPOSICION: UNA CARTA

Nuestro vecino.   En otra hoja de papel, escriba una carta a un político o grupo de políticos, explicando la situación económica de uno de nuestros vecinos (un país latinoamericano) y por qué debe haber legislación para ayudar y protegerlo. Para más información, consulte la sección **Al corriente** del libro de texto donde también puede encontrar instrucciones para buscar direcciones de la red. El proceso de escribir deberá tener las tres siguientes etapas.

Primera etapa: Organice su carta según estas preguntas.

1.   ¿Qué país escogió? ¿Cuánta deuda externa tiene? ¿Con quién(es)?
2.   Históricamente, ¿qué situaciones han contribuido a su deuda externa? ¿En qué condiciones estaba el país cuando se independizó? ¿Ha sufrido guerras civiles u otros conflictos con países vecinos? ¿Ha sufrido catástrofes naturales (terremotos, huracanes, etcétera)?
3.   ¿Qué recursos naturales tiene este país? ¿Qué países han beneficiado de o explotado esos recursos? ¿Hay muchas empresas internacionales que se hayan instalado en el país para aprovecharse de su mano de obra o recursos? ¿De qué países son?

Segunda etapa: Revise lo que acaba de escribir, prestando atención a cada uno de los siguientes puntos.

1.   uso correcto de las formas del condicional
2.   uso correcto de los mandatos en plural (por ejemplo, **nosotros**)
3.   selección corfrecta del presente, pasado o condicional
4.   uso correcto del subjuntivo
5.   concordancia entre sujetos y verbos
6.   concordancia entre sustantivos y adjetivos

Tercera etapa: Revise su carta de nuevo con cuidado y entrégueselo a su profesor(a).

MANUAL DE LABORATORIO

¡Escuchemos un poco!: Vocabulario del tema

A. You are going to hear a public service announcement sponsored by an environmental protection group, followed by a series of statements. Indicate whether the speaker did (**sí**) or did not (**no**) express these ideas. You may listen to the announcement as many times as you need to.

Vocabulario útil: erosionando (*eroding*), creando (*creating*), amenazar (*to threaten*), extinción (*extinction*), en vez de (*instead of*)

1. sí no	6. sí no	
2. sí no	7. sí no	
3. sí no	8. sí no	
4. sí no	9. sí no	
5. sí no	10. sí no	

B. Now you will hear a conversation between Mónica and Julio, followed by a series of statements. Indicate whether the statements about their conversation are true (c) or false (f). You may listen to the conversation as many times as necessary.

Vocabulario útil: reactores nucleares (*nuclear reactors*), lluvia ácida (*acid rain*)

1. c f	7. c f
2. c f	8. c f
3. c f	9. c f
4. c f	10. c f
5. c f	11. c f
6. c f	12. c f

Gramática en contexto

37. TELLING WHAT YOU WOULD DO: THE CONDITIONAL

A. Hablan los Sres. Arrabal. Va a oír una conversación y luego algunas declaraciones. Marque la letra de las declaraciones que describan correctamente lo que pasa en el diálogo.

1. a b c	3. a b c
2. a b c	4. a b c

B. ¿Qué te dijo? Los conquistadores hablan de Cortés. A continuación Ud. oirá una oración corta en el tiempo futuro. Haga el papel de un conquistador hablando con otro que no ha oído lo que le ha dicho Cortés y cuéntele lo que le dijo en el tiempo condicional. Empiece cada oración con la frase indicada, abajo, según el modelo. Repita la respuesta correcta.

> MODELO: (Saldremos mañana para México.) Me dijo que... →
>   Me dijo que saldríamos mañana para México.

1. Me dijo que...
2. Sabía que...
3. Estaba seguro de que...
4. Me dijo que...
5. No dudaba que...
6. Me prometió que...

38. EXPRESSING "Let's . . .": **nosotros** COMMANDS

A. ¡Bailemos un rato! Un grupo de estudiantes dan una fiesta. A continuación Ud. oirá unas frases con el infinitivo. Conviértalas en mandatos usando la primera persona plural, según el modelo. Repita el mandato correcto.

> MODELO: (bailar un rato) → ¡Bailemos un rato!

1. ... 2. ... 3. ... 4. ... 5. ... 6. ... 7. ... 8. ...

B. ¡No hagamos tanto ruido en la fiesta! Siga el modelo del ejercicio A, pero esta vez convierta las frases en mandatos negativos. Repita los mandatos correctos.

> MODELO: (no hacer tanto ruido) → ¡No hagamos tanto ruido!

1. ... 2. ... 3. ... 4. ... 5. ... 6. ... 7. ... 8. ...

39. EMPHASIZING TO WHOM SOMETHING BELONGS: STRESSED POSSESSIVE ADJECTIVES AND POSSESSIVE PRONOUNS

¿Es mío? Va a oír cada pregunta dos veces. Cambie los adjetivos posesivos y demostrativos por pronombres, según el modelo. La segunda parte de las respuestas negativas puede variar.

> MODELO: (¿Es tuyo este plato?) → Sí, es mío.
>   O: No, no es mío. Es tuyo.

1. los vasos
   Sí,...

2. las tazas
   Sí,...

3. la bandeja (*tray*)
   No,...

4. la jarra (*pitcher*)
   No,...

5. las copas
   No,...

6. los cuchillos
   Sí,...

40. MORE ON TALKING ABOUT THE PAST: A REVIEW OF
THE INDICATIVE PAST TENSES

A. El Palacio de Chapultepec, uno de los sitios más famosos de la Ciudad de México. A continuación oirá una oración corta en el tiempo presente del indicativo. Cambie la oración al pretérito o imperfecto, según el contexto. (Los años mencionados se encuentran abajo.) Repita la oración correcta.

> MODELO: (Los aztecas construyen una fortaleza en Chapultepec.) →
> Los aztecas construyeron una fortaleza en Chapultepec.

1. ...   2. ...   3. ...   4. ... 1785   5. ...   6. ...   7. ... 1847   8. ... 1945   9. ...   10. ...

B. La historia de Cortés y Moctezuma. A continuación oirá uno o dos infinitivos que se relacionan con las siguientes oraciones. Diga la oración insertando las formas apropiadas de los verbos (pretérito, imperfecto o participio pasado), según el modelo. Repita la oración completa.

> MODELO: (nacer) Hernán Cortés... en Extremadura en 1485. →
> Hernán Cortés *nació* en Extremadura en 1485.

1. Cortés había... en Salamanca antes de que saliera para el Nuevo Mundo.
2. El joven... en la conquista de Cuba en 1511.
3. Cortés... que Diego Velázquez... a hacer una expedición a México.
4. Pero Velázquez... celos y no... que Cortés lo acompañara.
5. Cortés había... hacer el viaje y lo... sin Velázquez.
6. Lo... 500 soldados y 100 marineros.
7. Esos hombres... a Cozumel, donde... contra los indios.
8. Después de que había... la ciudad de Veracruz, Cortés... todas sus naves (*ships*).
9. Ahora los soldados y marineros no... regresar.
10. Por fin ellos... a Tenochtitlán, donde los... Moctezuma.
11. Moctezuma no... al principio que los españoles... sus enemigos.
12. El... que un gran dios había... a su tierra.
13. Por eso Moctezuma le... la bienvenida (*welcome*).
14. Luego cuando Moctezuma... a Cortés... que sólo era un hombre como todos.
15. Pero Moctezuma ya había... que entrara, y pronto su huésped (*guest*) lo...

Español en acción

Ud. oirá una conversación entre el Sr. Robledo, un experto en los problemas ambientales de la América del Sur, y algunas personas que asisten a una conferencia que él da. Al final, oirá una serie de preguntas. Escoja la respuesta correcta a cada pregunta. Puede escuchar el diálogo las veces que quiera.

Vocabulario útil: los países del Cono Sur —Argentina, Chile, Paraguay, Uruguay; agujero (*hole*); ubicado (*located*); pica (*it burns*); ceguera (*blindness*)

1. a b   4. a b   6. a b
2. a b   5. a b   7. a b
3. a b

CAPITULO **15**

CUADERNO DE EJERCICIOS ESCRITOS

¡Hablemos un poco!: Vocabulario del tema

A. Hablando de los conceptos abstractos.   Escriba un antónimo para cada palabra que aparece a continuación. Use el **Vocabulario del tema** en el **Capítulo 15** del libro de texto.

la verdad   _____

la integridad   _____

la jerarquía   _____

la pobreza   _____

la libertad   _____

la victoria   _____

la dependencia   _____

la crueldad   _____

la presencia   _____

la valentía   _____

la avaricia   _____

la fragmentación   _____

la fidelidad   _____

la justicia   _____

la desconfianza   _____

la debilidad   _____

la estabilidad   _____

la sinceridad   _____

la enemistad   _____

B. Preocupaciones sociales. Escriba el concepto abstracto que mejor complete cada descripción ¡OJO! A veces hay más de un concepto posible.

1. A Sara no le gusta que haya países donde la gente no goce de los derechos humanos más básicos. Como miembro de Amnistía Internacional ha manifestado (*participated in demonstrations*) en contra de los gobiernos de la China, Iraq e Irán. Le importa mucho la _____ social.

2. Felipe lamenta que varias personas de su comunidad no tengan donde vivir. Ha visto a hombres, mujeres e incluso niños viviendo en las calles de su ciudad, lo cual le parece horroroso. Por eso ha decidido tratar de hacer algo para combatir la _____ que cree que no debería de existir en una sociedad próspera y moderna.

3. Los padres de Antoñín no están contentos con él para nada. Cada vez que le preguntan dónde ha pasado la tarde, qué ha hecho o con quiénes ha estado, no les dice la verdad. Lo que quieren saber es, ¿qué significan todas estas _____ suyas?

4. Hace tres años que Marisol se casó con Octavio y cree que se han llevado muy bien hasta ahora. Pero hace ya varios días que su esposo no vuelve a casa hasta la medianoche. Cuando encontró en su chaqueta un largo pelo rubio que no era suyo, Marisol empezó a preocuparse por la _____ de Octavio.

5. En muchos países es común que los líderes se enriquezcan mientras están en el poder. Incluso los oficiales de menos categoría saben aprovecharse de su posición para acumular riqueza. El mayor problema que tienen esos países es encontrar la manera de combatir esta _____ que destruye sus sociedades.

Lectura: Reflexiones sobre la lectura

A. Conceptos y comentarios. ¿Con cuáles de los siguientes conceptos asocia Ud. las citas de «Un continente de inmigrantes» de Carlos Fuentes? Escoja el concepto que Ud. relaciona con cada cita y después haga un comentario breve. Trate de no repetir ningún concepto.

amistad	enemistad	igualdad	presencia
avaricia	estabilidad	jerarquía	riqueza
crueldad	fragmentación	(in)justicia	sinceridad
debilidad	fuerza	libertad	unificación
(in)dependencia	generosidad	pobreza	victoria

MODELOS: « ...estigmatizarlos, como lo fueron los judíos en la Edad Media» →
injusticia: Los judíos fueron víctimas de muchas injusticias en la Edad Media.

crueldad: En la Edad Media, la Inquisición trató a los judíos con crueldad.

1. « ...siguieron los españoles, en busca de las Siete Ciudades de oro... »

_____: _____

2. «El imperio español se extendió hacia el norte hasta California y Oregón.»

_____: _____

3. «El mundo hispánico no vino a los Estados Unidos, sino que los Estados Unidos vinieron al mundo hispánico.»

_____: _____

4. «Los inmigrantes continúan llegando a los Estados Unidos, y no sólo al suroeste, sino a la costa occidental, a Nueva York y Boston, antes de dirigirse nuevamente a Chicago, y el medio oeste.»

_____: _____

5. « ...el inmigrante se encuentra con los chicanos, los norteamericanos de origen mexicano, quienes siempre han estado ahí, incluso antes que los gringos.»

_____: _____

6. «[Hay] 300.000 empresas hispánicas que han prosperado en los Estados Unidos.»

_____: _____

7. « ...un adolescente angloamericano de 19 años matando a tiros a dos inmigrantes... »

_____: _____

8. « ...comunidades enteras en México viven gracias a las remesas de los trabajadores migrantes en los Estados Unidos.»

_____: _____

9. «Las diferencias persistentes entre las culturas de Angloamérica e Iberoamérica... continúan oponiéndose, influenciándose y chocando.»

_____: _____

10. « ...le dan especial valor a la religión... un hondo sentido de lo sagrado... la más vieja y profunda certeza del mundo indígena de las Américas.»

_____: _____

B. Preguntas. Conteste brevemente las siguientes preguntas de una manera personal.

1. ¿Está Ud. de acuerdo con Carlos Fuentes en que el concepto del crisol estadounidense es falso, y en que el crisol norteamericano no existe? Explique su respuesta.

_____

_____

2. El escritor se pregunta si anglos e hispanoamericanos van a parecerse y a comprenderse más en este mundo cada vez más multicultural. ¿Qué piensa Ud. al respecto? Explique su respuesta.

_____

_____

3. ¿Cree Ud. como Carlos Fuentes que la ley que declara el inglés la lengua oficial en California es inútil porque el inglés, en la práctica, ya no es la lengua oficial? ¿O cree Ud. que la ley tiene utilidad y validez? Explique su respuesta.

_____

_____

Gramática en contexto

41. MAKING HYPOTHETICAL STATEMENTS: **si** CLAUSES

A. Si gritas... mueres. Escriba oraciones usando estos verbos para indicar que es posible que la acción ocurra, según el modelo.

> MODELO: no cuidarse/enfermarse → Si no te cuidas, te enfermas/enfermerás.

1. comer demasiado/engordar

   _____

   _____

2. no mirar por donde caminar / ir a tener un susto

   _____

   _____

3. no pagar la luz (*electricity*) / no tener calefacción

   _____

   _____

4. cometer un crimen / ser arrestado por la policía

   _____

   _____

5. casarse / tener que llevarse bien con los parientes políticos

   _____

   _____

6. haber muchos árboles en el terreno / ser necesario recoger las hojas del jardín

   _____

   _____

B. Si las personas grandes pensaran un poquito más en divertirse, harían más feliz el mundo de nosotros los niños. Ahora escriba otras oraciones usando estos verbos para expresar que no es probable que ocurra la acción indicada, según el modelo.

> MODELO: los seres humanos: trabajar menos horas / tener más tiempo para divertirse →
> Si los seres humanos trabajaran menos horas, tendrían más tiempo para divertirse.

1. los adultos: ser menos estrictos / los niños: estar más contentos

   _____

   _____

2. los países desarrollados: compartir sus recursos / haber menos pobreza en el mundo

_____

_____

3. todo el mundo: tener casa / ser un sistema más justo

_____

_____

4. los políticos: decir siempre la verdad / los votantes: tener más confianza en ellos

_____

_____

5. los jefes de estado: escuchar a la gente / haber menos guerras

_____

_____

6. los pájaros y los elefantes: poder hablar / nosotros: sentirse felices

_____

_____

C. ¿Qué piensas hacer? Las siguientes oraciones indican que todavía es posible que ocurra la acción mencionada. Escríbalas de nuevo dos veces, cambiando los verbos para que indiquen: a) que no es probable que la acción ocurra (_a dream_) y b) que ya es demasiado tarde para que ocurra tal cosa (_hindsight_), según el modelo. ¡OJO! El orden de las cláusulas varía.

MODELO: Si tengo más dinero, me mudaré a Miami. →
      a. Si tuviera más dinero, me mudaría a Miami.
      b. Si hubiera tenido más dinero, me habría mudado a Miami.

1. Si engordo, haré ejercicio y comeré menos.

  a. _____

     _____

  b. _____

     _____

2. Si podemos ver a Juan, le diremos la verdad.

  a. _____

     _____

  b. _____

     _____

3. Ellos saldrán con nosotros si están listos.

  a. _____

     _____

  b. _____

     _____

4. ¿Vendrás conmigo si terminas pronto tu trabajo?

  a. _____

     _____

  b. _____

     _____

5. Si hacemos un viaje a la América del Sur, iremos a Machu Picchu.

  a. _____

     _____

  b. _____

     _____

42. TALKING ABOUT ACTION AS CONCEPTS: INFINITIVES USED AS NOUNS

TIMAC, el miniordenador doméstico.   En el anuncio para TIMAC: el miniordenador doméstico, hay doce ejemplos del infinitivo usado como sustantivo. En los espacios a continuación, escriba los doce infinitivos. Luego escriba la letra que corresponde a la razón por la cual se usa cada uno.

    a.   complemento del verbo
    b.   después de una preposición
    c.   sujeto del verbo

Encender la luz del cuarto de los niños, y regular su intensidad luminosa.
Apagar la Tele, la Radio y el Stéreo.
Encender la luz de la mesilla.
Poner en marcha el extractor de la cocina.
Apagar la luz de la terraza.
Prepararse un café...
Y muchas cosas más, con sólo mover un dedo y sin levantarse de su sillón.

TIMAC es un sistema de programación y control que le permite encender o apagar cualquier punto de luz a distancia.

Sin necesidad de instalaciones.

SI DESEA RECIBIR INFORMACION COMPLETA SOBRE TIMAC, RECORTE ESTE CUPON Y ENVIENOSLO.

D
Domicilio
Ciudad
Provincia
NIESSEN
Apartado 12 - Rentería
Guipúzcoa

La primera marca de pequeño material

	INFINITIVO	RAZON		INFINITIVO	RAZON
1.	_____	___	7.	_____	___
2.	_____	___	8.	_____	___
3.	_____	___	9.	_____	___
4.	_____	___	10.	_____	___
5.	_____	___	11.	_____	___
6.	_____	___	12.	_____	___

43. MORE ABOUT TALKING ABOUT EVENTS IN PROGRESS: OTHER HELPING VERBS USED WITH THE PRESENT PARTICIPLE

Doña Claudia: Una mujer luchadora.   Complete el siguiente párrafo con los verbos entre paréntesis, usando el gerundio o una cláusula adjetiva (**que** + verbo conjugado). ¡OJO! ¡No se puede depender de la traducción inglesa para decidir cuál de las dos formas es la correcta!

Doña Claudia Bravo fue una abogada chilena _____ (luchar; 1) para que

las mujeres hispanoamericanas consiguieran la igualdad de derechos. Por dos décadas viajó cada

semana a diferentes países en donde las mujeres _____ (sufrir; 2) la

opresión de la dictadura sexual la recibían con entusiasmo y gratitud. Al llegar a esos países, solía

consultar con las líderes del movimiento feminista internacional, que ya venía

_____ (ganar; 3) fuerza con el pasar de los años. Aunque doña Claudia ya

tenía casi sesenta años, siguió _____ (viajar; 4) tanto como antes. ¡No dejó

que nada ni nadie le impidiera hacerlo! Claro que había hombres y —¿por qué no decirlo?—

mujeres también, que siempre estaban _____ (oponerse; 5) a lo que doña

Claudia representaba, pero poco a poco la gente iba _____ (darse; 6)

cuenta de que ella y las demás mujeres _____ (pensar; 7) como ella tenían

razón. _____ (Explicar; 8) lo que estaba _____

(suceder; 9) en otras partes, doña Claudia esperaba convencerles de que cambiaran de opinión. Pero

_____ (saber; 10) que esto no iba a ocurrir de la noche a la mañana, y no

_____ (querer; 11) esperar hasta que eso ocurriera, doña Claudia y sus

compatriotas aliadas continuaban _____ (decir; 12) lo que opinaban y

_____ (pedir; 13) a los hombres y las mujeres

_____ (escucharlas; 14) que hicieran algo para mejorar la situación de la

mujer en general. ¡Qué mujer! La vamos a echar mucho de menos.

REPASO DE LA GRAMATICA: ¿INDICATIVO O SUBJUNTIVO?

A. Comprándose una computadora.   Complete los siguientes párrafos con la forma apropiada de cada verbo, ya sea en el indicativo o subjuntivo, pasado, presente o futuro. ¡OJO! A veces hay más de una respuesta posible.

El Sr. Orlando Ortiz y sus colegas buscaban un sistema de computo que les

_____ (permitir; 1) aumentar al máximo la producción y que

_____ (ser; 2) lo suficientemente flexible para que no

_____ (tener [ellos]; 3) que comprar otro sistema dentro de algunos años.

Ya habían comprado otro sistema que les _____ (gustar; 4) al principio,

pero ese sistema ya no _____ (servir; 5) para satisfacer las necesidades de

la empresa. Por eso el Sr. Ortiz les dijo a tres subalternos (*subordinates*) que

_____ (buscar; 6) un sistema nuevo que _____

(ofrecer; 7) todo lo que necesitaban.

Los empleados escogieron unas tiendas donde se _____ (vender; 8)

computadoras y _____ (ir; 9) a visitarlas. Una mujer que

_____ (trabajar; 10) en la primera los saludó con cortesía, les

_____ (hacer; 11) unas preguntas acerca de las necesidades de su empresa

y _____ (empezar; 12) a explicarles las varias opciones que tenían.

—Si compran el IBM i Series —les _____ (decir; 13) la vendedora—,

Uds. _____ (poder; 14) computar, controlar y armonizar la capacidad

productiva en la fabricación de sus productos. Así _____ (lograr [Uds.]; 15)

competir mejor en el mercado. Con el IBM i Series sus operadores

_____ (detectar; 16) cualquier problema que

_____ (ocurrir; 17) en la línea de producción al instante. De esa manera

se _____ (controlar; 18) todos los aspectos relativos a la producción.

Los tres empleados _____ (estar; 19) muy impresionados con lo que

_____ (escuchar; 20) en esa tienda. Aunque

_____ (ir; 21) a otras tiendas, no vieron ningún sistema que les

_____ (parecer; 22) mejor para su empresa. Cuando

_____ (volver; 23) a hablar con el Sr. Ortiz, le recomendaron que

_____ (escoger; 24) el IBM i Series que ellos

_____ (ver; 25) en esa primera tienda.

—¿No hay otro que _____ (ser; 26) mejor? —les preguntó el jefe.

Los subalternos se _____ (mirar; 27) unos a otros.

—No, señor, a menos que _____ (ser; 28) el sistema que

_____ (ver [nosotros]; 29) en la tercera tienda. Pero ese sistema

_____ (costar; 30) mucho más que éste, y antes de que se

_____ (poder; 31) utilizar, será necesario que los operadores

_____ (ir; 32) a aprender a usarlo. Con el sistema que nosotros

_____ (escoger; 33), lo único que _____ (tener; 34)

que hacer es leer el libro que IBM nos _____ (ir; 35) a dar junto con el

sistema.

—Pero... ¿Cuándo podrán entregarnos el sistema?

—Según la dependienta, lo _____ (recibir [nosotros]; 36) una semana después de que le _____ (pagar [nosotros]; 37). Y los operadores podrán empezar a trabajar cuando Ud. _____ (decir; 38).

—Bueno. Pídanle a González que _____ (autorizar; 39) la compra del IBM i Series. Si todos están tan entusiasmados, es obvio que ese sistema _____ (ser; 40) el que buscamos.

B. Si yo fuera rico... Complete los siguientes párrafos con la forma correcta del verbo, ya sea en el infinitivo, indicativo o subjunctivo, presente, pasado, futuro, perfecto, gerundio, etcétera.

Si yo _____ (ser; 1) rico y _____ (poder; 2) —y _____ (querer; 3)— gastar dinero a manos llenas... Vamos a _____ (jugar; 4), por un momento, a ser multimillonarios. _____ (Buscar [nosotros]; 5) algunos de los lujos más caros que se _____ (poder; 6) conseguir en España. Es sólo un juego para _____ (reír; 7), soñar... o frustrarnos.

_____ (Empezar [nosotros]; 8) por los placeres de la mesa: para tomar el aperitivo, nada mejor que un delicioso caviar iraní con un champán francés, un Moët Chandon reserva del '73, que _____ (llegar; 9) casi a las 400 euros. En España, el champán más caro que _____ (tener [nosotros]; 10) es el Gramona, que «sólo» _____ (costar; 11) 120 euros: ¡un buen brindis (*toast*)!

Y a la hora de comer, para que _____ (quedar; 12) bien con todos los amigos e invitados, quizá un rioja, el Viña Tondonia, esta vez reserva de 1913–14, casi para servirlo sin _____ (quitar; 13) el precio de la botella: nada menos que 5.000 euros. Aunque en vinos es posible que se _____ (aumentar; 14) el presupuesto (*budget*) casi indefinidamente, no creo que _____ (haber; 15) botellas que _____ (llegar; 16) a valer más de 20.000 euros.

Ahora para _____ (matar; 17) la tarde, si tenemos tiempo, _____ (ir [nosotros]; 18) de compras. Si te interesa algo que no _____ (ser; 19) muy práctico, que tal un reloj de Piaget, modelo Polo, de oro y brillantes: casi 90.000 euros. Desde luego, no hay millonario que se _____ (preciar; 20) ni jeque (*sheik*) árabe montado en el petrodólar que no _____ (tener; 21) un Rolls a la puerta de su casa; naturalmente con chofer al volante (*steering wheel*). Pero ¡no nos _____ (contentar [nosotros]; 22) con cualquier modelo! Lo mejor es decidirse por el Rolls Royce modelo Park Ward, uno de los más caros de todos, hecho a mano. Aunque tú _____ (estar; 23) dispuesto a pagar los 300.000 euros que te

_____ (ir; 24) a costar, será necesario que te _____ (apuntar; 25) en la lista de espera. Y como lo más probable es que _____ (tener [tú]; 26) que esperar unos dos años hasta que te lo _____ (entregar [ellos]; 27), puedes conformarte mientras tanto con un Porsche 911 Turbo. ¡Es posible que lo _____ (comprar [tú]; 28) por menos de 120.000 euros!

Pero hay que ir _____ (pensar; 29) en las vacaciones. Quizás sería mejor que _____ (invitar [tú]; 30) a un grupo de amigos a Marbella. Si alquilaras un avión privado de ocho plazas (*seats*), te _____ (costar; 31) unas 5.000 euros. Y en Marbella _____ (haber; 32) que reservar la *suite* real del hotel Los Monteros Marbella: dos mil metros cuadrados, todo _____ (decorar; 33) con elegancia y delicadeza. La *suite* además _____ (tener; 34) terraza con vista al mar. ¿Dudas que _____ (ser; 35) una ganga (*bargain*) los 148. 2510 euros que cuesta al día? ¿Quién se anima? (*Who's ready?*)

Español en acción

Preguntas personales. Conteste las siguientes preguntas de una manera personal.

1. Si Ud. tiene tiempo los sábados, ¿qué hace? ¿Qué cosas no hace?

   _____

   _____

2. ¿Qué les dice a sus amigos si no tiene ganas de salir con ellos?

   _____

   _____

3. ¿Adónde iría Ud. si pudiera viajar a cualquier país del mundo? ¿Adónde no iría? ¿Por qué?

   _____

   _____

4. Si pudiera conocer a cualquier persona famosa, ¿a quién conocería? ¿Por qué?

   _____

   _____

5. Si alguien le diera trescientos dólares, ¿qué haría con el dinero? ¿Por qué?

   _____

   _____

6. Si no hubiera venido a esta universidad, ¿qué habría hecho? ¿Qué no habría hecho? ¿Por qué?

   _____

   _____

COMPOSICION: UNA SOLICITUD PARA BECA

Una beca NEA.   Imagínese que Ud. es un artista famoso. En otra hoja de papel, escriba una carta al NEA (*National Endowment for the Arts*) solicitando una beca (*grant*) para crear una nueva pieza de arte público. Explique en esta solicitud la conexión entre el arte público (por ejemplo, los murales de artistas mexicanos y chicanos, la escultura pública o la arquitectura) y el bienestar de la comunidad. Si le dieran la beca, ¿qué tipo de obra haría? Para más información, consulte la sección **Al corriente** del libro de texto donde también puede encontrar instrucciones para buscar direcciones de la red. El proceso de escribir deberá tener las tres siguientes etapas.

Primera etapa: Organice su solicitud según estas preguntas.

1.   Si obtuviera la beca, ¿qué tipo de arte público escogería para su obra? ¿el arte muralista, la escultura o la arquitectura? Explique por qué.
2.   Si tuviera que justificar ante el NEA la inversión de dinero en el arte público, ¿qué razones daría? ¿Qué beneficios diría que aporta el arte público a la sociedad contemporánea? ¿Por qué sería natural que una agencia del gobierno diera dinero para la creación de más obras de arte público? Piense en el ejemplo de los muralistas mexicanos cuya obra fue financiada por el gobierno mexicano.
3.   ¿De qué forma su creación sería una aportación positiva a nuestra sociedad? ¿Qué tema actual o histórico sería el enfoque principal de su obra? ¿Sería una obra abstracta o representacional? ¿Usaría materiales muy duraderos como mármol, piedra, metal, etcétera? Si le concedieran la beca, ¿cuánto tiempo le tomaría terminar su obra? ¿Le ayudarían otros artistas también?

Segunda etapa: Revise lo que acaba de escribir, prestando atención a cada uno de los siguientes puntos.

1.   construcción de las oraciones hipotéticas (**si** *clauses*)
2.   selección correcta del indicativo o del subjuntivo
3.   uso correcto de comparativos, infinitivos y gerundios
4.   concordancia entre sujetos y verbos
5.   concordancia entre sustantivos y adjectivos

Tercera etapa: Revise de nuevo su solicitud para lograr una presentación convencedora y coherente con transiciones lógicas, y entréguesela a su profesor(a).

MANUAL DE LABORATORIO

¡Escuchemos un poco!: Vocabulario del tema

A. You are going to hear a philosophical conversation between Manuel and Ema, followed by a series of questions. Identify the correct answer to each question. Feel free to listen to the conversation more than once.

Vocabulario útil: felicidad (*happiness*), infelices (*unhappy*), libertinaje (*libertinism, disregard of authority or convention*)

1. Para Ema, ¿qué es lo más importante tener a nivel político?

   a   b   c

2. Según Manuel, ¿qué no se puede conseguir, incluso con la libertad?

   a   b   c

3. ¿Qué le importa más a Manuel?

   a   b   c

4. Según él, ¿qué habría si hubiera justicia?

   a   b   c

5. ¿Qué habría si *no* hubiera justicia?

   a   b   c

6. Según Manuel, ¿qué hay en su país?

   a   b   c

7. Para Ema, ¿qué hay en un mundo donde no haya libertad?

   a   b   c

8. Según ella, ¿qué no asegura la riqueza?

   a   b   c

B. Now you are going to hear an on-air conversation between author Armando Orozco and a number of his fans, followed by eight questions. Select the best answer for each question. Feel free to listen to the conversation more than once.

Vocabulario útil: se beneficia (*benefit*), aventura amorosa (*affair*)

1. a b c		5. a b c
2. a b c		6. a b c
3. a b c		7. a b c
4. a b c		8. a b c

Gramática en contexto

41. MAKING HYPOTHETICAL STATEMENTS: si CLAUSES

A. Si Gonzalo está aquí, lo veré.   Combine las oraciones que va a oír con las siguientes, usando **si** para indicar que todavía es posible que ocurra la acción mencionada. Luego repita la oración correcta.

> MODELO: (Si Gonzalo está aquí) yo: verlo →
> Si Gonzalo está aquí, lo veré.

1. él: estar con Ana
2. yo: tener que esperar
3. él: tomar champán
4. yo: darle las noticias
5. nosotros: hablar un rato
6. yo: buscarle en otro lugar

B. Si estuviera aquí, lo vería.   Siga el patrón del ejercicio A, pero cambie las frases para indicar que es improbable que ocurra la acción mencionada. Luego repita la oración correcta.

> MODELO: (Si estuviera aquí) yo: verlo →
> Si estuviera aquí, lo vería.

1. él: llegar a tiempo
2. él: invitar a María
3. ellos: comer algo
4. ellos: pasearse en el jardín
5. yo: llamarlos
6. yo: decirle la verdad

C. Si hubiera estado aquí, lo habría visto.   Siga el patrón de los ejercicios A y B, pero cambie las frases para indicar que no era posible que la acción ocurriera. Luego repita la oración correcta.

> MODELO: (Si hubiera estado aquí) yo: haberlo visto → Si hubiera estado aquí, lo habría visto.

1. él: haber salido
2. él: haber esperar
3. yo: haberle dicho la verdad
4. nosotros: haber hablado un rato
5. yo: haber ido con él
6. nosotros: habernos paseado en el jardín

D. Y al revés... (*in reverse*).   Va a oír una serie de oraciones con **si**. Cambie el orden de las cláusulas y diga cada oración al revés, según el modelo. Repita la oración correcta. **¡OJO!** Sólo el orden de las palabras cambia.

MODELO: (Iría contigo si pudiera.) → Si pudiera, iría contigo.

a possibility: 1. ...   2. ...   3. ...

a dream: 4. ...   5. ...   6. ...

hindsight: 7. ...   8. ...   9. ...

42. TALKING ABOUT ACTIONS AS CONCEPTS: INFINITIVES USED AS NOUNS

¡Es necesario pelear!   Va a oír algunas preguntas cortas. Contéstelas con la siguiente información, usando siempre un infinitivo en su respuesta, según el modelo. Luego repita la respuesta correcta.

MODELO: (¿Qué es necesario hacer?) pelear por la libertad → Es necesario pelear por la libertad.

1. traicionar nuestro país
2. desdeñar a los pobres
3. hacer algo para ayudarlos
4. conseguir el poder
5. suprimir los derechos civiles
6. liberar a los prisioneros políticos
7. elegir buenos representantes
8. convivir los unos con los otros

43. MORE ABOUT TALKING ABOUT EVENTS IN PROGRESS: OTHER HELPING VERBS USED WITH THE PRESENT PARTICIPLE

A. Lo que haremos en Sudamérica.   A continuación oirá algunas frases cortas. Convierta los verbos en gerundios (**-ndo**) y combínelos con las siguientes oraciones, según el modelo. Luego repita la oración correcta.

MODELO: (Viajaremos en autobús.) cantar en voz alta →
Viajaremos en autobús cantando en voz alta.

1. tomar los trenes
2. comprar comida en la calle
3. dormir en los hostales
4. seguir a nuesta guía
5. hablar con los peruanos
6. escribir tarjetas postales

B. Por todas partes hay indígenas. A continuación oirá algunas oraciones. Combínelas con la siguiente información para formar oraciones más complejas, según el modelo. Luego repita la oración correcta. ¡OJO! ¡No se usa el gerundio en las cláusulas que va a añadir porque son cláusulas adjetivales!

> MODELO: (Por todas partes hay indígenas.) vender ropa indígena →
> Por todas partes hay indígenas que venden ropa indígena.

1. hacerse a mano (*by hand*)
2. extraerse (*extract*) de las plantas
3. pertenecer a esas tribus
4. verse en los pueblos
5. jugar en las calles
6. llevarnos a Machu Picchu

Español en acción

Ud. oirá el programa «Encuentro con la prensa», una entrevista con el famoso político Felipe Mejía Godoy. Al final oirá una serie de declaraciones. Indique si cada declaración se refiere al Sr. Godoy (sí) o no (no). Puede escuchar la conversación las veces que quiera.

Vocabulario útil: experto (*expert*), represión (*repression*), amenazando (*threatening*), reducir (*to reduce*), ganarse (*to win*), mal (*evil*)

1. sí   no
2. sí   no
3. sí   no
4. sí   no

5. sí   no
6. sí   no
7. sí   no

8. sí   no
9. sí   no
10. sí   no

ANSWERS TO EXERCISES

Note: An asterisk before the letter of an exercise indicates that the answers are possible ones.

Capítulo preliminar

CUADERNO DE EJERCICIOS ESCRITOS

REPASO DIAGNOSTICO **Subject Pronouns and Regular Verbs** **A.** 1. olvido 2. vendo 3. charlas 4. vendes 5. escribes 6. gana 7. lee 8. divide 9. guardamos 10. corremos 11. preparáis 12. leéis 13. responden 14. reciben **B.** 15. llegas 16. besamos 17. vivo 18. escriben **C.** 19. gana, paga 20. bajamos, subimos 21. aprender, enseñar 22. trabajar, descansar **Stem-Changing Verbs** 23. piensa 24. pensamos 25. empiezo 26. empezáis 27. puedes 28. podemos 29. almuerzo 30. almorzáis 31. repites 32. repetís 33. sigue 34. seguimos 35. construyes 36. construimos **Irregular Verbs** 37. decir 38. *to say, to tell* 39. oír 40. *to hear* 41. poner 42. *to put, to place* 43. venir 44. *to come* 45. dar 46. *to give* 47. escoger 48. *to choose* 49. traducir 50. *to translate* 51. saber 52. *to know (a fact, how to do something)* 53. ir 54. *to go* 55. haber 56. *to have (done something [a helping verb])* 57. caer 58. *to fall* **Idioms with** *tener* 59. c 60. b 61. b **Articles and Gender; Plurals of Nouns** **A.** 62. la 63. los 64. la 65. la 66. los 67. la 68. el 69. la **B.** 70. hombres 71. papeles 72. ciudades 73. filosofías 74. lápices 75. crisis 76. miércoles **Demonstrative and Possessive Adjectives** 77. ese 78. Esos 79. su 80. mis 81. Nuestras **Personal** *a;* **Contractions** *al* **and** *del* 82. a 83. — 84. del 85. — 86. A 87. de los 88. al **Saber Versus** *conocer; pedir* **Versus** *preguntar* 89. sé 90. Saben 91. Conocemos 92. preguntan 93. pedir 94. pregunta **Time Expressions with** *hacer* 95. hace 96. vivo 97. desde hace **Additional Idioms** 98. a 99. b 100. a **GRAMATICA EN CONTEXTO** **Present Indicative Tense** 1. Son 2. estoy 3. trae 4. almuerzo 5. trabajo 6. escucha 7. viene 8. va 9. mira 10. dice 11. viene 12. corren 13. sé 14. ocurre 15. puedo 16. tengo 17. prefiero 18. sigo 19. oigo 20. encuentra 21. empieza 22. comprenden *or* comprendemos 23. deja 24. hago 25. dejo 26. pregunto 27. señala 28. sigo 29. hay 30. esperan 31. van 32. están 33. tienen 34. charlan 35. aplauden 36. ríen 37. abrimos 38. escuchamos 39. parecen 40. descubrimos 41. espera 42. cae 43. son **Articles and Gender; Plurals of Nouns** **A.** 1. f 2. f *or* m 3. f 4. f 5. m 6. f 7. f 8. f 9. m 10. f 11. f 12. m 13. f 14. m **B.** 1. el, los estilos 2. la, las ceremonias 3. el, los caballos 4. la, las radios *or* el, los radios 5. la, las ciudades 6. el, los mapas 7. el, los dramas 8. la, las preparaciones 9. el, los papeles 10. la, las costumbres 11. el, los hombres 12. el, los lunes 13. el, los sábados 14. el, los lápices **Demonstrative Adjectives and Pronouns; Expressing Ownership** **1.** 1. su 2. esta 3. nuestro 4. este 5. este 6. Nuestras 7. sus **2.** 1. esa 2. nuestra 3. Estos **3.** 1. su 2. sus **4.** 1. aquellos 2. éstas 3. su 4. sus 5. aquella **5.** 1. Estas 2. ésta 3. nuestra 4. éstos **Personal** *a;* **Contractions;** *Saber* **Versus** *conocer; pedir* **Versus** *preguntar* 1. conozco 2. a 3. de los 4. sé 5. a la 6. sé 7. pide 8. del 9. preguntan 10. de 11. piden 12. sé 13. a 14. preguntar 15. a (los) **Idioms with** *tener* 1. hambre 2. ganas 3. razón 4. que 5. calor 6. sed 7. años 8. frío 9. sueño 10. hambre 11. miedo **Time Expressions with** *hacer;* **Additional Idioms** **A.** 1. Hace 2. que 3. acaban de / vuelven a 4. desde hace 5. van a 6. piensa / va a 7. piensa / va a 8. acaba de 9. acaba de / vuelve a 10. vuelve a 11. va a 12. va a **ESPAÑOL EN ACCION** **B.** 1. Superbook 2. Superlibro 3. Televisión 4. presentando 5. espacio 6. Especiales 7. Infantiles 8. serie 9. animados 10. creada 11. instrucción 12. educación 13. importantes 14. historia 15. humanidad

MANUAL DE LABORATORIO

¡ESCUCHEMOS UN POCO!: VOCABULARIO DEL TEMA **B.** 1. estudiar 2. descansar 3. hacer 4. voy 5. desayunar 6. llamar 7. leer 8. hacer 9. sé 10. vas 11. tocar 12. tener 13. acepto 14. Puedo 15. parece

Capítulo 1

CUADERNO DE EJERCICIOS ESCRITOS

¡HABLEMOS UN POCO!: VOCABULARIO DEL TEMA   *A. 1. antipático, simpático 2. sabio, tonto 3. terco, flexible 4. vanguardista, conservador 5. cortés, descortés 6. pesimista, optimista 7. amistoso, hostil 8. perezoso, trabajador 9. hablador, callado 10. cruel, compasivo 11. tímido, atrevido 12. descortés, cortés GRAMATICA EN CONTEXTO   **Gramática 1   A.** 1. Soy 2. es 3. es 4. somos 5. estamos 6. son 7. estamos 8. ser 9. estoy 10. es 11. está 12. son 13. son 14. es 15. son 16. están 17. ser 18. estamos 19. están 20. estoy 21. están 22. es 23. está 24. es 25. está 26. es 27. es 28. está 29. es 30. estoy **B.** 1. Son de la Argentina. (*links the subject with an expression of place of origin*) 2. Están en Barranquilla. (*links the subject with an expression of location*) 3. Alberto es mayor. (*links the subject with an adjective expressing an inherent quality*) 4. Son los hijos de Alberto y Ana Luisa. (links the subject with noun **hijo**) 5. Está embarazada. (*links the subject with an adjective expressing a condition*) 6. Es muy pequeño. (*links the subject with an adjective expressing an inherent quality*) 7. Están acostumbrados a tener su propia alcoba. (*links the subject with an adjective expressing a condition*) 8. Está muy contenta con el edificio Manzanares. (*links the subject with an adjective expressing a condition*) 9. Está cerca del centro de Barranquilla. (*links the subject with an expression of location*) 10. Un apartamento que está en el noveno piso es perfecto para ellos. (*links the subject with an adjective expressing an inherent quality*) **Gramática 2   A.** 1. Quién 2. Cuáles 3. Qué 4. quién(es) 5. quién 6. Cuánto 7. quién(es) 8. Cómo 9. Cuánto 10. Qué 11. Quién 12. Qué **Gramática 3   A.** 1. infantiles 2. gran 3. emocional 4. físico 5. pequeños 6. divertidos 7. interesantes 8. brillantes 9. sólidos 10. flexibles 11. lisa 12. suaves 13. cuidadosas 14. menores 15. separables 16. imposibles 17. encendidos 18. muchas 19. mejores 20. alemanes 21. franceses 22. norteamericanos 23. japoneses

MANUAL DE LABORATORIO

¡ESCUCHEMOS UN POCO!: VOCABULARIO DEL TEMA   **B.** 1. arrogante 2. tímido, reservado, arrogante 3. romántico, optimista, cariñoso, generoso, altruista

Capítulo 2

CUADERNO DE EJERCICIOS ESCRITOS

¡HABLEMOS UN POCO!: VOCABULARIO DEL TEMA   **A.** 1. esposos, seis, Susana, Manuel 2. cuñados, hermana, hijos, sobrinos, hermanos 3. esposa, gemelos (hermanos), hijos, hijastros, madrastra, hijas 4. nuera, padres, yerno 5. tías, cuñadas 6. sobrinas, media hermanas, abuelos, bisabuelos 7. suegros, cuñado, Marta, Carlos, Daniel, nieta   LECTURA: REFLEXIONES SOBRE LA LECTURA   **A.** 1. c 2. b 3. a 4. b 5. b 6. b 7. b 8. c GRAMATICA EN CONTEXTO   **Gramática 4 A.** 1. ha vivido 2. he estado 3. he oído 4. han viajado 5. ha hecho 6. ha traído 7. han dicho 8. han escrito 9. han invitado 10. ha mandado 11. he mirado 12. he pensado 13. ha muerto 14. ha vuelto *B. 1. Han ido a una fiesta. Han tomado demasiado champán. Se han divertido mucho. 2. Han mirado televisión. Han cenado en casa. Han llamado a la policía. 3. Sabrina ha conseguido la trompeta en la casa de un amigo. La ha tocado en la calle. 4. Lo sabe porque el padre de Sabrina lo ha golpeado con un paraguas. 5. Probablemente le ha dicho que es un joven irresponsable. **Gramática 5 A.** 1. suena 2. levantarme 3. Me quedo 4. despertarme 5. hago 6. Me miro 7. me lavo 8. me peino 9. me limpio 10. me quito 11. me pongo 12. Despidiéndome 13. bajo 14. corro 15. llego **Gramática 6 A.** 1. se alegra 2. se preocupa 3. se enoja 4. se van 5. se entristece 6. se divierte 7. se casa 8. se divorcian **B.** 1. (Yo) Me acuerdo de algunos ratos felices de nuestra vida. 2. Pero recientemente mi esposo y yo nos llevamos muy mal. 3. A él le gusta burlarse de mí. 4. (El) Se jacta de todas sus actividades interesantes. 5. Pero cuando él vuelve a casa, sólo quiere sentarse en el sofá. 6. (Yo) No me atrevo a decirle lo que (yo) pienso porque él se enoja rápidamente. 7. Todos los días él dice que (yo) me quejo demasiado. 8. (El) Se equivoca si piensa que (yo) voy a quedarme con él. 9. (El) No se da cuenta de que (yo) me aburro de él. 10. (Yo) Sé que (nosotros) nos comportamos mal. 11. Ahora nuestras familias se han enterado de nuestros problemas. 12. (Ellos) Saben que (nosotros) tenemos que divorciarnos si queremos tranquilizarnos y divertirnos otra vez.

Capítulo 3

¡HABLEMOS UN POCO!: VOCABULARIO DEL TEMA   **A.** 1. emocionada/entusiasmada, deprimida/triste 2. preocupada/frustrada/deprimida, serena/contenta/alegre 3. orgullosa, avergonzadas 4. confundida/preocupada, segura/orgullosa 5. celosa/enojada, segura 6. aburrida/deprimida, contenta/entusiasmada 7. preocupada, serenas/tranquilas   LECTURA: REFLEXIONES SOBRE LA LECTURA   **A.** 1. a, b 2. a 3. b 4. a 5. a, b 6. b, c 7. a 8. a, b, c 9. b, c 10. b   GRAMATICA EN CONTEXTO   **Gramática 7**   1. se ha enflaquecido, flaca 2. se ha engordado, gordo 3. se han convertido, convertida 4. cansarse, cansados 5. se ha enojado, enojada   **Gramática 8**   *A. 1. a. ha hecho b. se ha vuelto c. se ha tranquilizado d. se ha quedado 2. a. se pone b. se enoja c. se tranquiliza d. se pone e. callada f. tranquila 3. a. ha hecho b. se ponen c. se vuelve d. se alegran   **Gramática 9**   **A.** 1. cortarlos 2. los 3. verla 4. nos 5. construirlos, ayudarnos 6. la 7. buscarlas 8. me, te   **B.** 1. Martita se acuesta en la toalla aunque Estefanía la necesita. 2. Estefanía construye castillos de arena y Martita quiere ayudarla / la quiere ayudar. 3. Hay animalitos por todas partes, pero Estefanía no los ve. 4. Las amigas de Martita y Estefanía las buscan. 5. Martita toma el refresco, pero Estefanía también ha querido tomarlo / lo ha querido tomar. 6. Elisa no busca a sus padres; Martita y Estefanía tienen que buscarlos / los tienen que buscar. **C.** 1. les 2. le 3. traerle, le 4. decirles, le 5. le, me 6. diciéndole, nos **Gramática 10**   **A.** 1. le encanta 2. les gusta 3. le desagrada 4. le parece 5. me resulta 6. le molesta 7. le duele 8. te parece 9. les agradan 10. les gusta   ESPAÑOL EN ACCION   **A.** 1. de la 2. enojado 3. despertarse 4. levantarse 5. se van 6. se ducha 7. se lava la cara 8. se despiertan / levantan 9. se pone 10. se viste 11. se peina 12. mira 13. de 14. afeitarse 15. se enoja 16. demasiado 17. están 18. enamorados 19. de 20. casarse 21. les 22. a 23. se acuesta 24. se quita 25. se baña

MANUAL DE LABORATORIO

ESPAÑOL EN ACCION   1. emocionada 2. casada 3. romántica 4. marido 5. prisa 6. nietos 7. resfriada 8. sana 9. nervioso 10. Te acuerdas 11. olvidar 12. avergonzado 13. rostro 14. celoso 15. criada 16. se ha puesto 17. enojada 18. soltero 19. arrogante 20. se portó 21. orgulloso 22. alegre 23. contento 24. les 25. nietos 26. se ha entusiasmado

Capítulo 4

GRAMATICA EN CONTEXTO   **Gramática 11**   **A.** 1. estudiaba 2. hacía 3. trabajaba 4. quería 5. volvían 6. decían 7. tenían 8. creía 9. Pensaba 10. estudiábamos 11. estábamos 12. divertíamos 13. Ibamos 14. pasábamos 15. Escribíamos 16. hablábamos 17. importaba 18. éramos 19. hacíamos 20. solían 21. iba 22. prestábamos *B. 1. Ibamos frecuentemente a los conciertos de rock y nos sentábamos en la primera fila. 2. Siempre queríamos ver a las estrellas más famosas y lo hacíamos. 3. En casa a veces tocábamos el estéreo a todo volumen y bailábamos como locos. 4. De vez en cuando nuestros padres se quejaban de eso. 5. Siempre preferían la música de su época. 6. Todos los días oían las estaciones de radio que ponían música de los años 50. 7. Elvis y Buddy Holly eran los cantantes más populares en aquella época. 8. ¡Siempre me volvía loco/a escuchando esas canciones antiguas! **Gramática 12**   **A.** 1. gustaron 2. escogí 3. abrieron 4. desperté 5. esperé 6. encontré 7. aprendí 8. empezó 9. escribí 10. enteré 11. hablé 12. Subí 13. conté 14. contestó 15. entregó 16. leí 17. decidí 18. gustó 19. vimos 20. miramos 21. aburrió 22. representaron 23. calló 24. besaron 25. alejaron 26. empezaron 27. salí *B. 1. Ayer desayuné con Jorge en un café; él comió huevos y yo comí pan tostado. 2. Por la mañana compré estos pantalones, pero Jorge no se compró nada. 3. Por la tarde Jorge me ayudó a encontrar un regalo para Tina. 4. Una vez subimos corriendo la escalera mecánica. 5. Dos veces la gerente nos miró enojada. 6. Una vez me caí y rompí mis anteojos nuevos. 7. Por la tarde llamamos por teléfono a mi óptico. 8. Anoche el óptico me preparó otro par de anteojos.   ESPAÑOL EN ACCION   **A.** 1. decidí 2. era, gustaba, estudiaba 3. pensaban, debía, descubrí, interesaba 4. quería, tomé 5. entristeció, terminaron, ayudaron, esperaba 6. llamó, podía 7. Me alegré, Grité, salté 8. Gustó

9. aprendí 10. miró, sabía, tenía 11. monté, pasé 12. pensaron, iba, ocurrío 13. sobrevivimos 14. salimos, nos reunimos, tomamos 15. volvimos, tenía 16. me jacté

Capítulo 5

CUADERNO DE EJERCICIOS ESCRITOS

¡HABLEMOS UN POCO!: VOCABULARIO DEL TEMA   **A.** 1. Ayer por la mañana 2. Una hora después 3. Entretanto 4. Primero 5. en aquel entonces 6. Entonces 7. Más tarde 8. Luego 9. Por fin 10. Esta mañana 11. anoche 12. Esta tarde 13. ahora 14. la semana que viene   GRAMATICA EN CONTEXTO   **Gramática 13**   **A.** 1. dio 2. escandalizó 3. fueron 4. vinieron 5. llegó 6. condujeron 7. quisieron 8. supieron 9. tuvo 10. fue 11. dio 12. pudo 13. puso 14. abandonó 15. tuve 16. Arranqué 17. quise 18. pude 19. Me puse 20. me tranquilicé 21. llegué 22. Me acerqué 23. vi 24. hice 25. fui 26. se pusieron 27. llegué 28. pidieron 29. dije 30. dimos 31. nos dimos 32. llegamos 33. vimos 34. Comencé 35. me di 36. cayó 37. llegué   **B.** 1. El chofer dejó las llaves adentro. 2. Fui al estadio donde recogí a mis hijos. 3. Se pusieron alegres y empezaron a gritar. 4. Concluí que (nosotros) debimos divertirnos un poco. 5. Lo supe cuando vi la placa. 6. Me di cuenta de que la conduje por última vez.   **Gramática 14** **A.** 1. Eran, rompió 2. estaba, jugaba 3. tiró, miraba, iba 4. sintió, cayó 5. acababa, oyó 6. pensó, estaba, supo 7. enojó, entró, vio 8. Había, estaba 9. pensaba, iba, hizo 10. dijo, podía *B. 1. Estaba en la sala. 2. Jugaba con su pelota. 3. Porque llovía. 4. Oyó un gran ruido. 5. Le dijo que él estaba quietecito cuando el jarrón se fue hacia la pelota. 6. Se dio cuenta de la verdad porque sabía que los jarrones no pueden moverse. 7. Se enojó. 8. Le parecía una mujer enorme y feroz. 9. Le gritó. Lo mandó a su cuarto. Le dijo que no podía tener postre esa noche. 10. Probablemente no aprendió nada.   **Gramática 15** *A. 1. Bogotá estaba durmiendo durante los últimos años. 2. Los colombianos continuaban pensando modernizar su capital. 3. El alcalde estaba escogiendo a los mejores arquitectos. 4. Los arquitectos seguían sirviendo bien al público. 5. Varias compañías están construyendo nuevos edificios. 6. La gente de Bogotá los sigue admirando. 7. Ahora están invitando a todo el mundo a verlos. 8. Todos están celebrando sus logros.   ESPAÑOL EN ACCION   **B.** 1. querías 2. era 3. gustaba 4. dijo 5. tenía 6. solía 7. preferían 8. tenía 9. pusieron 10. huí 11. volví 12. Decidí 13. tenía 14. empecé 15. puse 16. bailaba 17. entraron 18. dieron 19. estaba 20. rieron 21. enfadé 22. grité 23. quejaban 24. reñían 25. hacía 26. decían 27. estudiaba 28. dijeron 29. debía 30. declaraban 31. iban 32. dejaron 33. reuníamos 34. practicábamos 35. eran 36. aprovechábamos 37. Eramos 38. se separaron 39. quería 40. pensaba 41. creían 42. éramos 43. teníamos

MANUAL DE LABORATORIO

¡ESCUCHEMOS UN POCO!: VOCABULARIO DEL TEMA   **A.** 1. tarde 2. pasó 3. perdió 4. tomó 5. encontré 6. Entonces 7. después 8. luego 9. necesitaba 10. ayudé 11. pasaba 12. había 13. buscamos 14. Primero 15. más tarde 16. finalmente 17. encontraron 18. al final 19. hacía 20. sentía

Capítulo 6

CUADERNO DE EJERCICIOS ESCRITOS

¡HABLEMOS UN POCO!: VOCABULARIO DEL TEMA   *1. enérgica, traviesa 2. muñecas 3. juguetes 4. asistir al colegio 5. sensible 6. testaruda, llevaba la contraria 7. rebelde, alejarme 8. soñadora 9. alcancé 10. me mudé 11. me ganaba la vida 12. nos enamoramos, nos casamos 13. boda, acontecimiento 14. satisfacciones 15. jubilarnos, disfrutar   GRAMATICA EN CONTEXTO **Gramática 16**   **A.** 1. había estado 2. había escrito 3. habían dado 4. había hecho 5. había dicho 6. habían prometido 7. habían visto 8. había deseado 9. habían buscado 10. habían encontrado 11. se habían levantado 12. se habían puesto 13. habían salido 14. habían bajado 15. se habían vuelto 16. habían empezado 17. había tenido **B.** 1. ¡Pensaba que ya lo había abierto! 2. ¡Pensaba que ya la había visitado! 3. ¡Pensaba que ya la habían puesto! 4. ¡Pensaba que ya los habían hecho! 5. ¡Pensaba que ya los habías visto!   **Gramática 17**   **A.** 1. Pues, te los presento. 2. ¿Quieres traérmela? 3. Nunca nos los hace. 4. No, no voy a decírselo. / No, no se lo voy a decir. 5. Sí, se las mandé. 6. No, no estoy pidiéndotelo. / No, no te lo estoy pidiendo. **B.** 1. No, no se lo compró (a ella). 2. Se lo compró a Jorge. 3. Lo vio en una agencia de automóviles. 4. Jorge los llevó a verlo. 5. Sí, iban a regalárselas. / Sí, se las iban a regalar. 6. No, no tuvo que decírselo. / No, no se lo tuvo que decir. 7. El agente se lo vendió. 8. Sí, se los mostró. 9. Sí, lo pregunté. 10. No, no me lo dijo. **Gramática 18** **A.** 1. mí, ti 2. nosotras, vosotras 3. nosotros, Uds. 4. él, mí, él **B.** 1. Pepe te dijo que quería ir contigo a Pizza Hut aunque tú no lo habías invitado nunca. 2. Pepe y yo teníamos mucha hambre, y nos gustaba la pizza que estaba delante de nosotros. 3. Le impresionaron a Pepe esos restaurantes, y ha escrito una reseña de ellos para el periódico. 4. Esos sombreros rojos y negros de Pizza Hut le costaron mucho, pero Pepe ya no puede vivir sin ellos. 5. Otra amiga mía, una doctora cuyo consultorio está en mi barrio, se preocupaba mucho por mí porque había comido demasiada pizza. REVIEW: INDICATIVE TENSES **A.** 1. Rodolfo ya había llamado para hacer una reservación cuando vino a mi casa. 2. Me había puesto un vestido elegante, y Rodolfo llevaba un esmoquin. 3. Un hombre abrió la puerta y bajamos del Rolls Royce. 4. Todo el mundo nos reconoció cuando entramos, y algunos se levantaron. 5. Los demás se volvieron para mirarnos cuando nos sentamos. 6. Dos mujeres le hicieron preguntas a Rodolfo, pero a él no le gustó y no quiso/quería contestarlas. 7. Rodolfo les dijo que queríamos cenar en paz, pero siguieron hablándonos y mirándonos. 8. El se enojó cuando se dio cuenta de que no estaban prestando atención a lo que decía / había dicho. 9. Por fin, cuando los demás se fueron y Rodolfo y yo pudimos estar a solas, él aprovechó el momento y me besó. 10. Mientras tomábamos champán, una niña se acercó con un menú para pedir un autógrafo, y yo se lo di. 11. Sesenta años después que Valentino murió, recibí una carta de esa niña, quien ya tenía nietos. 12. De niña, ella había puesto el menú con mi firma en su álbum de recortes y lo había guardado todos estos años. 13. Me lo mandó cuando supo que yo acababa de cumplir noventa años, lo cual me pareció un gesto simpatiquísimo. 14 En la carta que le escribí, le expliqué cuánto me había gustado recordar esa noche. 15. Le devolví el menú con una carta que Valentino me escribió / había escrito hacía sesenta años.

B.

PRESENTE	PRETERITO	IMPERFECTO	PRESENTE PERFECTO	PRESENTE PROGRESIVO
lucho	luché	luchaba	he luchado	estoy luchando
rompo	rompí	rompía	he roto	estoy rompiendo
duermen	durmieron	dormían	han dormido	están durmiendo
subes	subiste	subías	has subido	estás subiendo
juego	jugué	jugaba	he jugado	estoy jugando
lee	leyó	leía	ha leído	está leyendo
veo	vi	veía	he visto	estoy viendo
soy	fui	era	he sido	
vas	fuiste	ibas	has ido	
busco	busqué	buscaba	he buscado	estoy buscando
sienten	sintieron	sentían	han sentido	están sintiendo
quieres	quisiste	querías	has querido	estás queriendo
dicen	dijeron	decían	han dicho	están diciendo
traigo	traje	traía	he traído	estoy trayendo
pueden	pudieron	podían	han podido	
están	estuvieron	estaban	han estado	
conduzco	conduje	conducía	he conducido	estoy conduciendo
pongo	puse	ponía	he puesto	estoy poniendo
tenemos	tuvimos	teníamos	hemos tenido	
muere	murió	moría	ha muerto	está muriendo

MANUAL DE LABORATORIO

¡ESCUCHEMOS UN POCO!: VOCABULARIO DEL TEMA **B.** 1. he 2. experiencia 3. me siento 4. insegura 5. competente 6. preocuparte 7. sonreírle 8. vergüenza 9. Me queda 10. has probado 11. discoteca 12. atrevido 13. testaruda 14. reconocimiento

Capítulo 7

CUADERNO DE EJERCICIOS ESCRITOS

¡HABLEMOS UN POCO!: VOCABULARIO DEL TEMA **B.** 1. b 2. c 3. c GRAMATICA EN CONTEXTO **Gramática 19 A.** 1. Llame 2. invítelos 3. Hábleles 4. escuche 5. disfrute 6. Saboree 7. oiga 8. Venga 9. quédese 10. se preocupe **B.** 1. piérdalos 2. Cuente 3. ciérrele 4. Aproveche 5. sufra 6. Deje 7. Tome 8. vaya 9. haga 10. juegue 11. pague 12. Escoja 13. prepárese 14. pida

Capítulo 8

CUADERNO DE EJERCICIOS ESCRITOS

¡HABLEMOS UN POCO!: VOCABULARIO DEL TEMA **A.** 1. tren 2. avión 3. agente 4. vuelos 5. despega 6. aterriza 7. facturar 8. equipaje **B.** 1. tren 2. estación 3. boletos 4. andén 5. vía 6. asientos **C.** 1. autobús 2. estación 3. ventanilla 4. sala de espera 5. chofer 6. pasajeros **D.** 1. crucero/barco 2. navegar 3. yate 4. barco/crucero 5. pasajeros **E.** 1. frontera 2. aduana 3. declaraciones 4. inspectores 5. pasaportes GRAMATICA EN CONTEXTO **Gramática 21 A.** 1. entren 2. pase 3. vea 4. mejore 5. sea 6. vengamos 7. podamos 8. quiera 9. cuesten 10. digamos 11. conozca 12. hayamos 13. dé 14. crea 15. tenga **B.** 1. (Yo) Quiero que tomemos un crucero a Acapulco. 2. Pero Diego prefiere que vayamos en avión. 3. Los niños esperan que la familia viaje en tren. 4. La abuelita desea que sus nietos se queden en casa. 5. Los sobrinos quieren que les traigamos regalos. **Gramática 22 B.** 1. Quiero que (tú) conozcas a Edmundo. 2. Prefiero que Edmundo le diga a Rosa la verdad. 3. Espero que Rosa pueda visitarte mañana. 4. Necesito que (tú) le mandes una carta a Rosa. 5. No deseo que Edmundo lo oiga ahora. 6. No quiero que (nosotros) nos durmamos ahora. 7. Prefiero que (tú) no se lo traigas a Rosa. 8. No necesito que Edmundo te lo explique. **C.** 1. Es preciso que Carlos cruce la frontera hoy. 2. Es importante que el inspector revise sus maletas. 3. Hace falta que Carlos platique con el inspector. 4. Es urgente que el autobús salga a tiempo. 5. Es triste que nosotros nos despidamos de Carlos. 6. Es difícil que Carlos goce de un viaje tan largo. 7. Hace falta que él intente hacerlo. 8. No es preciso que (nosotros) se lo digamos a él. **Gramática 23 A.** 1. Platica con Jorge. No platiques con Estefan. 2. Revisa su equipaje. No revises su cartera. 3. Para en la esquina. No pares en la bocacalle. 4. Tráeme un sándwich. No me traigas una torta. 5. Múdate a San Antonio. No te mudes a Santa Fe. 6. Hazlo así. No lo hagas de otra manera. 7. Páganos ahora. No nos pagues en dos semanas. 8. Díselo al alcalde. No se lo digas al abogado. 9. Ven en seguida. No vengas más tarde. 10. Ve con Lupe. No vayas con Estela. 11. Almuerza conmigo. No almuerces a solas. 12. Sal a las ocho. No salgas un minuto antes. ESPAÑOL EN ACCION **A.** 1. me prepare, sea, Llámala 2. te quedes, hablemos, Vuelve 3. guardes, tengamos, Dámela 4. salgas, acompañe, Dime 5. traigas, Déjalo, ven 6. le pagues, le pidas, me ayude, te olvides 7. le explique, me trates, me hables 8. me identifiques, me llames, Llámame

Capítulo 9

CUADERNO DE EJERCICIOS ESCRITOS

GRAMATICA EN CONTEXTO **Gramática 24 A.** 1. trabajo 2. llega 3. vivía 4. trabajaba 5. estudiaba 6. me gradué 7. conseguí 8. llamo / llamé / he llamado 9. quieras 10. esté 11. tenga 12. salgamos 13. haya 14. acabe 15. tengo 16. tenemos 17. lave 18. visiten 19. tenía 20. se vayan **B.** 1. *con tal de que,* encuentre 2. *a menos de que,* esté 3. *sin que,* sepa 4. *para que,* se decida 5. *para que,* pueda 6. *a menos que,* pague 7. *antes de que,* ganen 8. *sin que,* se dé 9. *para que,* ofrezca 10. *con tal de que,* vuelva 11. *a menos que,* preste 12. *a menos que,* reciba **C.** 1. lleguen 2. acompañen 3. conozcan 4. recuerden 5. sean 6. construíamos 7. pienses 8. ha 9. tengas 10. salgan 11. digas 12. ofrecemos **Gramática 25 A.** 1. quite 2. vaya 3. puede 4. domine 5. quiere 6. siente 7. deben 8. hay 9. es 10. tengan 11. caiga 12. dejen **B.** 1. No permita, Evite, Esterilice 2. vengan, se reproduzcan **C.** 1. Temo que este perro espere a su amo. 2. No es bueno que muchos gatos vivan sin amos. 3. Es innecesario que algunos perros sufran en los laboratorios. 4. Lamento que otros no tengan comida. 5. Me alegra que muchos amos cuiden a sus animales domésticos. 6. Es triste que a veces los animales se enfermen. 7. No creo que ciertos gatos huyan de casa. 8. Es posible que otros estén solos todo el día. 9. Dudo que algunos amos no les den cariño. 10. Es maravilloso que los animales sigan a sus amos para siempre. 11. No me gusta que a veces los criminales se los roben. 12. Espero que (nosotros) consigamos un cachorro.

MANUAL DE LABORATORIO

ESPAÑOL EN ACCION   1. Déjame 2. a rayas 3. algodón 4. abrigo 5. impermeable 6. compres 7. pido 8. adivinar 9. lana 10. guantes 11. botas 12. hablaba 13. pensaba 14. falda 15. Adivinaste 16. a cuadros 17. cuero 18. estén 19. vaya 20. misa 21. hables 22. buscando 23. telas 24. seda 25. poliéster 26. hable 27. verá 28. zapatos 29. blusa 30. traiga 31. se las 32. abrazarte 33. rezar 34. veas 35. ojalá 36. sonrisa 37. tenía 38. mí 39. faldas

Capítulo 10

CUADERNO DE EJERCICIOS ESCRITOS

¡HABLEMOS UN POCO!: VOCABULARIO DEL TEMA   1. detrás de / a la derecha de 2. junto a / al lado de; frente a 3. entre 4. Encima de / Sobre 5. debajo de; encima de / sobre; al lado de 6. debajo de 7. a mediados de 8. a finales de; antes de 9. Durante; entre 10. a lo largo del; desde; hasta; después 11. Cerca de / Al lado de 12. entre 13. Más allá de / A la izquierda de 14. lejos; al lado / junto a 15. alrededor del; a través de 16. debajo de / por; más allá de   GRAMATICA EN CONTEXTO **Gramática 26   A.** 1. Se queda en el hotel si no se conoce a nadie en la ciudad. 2. Se baja a la planta baja cuando se llama por teléfono. 3. Se sale cuando se está aburrido. 4. Se recorre el pueblo hasta que se sabe donde queda todo. 5. Se habla en la plaza hasta que se cansa. 6. Se trasnocha si no se trabaja el día siguiente. 7. Se come hasta que se enferma. 8. Se va al hospital si se siente mal. **B.** 1. Se encuentran los teléfonos en la planta baja del hotel. 2. Se cruza el bulevar delante del mercado. 3. Se recorren las calles de la ciudad vieja. 4. Se presencia un incendio en el ayuntamiento. 5. Se busca un puesto repleto de revista. 6. Se oyen historias espantosas del pasado. 7. Se ve la familia real en su balcón. **C.** 1. se le perdió 2. se me rompió 3. se les acabó 4. se te caigan 5. se te/me/nos ocurra 6. se nos olvidaron 7. se nos quede 8. se te perdieron   **Gramática 27   A.** 1. *purpose* 2. *idiomatic expression* 3. *purpose, goal* 4. *cause* 5. *cause* 6. *purpose; cause* 7. *(money) exchange* 8. *money exchange* 9. *cause* 10. *time duration* 11. *purpose, goal* 12. *cause* **B.** 1. para 2. por 3. para 4. para 5. Por 6. por 7. por 8. por 9. por 10. por 11. para 12. para 13. para 14. para 15. Por 16. por 17. por 18. por 19. por 20. para 21. por 22. Para ESPAÑOL EN ACCION   **A.** 1. Las casas de algunas familias ni se limpian ni se reparan, sólo se venden. 2. Los sofás viejos ni se buscan ni se quieren, sólo se aceptan. 3. Una cuenta muy grande ni se agradece ni se rechaza, sólo se paga. 4. Las sonrisas ni se piden ni se exigen, sólo se reciben.

Capítulo 11

CUADERNO DE EJERCICIOS ESCRITOS

GRAMATICA EN CONTEXTO   **Gramática 28   A.** 1. que 2. quienes 3. donde 4. las que 5. que 6. quienes 7. donde 8. cuya 9. que 10. que 11. que 12. que 13. cuyo 14. que 15. el que 16. que 17. cuya 18. donde 19. las cuales 20. que 21. los que 22. quien **B.** 1. que 2. donde 3. que 4. que 5. donde 6. que 7. que 8. quienes / los que 9. la cual / la que / quien 10. que 11. quienes / los que 12. donde **C.** 1. Los/Las que (Quienes) esperan el autobús en esta esquina tomarán el número 63. 2. Los/Las que (Quienes) participaron en el maratón corrieron 26 millas. 3. El que (Quien) vivía en este barrio de niño ya es el alcalde de Sevilla. 4. Los/Las que (Quienes) tienen otras casas en el norte pasan los veranos allí. 5. El/La que (Quien) recibió una herencia grande se alejó del barrio. 6. Las que (Quienes) estaban cansadas de vivir en una aldea se mudaron a la ciudad.   **Gramática 29   A.** 1. quiera 2. desee 3. tenga 4. sea 5. ofrezca 6. podamos **B.** 1. son 2. pueden 3. haga 4. regresen 5. diga 6. va 7. molestan 8. dijo 9. trajeron 10. dé 11. parecía 12. había 13. hablaba 14. prediga 15. tenga 16. sea 17. piense 18. quiera **C.** 1. Quien (El/La que) busque telas españolas, que vaya a la tienda de al lado. 2. Quien (El/La que) espere ganar «el gordo», que compre su billete ahora. 3. Quienes (Los que) estén perdidos, que doblen a la izquierda en la próxima esquina. 4. Quien (La que) no aguante los piropos de los hombres sevillanos, que no les preste atención. 5. Quienes (Los/Las que) tengan interés en los sucesos, que oigan las noticias. 6. Quien (El/La que) piense volar a Europa en el Concorde, que traiga mucho dinero. **Gramática 30 A.** 1. acaba 2. haga 3. han 4. se dé 5. hacen 6. se despierte 7. esté 8. ocurra 9. va 10. se mire 11. descubra 12. vea 13. sepa 14. es 15. se entere 16. son 17. pueda 18. quiera 19. busque 20. pueda 21. esté 22. mate 23. hagan 24. va 25. miren 26. declaren 27. castigue 28. vuelvan

MANUAL DE LABORATORIO

¡ESCUCHEMOS UN POCO!: VOCABULARIO DEL TEMA **B.** 1. cómo se va 2. siga derecho 3. a la izquierda 4. a la derecha 5. siga derecho 6. doble 7. siga derecho 8. hasta llegar 9. kilómetros 10. rumbo al norte 11. a su izquierda

Capítulo 12

CUADERNO DE EJERCICIOS ESCRITOS

¡HABLEMOS UN POCO!: VOCABULARIO DEL TEMA **B.** 1. consumo 2. enseñanza 3. fabricación 4. rey, reina 5. supervivencia 6. transporte 7. vivienda 8. voto GRAMATICA EN CONTEXTO **Gramática 31 A.** 1. le haya dado 2. haya pensado 3. se haya puesto 4. haya oído 5. se haya sorprendido 6. haya empezado 7. le haya hecho 8. hayan escuchado 9. le haya dado 10. haya adivinado **B.** 1. Es triste que los españoles no hayan convivido en armonía. 2. Es necesario que algunos se hayan rebelado contra el poder del gobierno. 3. Los españoles se alegran de que muchos partidos hayan compartido el poder. 4. Es bueno que hayan desarrollado un marco legal para la democracia. 5. Le gusta a José María Aznar que todos hayan tenido derechos civiles. 6. Todos niegan que el Rey se haya parecido a Franco. 7. Es natural que nos hayamos enterado de lo que sucede / ha sucedido en España. 8. ¿Es posible que hayas pensado hacer un viaje allí algún día? **Gramática 32 A.** 1. quitara 2. fuera 3. dijera 4. leyera 5. ofreciera 6. tuviéramos 7. tratara 8. hubieran 9. entrara 10. estuviera 11. hiciera 12. protegiera 13. quisiera 14. pudiera 15. siguiera 16. escucharan 17. entrara 18. supiera 19. mandara 20. mostrara 21. impidiera 22. me robara 23. comprara 24. pidiera 25. diera **B.** 1. No había nadie que se interesara más en ir a España que Sue. 2. Quería ir allá antes de que se graduara y empezara a trabajar. 3. Por fin les pidió a sus papás que le dieran dinero para que pudiera hacer el viaje. 4. Sus padres no querían que fuera sin ellos, y no podían ir hasta que tuvieran sus vacaciones. 5. Su mamá temía que Sue conociera a alguien que le hiciera daño o que se enamorara de un joven español. 6. A su papá no le gustaba que estuviera en otro país sin que nadie la protegiera. 7. Su mamá le pidió que les escribiera cada día a menos que los llamara por teléfono. 8. Le aconsejó que volviera cada noche a la residencia y que se quedara allí. 9. Su papá le dijo que no saliera con ningún joven a menos que lo conociera bien. 10. Insistió en que Sue les dijera a los jóvenes que tenía otros planes y que se quedara en la residencia mirando televisión. 11. Sue declaró que era necesario que ella conociera otra cultura para que su educación fuera completa. 12. Prometió escribirles cada noche antes de dormirse con tal de que tuviera tiempo.

MANUAL DE LABORATORIO

¡ESCUCHEMOS UN POCO!: VOCABULARIO DEL TEMA **B.** 1. elecciones 2. campaña 3. votaron 4. candidato 5. Partido 6. votos 7. ganado 8. Diputados 9. Socialista 10. modernizó 11. población 12. esperanza 13. calidad 14. paro 15. gastos 16. ingresos 17. vivienda 18. enseñanza 19. sanidad 20. nivel 21. europeos 22. triunfo

Capítulo 13

CUADERNO DE EJERCICIOS ESCRITOS

¡HABLEMOS UN POCO!: VOCABULARIO DEL TEMA   **A.** 1. lago 2. bosque 3. pico 4. nieve 5. río 6. cordillera/sierra 7. desierto 8. volcán 9. arroyo 10. piedras **B.** 1. península 2. cabo 3. bahía 4. isla 5. golfo 6. océano 7. istmo   GRAMATICA EN CONTEXTO   **Gramática 34**   1. fue recontada 2. era gobernada 3. eran adorados 4. fueron servidas 5. eran cultivados 6. fuera destruido 7. fue traicionado 8. fue coronado 9. fue torturado 10. fue escogido 11. fue vencido 12. fue nombrado / había sido nombrado 13. fue asesinado 14. fue matado 15. fue fundada / había sido fundada   **Gramática 35** 1. titulado 2. sentado 3. aburrido 4. afeitada 5. acostado 6. vestidos 7. distraído 8. puestos 9. cansado 10. cerrados 11. abiertos 12. distinguido   **Gramática 36   A.** 1. tanta 2. como 3. tanto como 4. tanto como 5. tan 6. como 7. tantos 8. tan 9. como 10. tan 11. como 12. tanto 13. como 14. tantas 15. como **C.** 1. mejores 2. más exquisitas 3. más sabrosos que 4. menos aburridos que 5. más culturales 6. mayor 7. más suaves que 8. mejor 9. menor 10. más interesante que 11. más divertidos que 12. más bellos 13. menores que 14. más grande que 15. más deprimidas que

Capítulo 14

CUADERNO DE EJERCICIOS ESCRITOS

¡HABLEMOS UN POCO!: VOCABULARIO DEL TEMA   **A.** Estos recursos sí están incluidos: el aire, el suelo, el agua, el carbón, el petroleo. Estos recursos no están incluidos: los minerales, las plants, los animales, los bosques, la fauna. Estos recursos sí son renovables: la madera, el sol, el viento, el agua. Estos recursos no son renovables: carbón, petroleo. **B.** solar; conservar, conservado; la contaminación, contaminado; la destrucción, destruido; la sequía, secar; los desperdicios, desperdiciar; la urbanización, urbanizado; la sobrepoblación, sobrepoblado; la desforestación, desforestado; sembrar, sembrado; la extinción, extinguir; evitar; evitado; plantar, plantado; el desecho, desechado; la inundación, inundado; agotar, agotado; la erosión, erosionado; explotar, explotado; proteger, protegido   GRAMATICA EN CONTEXTO   **Gramática 37   A.** 1. Sabía/Supe que pasaríamos una semana allí. 2. El anuncio prometía/prometió que nos divertiríamos mucho. 3. Nos dijo que podríamos compartir una habitación. 4. Era obvio que las habitaciones serían grandes. 5. Acababan/Acabaron de anunciar que habría un nuevo plan. 6. Pareció que nos darían una habitación para dos personas por el precio de una. 7. Se decía/dijo que el hotel tendría frondosos jardines. 8. Me decían/dijeron que allí nos sentiríamos importantes y libres. *B. 1. Estarían en la cama. Dormirían. 2. Estaría en la cafetería. Almorzaría. 3. Estarían en casa. Mirarían televisión. 4. Estaría en Camp David. Jugaría al golf. 5. Estarían en sus coches. Se quejarían de los otros conductores.   **Gramática 38   A.** 1. ¡Miremos adónde vamos! 2. ¡Conduzcamos con cuidado! 3. ¡Tengamos cuidado con los peatones! 4. ¡Pongámonos los cinturones de seguridad! 5. ¡Pongámoslos también a los niños! 6. ¡Compremos un seguro en caso de que haya accidentes! 7. ¡No doblemos sin señalar! 8. ¡No nos quitemos la chaqueta mientras manejemos! 9. Si nos enojamos con los demás conductores, ¡no los amenacemos! 10. Si ocurre un accidente y hay heridos, ¡ayudémoslos! *B. 1. ¡Viajemos a Machu Picchu! 2. ¡Busquemos a Melchor Arteaga! 3. ¡Salgamos temprano de Cuzco! 4. ¡Durmámonos en el tren! 5. ¡Duchémonos cuando volvamos al hotel! 6. ¡No compremos nada antes de salir! 7. ¡No volvamos hasta la medianoche! 8. ¡No traigamos las maletas! 9. ¡No nos enfermemos en el viaje! 10. ¡No pidamos atención especial!   **Gramática 39   A.** 1. tuyo 2. los míos, los suyos 3. los nuestros, las mías, las tuyas   **Gramática 40**   1. tenía 2. compró 3. empezó 4. eran 5. había 6. construyeron 7. escogieron 8. he visitado 9. pareció 10. me había acostumbrado 11. iba 12. gustó 13. conocía 14. era 15. iba 16. vivían 17. me di 18. podía 19. supe 20. había 21. sabía 22. llamaron 23. tenían 24. dijeron 25. habían oído / oyeron 26. acababa 27. querían 28. estaba 29. contestó 30. fui 31. había visto 32. Pasamos 33. pensamos 34. podían 35. regresé 36. estaba 37. Comprendí 38. he vivido 39. he conocido 40. he guardado

Capítulo 15

¡HABLEMOS UN POCO!: VOCABULARIO DEL TEMA   **B.** 1. justicia/igualdad 2. pobreza/injusticia 3. mentiras 4. fidelidad 5. corrupción   GRAMATICA EN CONTEXTO   **Gramática 41**   **A.** 1. Si comes demasiado, engordas/engordarás. 2. Si no miras por donde caminas, vas a tener / tendrás un susto. 3. Si no pagas la luz, no tienes/tendrás calefaccíon. 4. Si cometes un crimen, eres/serás arrestado por la policía. 5. Si te casas, tienes/tendrás que llevarte bien con los parientes políticos. 6. Si hay muchos árboles en el terreno, es/será necesario recoger las hojas del jardín. **B.** 1. Si los adultos fueran menos estrictos, los niños estarían más contentos. 2. Si los países desarrollados compartieran sus recursos, habría menos pobreza en el mundo. 3. Si todo el mundo tuviera casa, sería un sistema más justo. 4. Si los políticos dijeran siempre la verdad, los votantes tendrían más confianza en ellos. 5. Si los jefes de estado escucharan a la gente, habría menos guerras. 6. Si los pájaros y los elefantes pundieran hablar, nos sentiríamos felices. **C.** 1. a. Si engordara, haría ejercicio y comería menos. b. Si hubiera engordado, habría hecho ejercicio y habría comido menos. 2. a. Si pudiéramos ver a Juan, le diríamos la verdad. b. Si hubiéramos podido ver a Juan, le habríamos dicho la verdad. 3. a. Ellos saldrían con nosotros si estuvieran listos. b. Ellos habrían salido con nosotros si hubieran estado listos. 4. a. ¿Vendrías conmigo si terminaras pronto tu trabajo? b. ¿Habrías venido conmigo si hubieras terminado pronto tu trabajo? 5. a. Si hiciéramos un viaje a la América del Sur, iríamos a Machu Picchu. b. Si hubiéramos hecho un viaje a la América del Sur, habríamos ido a Machu Picchu.   **Gramática 42**   **A.** 1. Encender, c 2. regular, c 3. Apagar, c 4. Encender, c 5. Poner, c 6. Apagar, c 7. Prepararse, c 8. mover, b 9. levantarse, b 10. encender, a 11. apagar, a 12. recibir, a   **Gramática 43**   **A.** 1. que luchaba 2. que sufrían 3. ganando 4. viajando 5. oponiéndose 6. dándose 7. que pensaban 8. Explicando 9. sucediendo 10. sabiendo 11. queriendo 12. diciendo 13. pidiendo 14. que las escuchaban   REPASO DE LA GRAMATICA **A.** 1. permitiera 2. fuera 3. tuvieran 4. gustó/gustaba 5. servía 6. buscaran 7. ofreciera 8. vendía/ vendían 9. fueron 10. trabajaba 11. hizo 12. empezó 13. dijo 14. podrán 15. lograrán 16. detectarán 17. ocurra 18. controlarán/controlan 19. estaban 20. escucharon 21. fueron 22. pareciera 23. volvieron 24. escogiera 25. habían visto / vieron 26. sea 27. miraron 28. sea 29. vimos 30. cuesta/costaba 31. pueda 32. vayan 33. escogimos / hemos escogido 34. tendrán/tendrían 35. va 36. recibiremos 37. paguemos 38. diga 39. autorice 40. es **B.** 1. fuera 2. pudiera 3. quisiera 4. jugar 5. Busquemos 6. puede/pueden 7. reír 8. Empecemos 9. llega 10. tenemos 11. cuesta 12. quede 13. quitar 14. aumente 15. haya 16. lleguen 17. matar 18. vamos 19. sea 20. precie 21. tenga 22. contentemos 23. estés 24. va 25. apuntes 26. tengas 27. entreguen 28. compres 29. pensando 30. invites/invitaras 31. costará 32. habrá 33. decorado 34. tiene 35. sea